Klausurarbeiten der Berliner Referendar-Prüfung

Erster Band

Klausurarbeiten aus dem bürgerlichen Recht

Von

Ludwig Mohn

Rechtsanwalt am Kammergericht

Springer-Verlag Berlin Heidelberg GmbH

1917

ISBN 978-3-662-42153-6 ISBN 978-3-662-42420-9 (eBook)
DOI 10.1007/978-3-662-42420-9

Vorwort.

Die vorliegenden Rechtsfälle stellen eine Auswahl dar, die ich seit dem Jahre 1909 vor Rechtskandidaten der ersten juristischen Prüfung in Berlin nach schriftlicher Behandlung derselben besprochen habe. Der Text der Fälle ist entweder der wortgetreue Prüfungsfall oder beruht auf gedächtnismäßiger Wiedergabe seitens der Prüfungskandidaten.

Wenn auch die Studierenden des 5. und 6. Semesters — für frühere Semester sind die Fälle wohl überwiegend zu schwierig — im allgemeinen den Anforderungen, welche die Lösung an sie stellten, im großen und ganzen gewachsen waren, so bereitete doch ein großer Teil derselben manchem Kandidaten nicht unerhebliche Schwierigkeiten, welche keineswegs auf mangelnden Fleiß zurückzuführen waren, — die weitaus größte Zahl der Rechtsbeflissenen, besonders in Berlin, ist ganz außerordentlich fleißig — vielmehr auf mangelhafter Anschauung und Übung in der Lösung praktischer Rechtsfälle beruhen. Die regelmäßige schriftliche und mündliche Behandlung von Klausurfällen aus dem Gebiete des bürgerlichen und öffentlichen Rechtes in Verbindung mit dem eingehenden Studium der Gesetze sowie der Besprechung ausgewählter Rechtsfälle aus den bekannten Sammlungen schien mir am besten geeignet, die Kandidaten zur zielbewußten und richtigen Lösung von Klausurfällen vorzubereiten.

Ich halte es nun zu Nutz und Frommen derjenigen Studierenden, welche in häuslicher Vorbereitung ihre geistigen Kräfte an Prüfungsfällen messen wollen, für zweckmäßig, denselben eine eingehende Behandlung des Stoffes in Form von gedruckten Vorlesungen vor Augen zu führen und dabei insbesondere auf die häufig wiederkehrenden Fehler aufmerksam zu machen, die ihre Vorgänger gemacht haben. Zum bloßen Durchlesen halte ich das Buch nicht für geeignet und möchte vor allem den Prüfungskandidaten dringend davon abraten. Ich halte es vielmehr als im Interesse des Studierenden liegend, wenn er sich im Anschluß an das Studium einer Materie diesen oder jenen Fall aus der Sammlung herausgreift, selbst an der Hand des Gesetzestextes schriftlich zu lösen versucht, ohne Kommentar oder

Lehrbücher zur Hilfe zu nehmen, und sodann sein Ergebnis mit meinen Ausführungen und der Schlußkritik vergleicht. Nur hierdurch wird er wirklichen Nutzen von den Ausführungen haben. Zur Orientierung habe ich — soweit ich dies noch ermitteln konnte — bei den einzelnen Fällen angegeben, in welchem Jahre sie zur Bearbeitung in der schriftlichen Prüfung gestellt wurden.

Von der mir zur Verfügung stehenden Sammlung von Klausurarbeiten habe ich nur einen Teil herausgegriffen, da die Behandlung einer noch größeren Anzahl von Arbeiten oder gar der ganzen Sammlung bei dem hierdurch bedingten Umfang des Werkes den in Aussicht stehenden Erfolg durch ein „Zuviel!" wieder in Frage stellen könnte. Ich bin dabei dem System des Bürgerlichen Rechtes mit der Abweichung gefolgt, daß ich die — übrigens weitaus häufigsten — Rechtsfälle aus dem Schuldrecht denen des Allgemeinen Teils voranstellte, weil letztere im allgemeinen schwieriger als erstere sind, und viele die Sammlung schrittweise von Fall zu Fall studieren werden. Auch bei meinen praktischen Übungen für Rechtskandidaten der ersten Prüfung bin ich diesem Gesichtspunkt gefolgt und habe ihn für zweckmäßig befunden.

Was nun die hier vorliegenden Lösungen betrifft, so lassen sich vielleicht bei manchen Fällen auch andere geben. Im allgemeinen habe ich mich aber bemüht, von allen denkbaren Lösungen die meiner Meinung nach beste zu geben, wobei mir die vielfach erfolgte Besprechung der Rechtsfälle mit Kandidaten zur Seite stand. Jedenfalls werde ich alle Hinweise auf etwaige Verbesserungsvorschläge stets dankbar entgegennehmen und bei einer etwaigen neuen Auflage des Buches verwerten.

Es sei noch bemerkt, daß die Drucklegung des Textes der Rechtsfälle mit ausdrücklicher Genehmigung Sr. Exzellenz des Herrn Justizministers erfolgte.

Die Herausgabe der Besprechung von Klausurfällen aus dem Strafrecht und öffentlichen Recht (Staats- und Verwaltungsrecht, Zivilprozeß, Konkurs) ist in Vorbereitung.

Berlin, im September 1917 **Ludwig Mohn.**

W 50 Regensburgerstr. 3.

Inhaltsverzeichnis.

Seite

Einleitung 1–4

I. Klausurfälle aus dem Recht der Schuldverhältnisse.

1. Kauf. Fall 1 bis 5 7
2. Vorkauf. Fall 6 33
3. Miete. Fall 7 bis 9 37
4. Dienstvertrag. Fall 10 und 12 49
5. Werkvertrag. Fall 11 53
6. Verwahrung. Fall 13 63
7. Ungerechtfertigte Bereicherung. Fall 14 bis 16 67
8. Unerlaubte Handlungen. Fall 17 bis 19 81

II. Klausurfälle aus dem Allgemeinen Teil.

9. Volljährigkeitserklärung. Wucher. Fall 20 97
10. Minderjährigkeit. Fall 21 107
11. Irrtum. Anfechtung. Fall 22 113
12. Anfechtung. Fall 23 117
13. Offerte. Fall 24 121
14. Vollmacht. Fall 25 125

III. Klausurfälle aus dem Sachenrecht.

15. Eigentumserwerb. Auflassung. Erwerb von Zubehör. Fall 26 . . . 133
16. Eigentumserwerb. Verfügung des Nichtberechtigten. Fall 27 137
17. Verbindung. Fall 28 143
18. Fund. Fall 29 149
19. Hypothek. Fall 30 153
20. Pfandrecht. Fall 31 157

IV. Klausurfälle aus dem Familienrecht.

21. *Verlöbnis. Fall 32* 163
22. Gesetzliches Güterrecht. Fall 33 und 34 167
23. Rechtsstellung der unehelichen Kinder. Nichtigkeit der Ehe. Fall 35 . 179

V. Klausurfälle aus dem Erbrecht.

24. Ausgleichung unter Miterben. Fall 36 185
25. Nachlaßverwaltung. Fall 37 191
26. Vor- und Nacherbe. Fall 38 197
27. Erbschein. Fall 39 und 40 203

Sachregister 211
Gesetzesregister 213

Einleitung.

Werke allgemeinen Inhaltes über die Anfertigung von Klausurarbeiten gibt es in hinreichender Zahl, weshalb ich mich auf einige Hinweise beschränken kann.

Die meisten Fehler werden dadurch begangen, daß der einzelne Rechtsfall nicht genügend durchgelesen wird. Im allgemeinen kann der Kandidat davon ausgehen, daß Satz für Satz seine besondere rechtliche Bedeutung hat. Vor allem halte ich es für durchaus notwendig, daß auch in der äußeren Disposition nach Buchstaben und Ziffern für Unterabteilungen — wie bei der großen Hausarbeit — eine streng logische Gliederung des Rechtsfalles zum Ausdrucke kommt und dem Zensor der Arbeit sofort ins Auge fällt. Eine derartige Behandlungsform empfiehlt sich als ein Beweis dafür, daß der Kandidat logisch zu denken und zu entwickeln vermag.

Nach mehrfacher genauster Durchlesung des Rechtsfalles bis zu dessen völliger geistiger Beherrschung — gegebenen Falles empfehlen sich Aufzeichnungen, besonders bei einer Vielheit von auftretenden Personen — überlege man sich den Gang der Behandlung des Stoffes und versuche zunächst die Ausarbeitung einer Disposition in großen Zügen, indem man sich vor allem die Hauptfragen herauszuschälen und aneinander zu reihen sucht. Die Unterfragen ergeben sich dann meist von selbst. Vor allem muß sodann darauf geachtet werden, daß das Endergebnis genau der in der Arbeit gestellten Frage entspricht und eine prompte Antwort darauf gibt. Bei einer Mehrheit von Fragen empfiehlt es sich durchaus, rein äußerlich erkennbar zu machen, daß nunmehr Frage für Frage beantwortet wird. Sofern eine mehrfache Lösung möglich ist, vor allem also in denjenigen Fällen, bei welchen das Ergebnis von dem guten oder schlechten Glauben einer Person abhängig ist, müssen auch grundsätzlich die mehrfachen Entscheidungen gebracht werden, es genügt also nicht, daß der gute Glauben allein unterstellt wird (vgl. Fall 39), denn es gibt auch böse Menschen. Nach Fertigstellung der Arbeit empfiehlt es sich dringend, noch einmal Satz für Satz des Klausurfalles daraufhin zu prüfen, ob seine juristische Bedeutung auch tatsächlich erkannt und gewürdigt ist.

Will gar kein Gedanke zu Tage treten, was ja auch manchmal vorkommt, so verzweifle man zunächst nicht; man lese sich vielmehr zunächst einmal den in Frage kommenden Gesetzesabschnitt durch und mache sich Notizen bei denjenigen Stellen, die etwa zur Lösung beitragen können. Und wenn auch das nicht hilft und die Not am höchsten steigt, so vergesse man nicht die für Examenszwecke so wichtigen §§ 185, 816, 822, 952, 989 ff. BGB. und das Anfechtungsgesetz. Wenn sonst alles versagt, kommt schließlich doch noch eine der genannten Gesetzesbestimmungen als Retter in der Not zur Anwendung.

Die Anführung von Entscheidungen, insbesondere des Reichsgerichts, empfiehlt sich nur dann, wenn der ungefähre Inhalt der Begründung bekannt ist. Letzterer ist dann mit anzuführen. Anderenfalls lasse man die Hineinbeziehung von Entscheidungen besser weg. Auf Theorien über bekannte Streitfragen, z. B. die Rechtsnatur der Wandelung, des Vorkaufs usw. muß man eingehen, doch hüte man sich vor allzu großer Ausführlichkeit. Die große Länge macht eine Arbeit keineswegs ausreichend und die Gefahren, in Irrtümer und Fehler zu verfallen, werden nur unnütz größer. Im allgemeinen werden 4 bis 5 Schreibseiten vollkommen ausreichen, um den Fall erschöpfend zu behandeln, mitunter reichen auch weniger aus. Dieses äußere Maß kann in den fünf in Preußen hierfür zur Verfügung stehenden Stunden durchweg geleistet werden. Anmerkungen sind grundsätzlich zu vermeiden; wenn sie hier häufiger vorkommen, so soll dem Leser Gelegenheit zur Wiederholung mehr oder weniger bekannter naheliegender Fragen gegeben werden, es soll dies also nicht etwa zur Nachahmung für die Klausurarbeiten empfohlen sein. Dabei ist aber darauf zu achten, daß gewisse mit der Arbeit in Zusammenhang stehende Fragen der Erörterung bedürfen, auch wenn man schließlich zu einer Verneinung der Anwendbarkeit gewisser Gesetzesstellen gelangt, denn jeder Klausurfall bedarf auch der Erörterung nach der negativen Seite, warum naheliegende gesetzliche Bestimmungen, die vielleicht Anwendung finden könnten, im vorliegenden Falle nicht Platz greifen können. Dabei empfiehlt es sich im allgemeinen, zuerst die demnächst abzulehnenden Ansichten zu bringen und erst dann am Schlusse die wohlbegründete eigene Ansicht. (Vgl. Fall 1 bezüglich der Uhrkette.)

Wenn eine Frage des Inhaltes aufgeworfen wird: „Welche Rechte stehen dem X. zu?" so vergesse man nicht, daß eine Reihe von Ansprüchen, die miteinander konkurrieren, in Frage kommen können (vgl. Fall 29). Hierbei wird man zunächst auf etwaige vertragliche Ansprüche einzugehen haben, weiterhin auf die Geschäftsführung ohne Auftrag, ungerechtfertigte Bereicherung, unerlaubten Handlungen und die Ansprüche aus dem Rechtsverhältnis zwischen Eigentümer und Besitzer, welch letztere von besonderer praktischer Bedeutung für Klausurarbeiten sind.

Vor Korrekturen der Aufgabe hüte man sich! Ungenauigkeiten der Ausdrucksweise sind im allgemeinen wohl beabsichtigt, aber mitunter auch zweifellos wirkliche Versehen. Nur dann, wenn der Steller des Rechtsfalles sich wirklich ungenau ausgedrückt hat, ist eine diesbezügliche Bemerkung am Platze, z. B. wenn es in der Aufgabe nur „verkaufte" heißt, es aber „verkaufte und veräußerte" heißen mußte. Letzteres ergibt sich vielfach aus dem Umstande, daß aus einem der nachfolgenden Säte erhellt, daß der Käufer in den Besitz der Sache gelangt ist, so daß also eine Veräußerung auf Grund des Kaufvertrages unterstellt werden darf. (Vgl. die Fälle 40 und 26.) Oder es wird nur von der „Auflassung" eines Grundstücks gesprochen, ohne die Eintragung des Erwerbes in das Grundbuch zu erwähnen, wie z. B. in Fall 5. Hier kann zweifelhaft sein, ob unter „Auflassung" nur eine ungenaue Ausdrucksweise des täglichen Lebens für Auflassung und Eintragung vorliegt oder ob in solchem Falle der Kandidat beide Möglichkeiten erörtern soll, d. h. die Auflassung mit und ohne Eintragung des Erwerbers im Grundbuche. Letzteres dürfte sich im Hinblick auf die Zweifelhaftigkeit der Entscheidung empfehlen.

Auch Auslegungen des Rechtsfalles können nötig werden, z. B. wenn es in Fall 39 heißt, daß eine „Quittung schenkweise erteilt" sei, so muß ausgeführt werden, was das für eine rechtliche Bedeutung hat.

Wenn prozessuale Fragen auftauchen, so darf auf sie etwa aus dem Grunde nicht eingegangen werden, weil es sich um eine Arbeit des bürgerlichen Rechtes handelt. Im Gegenteil enthalten viele bürgerlich-rechtliche Fälle mehrere prozessuale Fragen, die unbedingt zu erörtern sind. Hier wird meistens der Fehler begangen, daß lediglich die materielle Entscheidung gegeben wird, ohne auf die prozessuale Lage einzugehen, obwohl dies durchaus geboten ist, vgl. z. B. die Fälle 33, 37—39. Im Falle 39 z. B. muß durchaus die Aussicht der Berufungseinlegung erörtert werden, wobei natürlich zunächst eine Bemerkung über die Zulässigkeit derselben am Platze ist. Dies gilt also besonders dann, wenn — wie in Fall 39 — nach den

1*

Aussichten eines Prozesses oder einer Berufungseinlegung gefragt wird oder wenn ein Prozeßergebnis vorgetragen wird mit der Frage: „Wie wird das Gericht zu entscheiden haben?" oder „Welches Endurteil ist zu erlassen?" (Vgl. die Fälle 33, 38). Niemals ist hierbei auch die Frage der Beweislast außer acht zu lassen, die — besonders bei Eideszuschiebungen — von großer Bedeutung ist. (Vgl. Fall 38.) Bei den Fragen nach der Entscheidung eines Prozeßstoffes ist vorerst zu erörtern, ob die Klage an sich schlüssig ist, d. h. ob die vom Kläger vorgetragenen Tatsachen den Klagantrag an sich rechtfertigen würden. Erst dann ist auf die Einwendungen des Beklagten einzugehen, ihre Erheblichkeit und die Frage nach der Beweislast und ordnungsmäßigen Beweisantretung zu prüfen. (Vgl. Fall 38.)

Niemals lasse man eine Entscheidung „dahingestellt". Es muß vielmehr gesagt werden: „Wenn X. mithin gutgläubig war, ist folgende Entscheidung zu fällen„ oder „Wenn man der erstgenannten Ansicht folgt, so ergibt sich hier für die Beantwortung der gestellten Frage folgendes".

Schließlich achte man auch auf die Grundsätze der Logik. Wenn z. B. ein Rechtsgeschäft nichtig ist, so bedarf es grundsätzlich keines Eingehens auf die Frage nach der Anfechtbarkeit, es sei denn, daß sie besonders aufgeworfen ist, wie z. B. in Fall 20, in welchem Falle die Frage nach der Anfechtbarkeit voranzustellen ist, oder wo sie ganz ausnahmsweise einmal von praktischer Bedeutung ist, z. B. in Fall 23. Bei der Anfechtbarkeit selbst ist zunächst die dem Anfechtenden günstigste Lage zu prüfen, also die Anfechtung nach § 123 BGB. der nach § 119 BGB. stets voranzustellen. Freilich kommt es auch vor, daß infolge einer Divergenz der Willenserklärungen ein Rechtsgeschäft überhaupt nicht vorliegt, in welchem Falle die Frage nach der Anfechtbarkeit nur bei zweifelhafter Divergenz zu erörtern ist. Im allgemeinen ist also folgende Reihenfolge geboten: Divergenz? Nichtigkeit? Anfechtbarkeit nach §§ 123, 119 BGB.? Anfechtbarkeit nach dem Anfechtungsgesetz?

Schließlich vermeide man bei der Bearbeitung durchaus schroffe Ausfälle gegen Schriftsteller abweichender und selbst unhaltbarer Ansichten. Das macht niemals einen günstigen Eindruck, wenn auch die gegenteilige Ansicht noch so stark ad absurdum geführt wird. Auch die Erwähnung des eigenen „Ich" in Prüfungsarbeiten vermeide man und setze dafür das unpersönliche „Es".

I. Klausurfälle aus dem Schuldrecht.

1.

(Rechtsfall aus dem Jahre 1909).

A. kauft am Montag bei Uhrmacher B. eine Uhr für 40 M. Die Uhr soll auf Wunsch des B. bis Sonnabend bei B. liegen und kontrolliert werden, am Sonnabend soll sie A. abholen.

Uhrketten verkauft B. nicht. Auf Bitten des A. will B. seinem alten Kunden eine Kette besorgen. Sie sehen einen Katalog der Firma X. durch und einigen sich auf Kette Nr. 245, die mit 10 M. ausgezeichnet ist. Auch die Kette soll bis Sonnabend besorgt sein. B. besorgt sie schon am Dienstag bei der Firma X. und bezahlt 10 M. wofür ihm die Firma 10% Provision gutschreibt.

Am Freitag wird bei B. eingebrochen. Uhr und Kette sind weg. Wie ist die Rechtslage?

I. Was zunächst die Uhr betrifft, so liegt über sie ein Handelskauf, und zwar ein Spezieskauf vor, da der Uhrmacher Kaufmann ist und die Uhr im Betriebe seines Handelsgewerbes verkauft. Uhren sind Gegenstände des Handelsverkehrs. Der Kaufvertrag ist abgeschlossen, als Kaufpreis sind 40 M. vereinbart. Ein Eigentumsübergang hat noch nicht stattgefunden, da eine Übergabe nicht vorliegt. Auch ein Übergabeersatz durch constitutum possesorium (§ 930 BGB.) ist nicht zu unterstellen, obwohl in Laienkreisen in derartigen Fällen vielfach die Ansicht vorherrschen wird, Eigentumserwerb anzunehmen. Dem ist entgegen zu halten, daß gerade bei den Verkäufen des täglichen Lebens der Verkäufer das Eigentum nur gegen bare Zahlung des Kaufpreises übertragen will. Nur wenn letztere tatsächlich erfolgt, darf auf einen Eigentumübertragungswillen geschlossen werden. Letzteres ist jedoch hier nicht zu unterstellen, da es nicht erwähnt ist.

Die Uhr soll nun auf Wunsch des Uhrhändlers bis zum Ende der Woche zwecks Prüfung des Richtiggehens bei diesem liegen bleiben. Welche juristische Bedeutung hat dies? Zunächst die Hinausschiebung der Übereignung. Die Übernahme der Kontrollpflicht ist jedoch nicht als ein besonderer Werkvertrag anzusehen — Verwahrung kommt natürlich nicht in Frage, da sie allein hier zwecklos ist, wenn sich auch die Pflicht zur Verwahrung aus dem Werkvertrag ergibt — denn die Uhr steht noch im Eigentum des Veräußerers, der Käufer hat nur einen obligatorischen Anspruch auf Übereignung. Sodann ergibt sich aus der ganzen Sachlage, daß die Übernahme der Kontrollpflicht lediglich eine vertragliche Nebenverpflichtung des Verkäufers ist, wie z. B. die häufige Zusendungspflicht. Daraus folgt auch, daß ein besonderer Werklohn für die Kontrolle und eventuelle Reparatur nicht verlangt werden kann.

Wenn nun die Uhr am Sonnabend gestohlen ist, so ist dem Schuldner (Uhrmacher) die Erfüllung des Kaufvertrages unmöglich. Allerdings hat der Uhrmacher gegen den Dieb einen Eigentumsanspruch auf Herausgabe der Uhr, der ihm jedoch in der Praxis kaum jemals nützen kann, da gestohlene Gegenstände nur selten ermittelt werden. Nach RG. 57 S. 119 liegt „Unmöglichkeit" der Leistung dann vor,

> „wenn die Leistung mit so außergewöhnlichen Schwierigkeiten verbunden ist, daß diese Schwierigkeit nach der Verkehrsauffassung der Unmöglichkeit gleich geachtet werden muß".

Dies darf bei gestohlenen Gegenständen bis zum Nachweis der Ermittlung des Gegenstandes ohne weiteres unterstellt werden. § 279 BGB. kommt hier nicht in Frage, da es sich nicht um eine Gattungsschuld handelt, sondern um eine Speziesschuld. Denn gekauft ist eine bestimmte, vom Käufer ausgewählte Uhr.

Nach § 275 BGB. — welcher auch für gegenseitige Verträge gilt — wird mithin der Uhrmacher von seiner Verpflichtung zur Leistung der Uhr frei und verliert nach § 323 BGB. den Anspruch auf Zahlung des Kaufpreises, da unterstellt werden darf, daß dem Uhrmacher ein Verschulden bei dem Diebstahl nicht zur Last fällt.

(Hätte der Käufer den Kaufpreis schon gezahlt, so könnte er ihn nach §§ 323 Abs. 3, 818 Abs. 2 BGB. zurückverlangen.)

Wenn dagegen den Uhrmacher ein Verschulden hinsichtlich des Diebstahls trifft — man nehme an, daß er abends die Ladentür nicht verschlossen hat — so würde lediglich § 325 Platz greifen, d. h. der Käufer könnte vom Verträge zurücktreten oder Schadensersatz wegen Nichterfüllung, d. h. nach § 249 BGB. Lieferung einer neuen Uhr verlangen.

II. Was die Kette betrifft, so ist davon auszugehen, daß sie nicht mitgekauft ist. Dies ergibt sich aus dem Thema, wo es ausdrücklich heißt: „Ketten verkauft B. nicht," B. will seinem alten Kunden auf dessen Bitte eine Kette besorgen. Wenn auch an sich ein Verschaffungskauf rechtlich durchaus möglich ist, so ist doch bei dieser Sachlage ein solcher nicht anzunehmen. Rein examenstechnisch ergibt sich dies übrigens auch schon daraus, daß andernfalls die Rechtslage bezüglich der Kette genau wie bei der Uhr liegen würde, was natürlich nicht gewollt ist.

Was für ein Rechtsverhältnis liegt nun bezüglich der Kette vor? Da der Uhrhändler Kaufmann ist, könnte an ein sogenanntes unechtes Kommissionsgeschäft i. S. des § 406 Abs. 1 Satz 2 HGB. gedacht werden, welcher besagt:

> „Das Gleiche (d. h. die Anwendung der Vorschriften des Handelsgesetzbuchs über das Kommissionsgeschäft) gilt dann, wenn ein Kaufmann, der nicht Kommissionär ist, im Betriebe seines Handelsgewerbes ein Geschäft in der bezeichneten Weise zu schließen übernimmt."

Zweifellos übernimmt es der Uhrhändler, die Uhr für Rechnung des A. im eigenen Namen zu kaufen. Das Kommissionsgeschäft ist aber eine Unterart des Dienst- oder Werkvertrages und setzt die Gegenleistung des Kommittenten voraus; hier erfolgt aber die Besorgung der Kette für den alten Geschäftskunden des Uhrmachers unentgeltlich. Folglich kommt ein Kommissionsgeschäft hier nicht in Frage. Es liegt vielmehr ein Auftragsverhältnis vor, da die Besorgung der Kette für A. ohne Entgelt erfolgt.

Wenn nun die Kette nach ihrer Besorgung gestohlen ist, so greift zunächst § 275 BGB. ein, d. h. der Uhrmacher wird von seiner Verpflichtung zur Herausgabe der Kette nach § 667 BGB. frei. § 323 kommt aber nicht zur Anwendung, da der Auftrag kein gegenseitiger Vertrag ist, vielmehr nur ein einseitiger[1]).

Der Uhrmacher kann mithin nach § 670 BGB. Ersatz seiner Aufwendungen verlangen. Wie hoch sind dieselben? 10 oder 9 M., da ihm von der Firma X. eine Mark gutgeschrieben wird?

Die Frage ist identisch mit der, ob der Beauftragte etwaige Extraprovisionen und Geschenke seitens Dritter bei Ausführung des Auftrags an den Auftraggeber herauszugeben hat. Nach § 667 BGB. hat der Beauftragte dem Auftraggeber herauszugeben, was er aus der Geschäftsbesorgung erlangt. Mit Recht führt das RG. (55 S. 91) aus, daß hierdurch zum Ausdruck gebracht ist, daß der Beauftragte behalten darf, was ihm anläßlich der Geschäftsbesorgung als persönliches Geschenk zugewendet wird. Das Gleiche hat für Provisionen zu gelten. Mithin ist die Gutschrift der einen Mark ohne Bedeutung für das Rechtsverhältnis zwischen Auftraggeber und Beauftragtem und der Uhrmacher kann von A. 10 M. ersetzt verlangen.

Würde den Uhrmacher ein Verschulden beim Diebstahl treffen, so hätte er nach §§ 280, 249 BGB. dem Gläubiger den durch die Nichterfüllung entstehenden Schaden zu ersetzen, d. h. eine neue Kette zu besorgen.

Bei der schriftlicher Bearbeitung dieses Falles wurden folgende Fehler häufig beobachtet:

Das Vorliegen eines Handelskaufes wurde nicht erwähnt und gehört doch zur Charakterisierung des Rechtsverhältnisses. Vielfach wurde auch ein Genus-Kauf als vorliegend erachtet, was ganz abwegig ist, da der Käufer sich doch eine ganz bestimmte Uhr ausgesucht hatte, welche eben auf ihr Richtiggehen kontrolliert werden sollte. Ferner wurden bei der Behandlung nicht die beiden Möglichkeiten des Mitwirkens eines Verschuldens des Uhrmachers beim Diebstahl ins Auge gefaßt.

[1]) Es sei darauf hingewiesen, daß die §§ 320 ff. keine Anwendung finden auf Schenkung, Auftrag, Leihe, Verwahrung, Schuldversprechen und Schuldanerkenntnis, unverzinsliches Darlehn (beim verzinslichen wird ein gegenseitiger Vertrag anzunehmen sein), Geschäftsführung ohne Auftrag und Bürgschaft (RG. 65 S. 48), da es sich nicht um gegenseitige Verträge handelt. Über diese führt das RG. 60 S. 241 aus: „Bei einem gegenseitigen Vertrage stehen die Leistungen beider Parteien in einem derartigen wechselseitigen Abhängigkeitsverhältnis zu einander, daß jede Leistung das Entgelt für die andere bildet und jede Leistung als gleichwertig gegen die andere ausgetauscht und ausgeglichen wird."

hinsichtlich der Kette wurde gelegentlich ein Kaufvertrag angenommen, die Möglichkeit des Kommissionsverhältnisses — die nicht so fern liegt — fast niemals erwähnt. Und doch gehört die Erörterung naher Möglichkeiten, auch wenn sie schließlich verworfen werden, zur Behandlung „der Rechtslage". Auf § 670 kamen nicht alle Bearbeiter, obwohl sie Auftrag annahmen.

Schließlich wurde bei der Feststellung des Ersatzes der Aufwendungen fast durchweg der Betrag von 9 M. ausgerechnet, ohne daß auf die Streitfrage zu § 667 BGB. eingegangen wurde.

Gleichwohl wurde der Fall von der großen Mehrheit der Kandidaten als „leicht" bezeichnet und im allgemeinen ausreichend und besser behandelt.

2.

(Rechtsfall aus dem Jahre 1911.)

Ein vom Pferdehändler verkauftes Pferd, das der Käufer tags darauf abholen will, erkrankt in der Nacht. Der Händler läßt zum Zweck der erforderlichen Behandlung den Tierarzt kommen.

Kann er Ersatz der Kosten verlangen?

Liegt der Fall ebenso, wenn der Verkäufer eines bereits aufgelassenen, aber noch nicht übergebenen Hauses. das nach der Auflassung unbrauchbar gewordene Schloß der Haustüre reparieren läßt?

I. Bezüglich des Pferdes liegt ein Kaufvertrag vor. Der Kaufpreis ist zweifellos ausdrücklich vereinbart, aber interessiert hier nicht. Ein Eigentumsübergang ist auch hier aus den zum ersten Fall erwähnten Gründen nicht anzunehmen. Auch die Gefahr des zufälligen Unterganges ist in Ermangelung einer Übergabe und des Annahmeverzuges des Käufers — da die Abholung am folgenden Tage vereinbart ist — nicht auf den Käufer übergegangen, weshalb § 450 BGB. ausscheidet. Folglich geht die Gefahr bezüglich des Pferdes erst mit der Abholung durch den Käufer auf diesen über (§ 446 Abs. 1 BGB.). Der Gefahrübergang bedeutet aber hier folgendes:

Wenn das Pferd vor demselben zu Grunde ging, so würde der Käufer nach § 323 BGB. von seiner Zahlungspflicht, der Verkäufer nach § 275 BGB. von seiner Leistungspflicht frei. Stand deshalb zu besorgen, daß das Pferd vor der Abholung zu Grunde gehen würde und ließ deshalb der Verkäufer den Tierarzt holen, so besorgte er nicht ein fremdes, sondern sein eigenes Geschäft, denn andernfalls hätte er gegen den Käufer keinen Anspruch auf Zahlung des Kaufpreises. Er handelte also im eigensten Interesse. Ein Anspruch aus der auftraglosen Geschäftsführung kommt daher nicht in Frage, und aus dem Kaufvertrag ergibt sich eine Verpflichtung des Käufers zum Ersatz der Kosten nicht.

Das Gleiche hat zu gelten, wenn es sich um die Beseitigung eines Hauptmangels (§ 482 BGB.) handelte, da dieser den Käufer zur Wandelung berechtigt hätte[1]).

Anders liegt die Sache aber dann, wenn es sich weder um die Befürchtung des Eingehens des Pferdes noch um die Beseitigung eines Hauptmangels, sondern um die Beseitigung einer Krankheit handelte, die nicht zu den Gewährsmängeln gehört.

Denn weil der Verkäufer für andere als Gewährsmängel in Ermangelung einer besonderen Vereinbarung nicht Gewähr zu leisten hat, der Eintritt einer solchen Krankheit nach Abschluß des Kaufvertrags und vor Gefahrübergang ihm keinerlei Nachteile bringt, so besorgte er durch Herbeiziehung des Arztes zum Zwecke der Beseitigung einer Nichtgewährskrankheit ein Geschäft des Käufers. Da dasselbe auch dem Interesse und mutmaßlichen Willen des Käufers entspricht, kann daher der Verkäufer auch in diesem Falle nach § 683 BGB. Ersatz seiner Aufwendungen verlangen.

II. Bezüglich des zweiten Falles ist zunächst zu bemerken, daß eine Angabe darüber fehlt, ob die Auflassung im Grundbuch auch einge-

---

[1]) Niemals also Minderung (vgl. § 487, Abs. 1)!

tragen ist. Erst hierdurch geht das Eigentum auf den Erwerber über (§§ 873, 925 BGB.). In Ermangelung einer diesbezüglichen Bemerkung müssen bei einem Klausurfall beide Möglichkeiten erörtert werden, wenn auch im täglichen Leben statt von „Auflassung" und „Eintragung" meist nur von „Auflassung" schlechthin anstelle beider gesprochen wird.

a) Sind Auflassung und Eintragung erfolgt, so ging das Eigentum am Grundstück und nach § 446 Abs. 2 BGB. auch die Gefahr der zufälligen Verschlechterung (und des Unterganges) desselben auch ohne Übergabe, also Besitzübertragung, auf den Käufer über. Nach § 450 Abs. 1 BGB. kann daher der Verkäufer Ersatz der nach dem Gefahrübergang notwendigen Verwendungen verlangen, wie wenn der Käufer ihn mit der Verwaltung der Sachen beauftragt hätte. Für den Ersatz sonstiger Verwendungen gelten nach § 450 Abs. 2 BGB. die Vorschriften über die Geschäftsführung ohne Auftrag. Da das Schloß nach der Auflassung und Eintragung unbrauchbar wurde, greift also § 450 Abs. 1 BGB. Platz, da es sich zweifellos um eine notwendige Verwendung (Schloß der Haustüre!) handelt.

b) War die Eintragung der Auflassung noch nicht erfolgt, so scheidet § 446 Abs. 2 und damit auch § 450 BGB. aus. Die Gefahr der Verschlechterung lag also noch beim Verkäufer, der mithin ein eigenes Geschäft besorgte, wenn er das Schloß ersetzen ließ. Ein Erstattungsanspruch kommt für ihn mithin nicht in Frage.

Während die zweite Frage des Rechtsfalles von den Kandidaten meist richtig gelöst wurde, scheiterte die große Mehrzahl auffallenderweise an der ersten Frage. Nur ganz vereinzelt wurde die Kernfrage gelöst, meist wurde lediglich mit der Geschäftsführung ohne Auftrag operiert, ohne auf die Bedeutung des Gefahrüberganges und die Mängel des Pferdes einzugehen. Eine glatte Lösung erreichten nur Kandidaten, die sich auch in der Prüfung bewährten.

3.

1. Am 1. Februar kaufte der General G. von dem Förster F. um 300 M. einen Jagdhund. Nachdem G. den Hund auf einigen Spaziergängen an der Leine geführt hatte, um ihn an sich zu gewöhnen, ließ er ihn am 20. Februar zum ersten Male im Walde frei laufen. Der Hund ging, obschon zurückgerufen, sofort auf eine hinter einem Busch verborgene, alte Frau los, warf sie um und setzte ihr durch Beißen so zu, daß G. sie nur durch Tötung des Hundes frei machen konnte.

G. will von F. Rückzahlung des Kaufpreises verlangen; wegen des Schadenersatzes *glaubte* er entweder die Frau an den F. zu verweisen oder von diesem Schadloshaltung verlangen zu können. Ist das richtig?

2. Wie wäre es, wenn G. bereits vor dem Ereignis die besondere Bissigkeit und Unfolgsamkeit des Hundes entdeckt und den F. vorher vergebens zur Rücknahme und Rückzahlung aufgefordert hätte?

3. Wie wäre es, wenn F. die Gutmütigkeit und Folgsamkeit des Hundes *ausdrücklich* zugesichert hätte?

I. Der Hund ist dem General G. verkauft und übereignet. Die Bissigkeit des Hundes ist ein wesentlicher Mangel der Sache, dessen Vorhandensein nach §§ 459, 462 BGB. den Käufer zur Wandelung oder Minderung berechtigt. § 487 BGB. kommt nicht in Frage, da Hunde nicht unter die im § 481 genannten Tiere fallen. Schließt nun aber die Tötung des Hundes durch den Käufer die Wandelung aus? Nach §§ 467, 350 BGB. ist die Wandelung nicht dadurch ausgeschlossen, daß der Kaufgegenstand durch Zufall untergegangen ist. Das liegt nicht vor. Dagegen ist die Wandelung nach §§ 467, 351 BGB. ausgeschlossen, wenn der Käufer den Untergang oder die anderweitige Unmöglichkeit der Herausgabe des Kaufgegenstandes verschuldet hat. Kann hier gesagt werden, daß der General G. den Untergang des Hundes verschuldete? Die Frage ist zu verneinen. Zwar liegt Notwehr gegenüber dem Angriff eines Tieres nicht vor. Wohl aber erfolgt die Zerstörung des Tieres, um eine durch dasselbe drohende Gefahr von einem andern abzuwenden. Die Tötung ist auch erforderlich, denn G. kann die vom Hund angegriffene Frau „nur durch Tötung des Hundes freimachen" Schließlich steht der drohende Schaden auch nicht außer Verhältnis zu der Gefahr, da selbst das edelste Hundeleben nicht das Leben und die Gesundheit eines Menschen aufwiegt. G. hätte also nach § 228 BGB. selbst einen fremden Hund töten können, ohne zum Schadensersatz verpflichtet zu sein, da er die Gefahr nicht verschuldet hat, denn es muß — nach dem Unterfall zu 2 — unterstellt werden, daß G. die Bissigkeit des Tieres vordem nicht gekannt hatte. A majore ad minus läßt sich aus § 228 BGB. schließen, daß auch die Vernichtung der eigenen Sache bei dieser Sachlage keine verschuldete Unmöglichkeit der Herausgabe i. S. des § 351 BGB. darstellt. Als argum. e contrario folgt aus § 351 BGB., daß bei unverschuldeter Unmöglichkeit der Herausgabe der Rücktritt und demgemäß nach § 467 BGB. die Wandelung nicht ausgeschlossen wird.

G. kann also wandeln, d. h. nach herrschender Ansicht direkt gegen den Förster F. auf Rückzahlung des Kaufpreises klagen (§§ 467, 346 BGB.), welcher mit vier vom Hundert zu verzinsen ist (§§ 467, 347 letzte Satz, 246 BGB.). Nach § 346 BGB. müßte der General G. dagegen für die Überlassung der Benutzung des Tieres den Wert der Benutzung vergüten, der aber kaum ziffernmäßig zu berechnen ist, da G. den Hund lediglich auf einigen Spaziergängen an der Leine geführt hatte. Etwaige Vertragskosten, z. B. Vermittlungsgebühren, hat der Verkäufer nach § 467 Satz 2 BGB. dem Käufer zu erstatten.

Kann G. auch Ersatz für den Schaden verlangen, welcher der alten Frau entstanden ist? Zunächst ist zu bemerken, daß die Frau gegen den

General G. einen Schadensersatzanspruch aus §§ 833, 842, 843 BGB. hat, denn dieser ist zweifellos „Tierhalter" i. S. des § 833. Nach RG. 52 S. 118 ist derjenige als „Halter des Tieres" anzusehen, „der im eigenen Interesse durch Gewährung von Obdach und Unterhalt die Sorge für das Tier übernommen hat, und zwar nicht bloß zu einem ganz vorübergehenden Zwecke, sondern auf einen Zeitraum von einer gewissen Dauer". Dies trifft auf den Käufer und Besitzer des Hundes zu. Auch ist der Schaden *durch* das Tier entstanden, da es sich um „selbständiges willkürliches Tun des Tieres, um einen Ausfluß seiner tierischen Natur handelt" (RG. 54 S. 74/5).

Fraglich ist es jedoch, ob dem Käufer neben dem Wandelungsanspruch noch ein Anspruch auf Schadensersatz gegen den Verkäufer zusteht. Steht man auf dem Standpunkt der Ausschließlichkeit der dem Käufer bei Mangelhaftigkeit der Ware gegebenen Rechte in den Vorschriften über den Kauf selbst, so ist die Frage zu verneinen. Die herrschende Praxis nimmt jedoch im Anschluß an das Reichsgericht mit Recht an, daß dem Käufer neben der Wandelung ein Schadensersatzanspruch aus § 276 BGB. zusteht,

> „wenn nämlich die eine Vertragspartei *schuldhafterweise* ihre Vertragspflicht verletzt und hierdurch dem anderen Kontrahenten Schaden verursacht hat, der in der Wirkung der Wandelung nicht seine Deckung findet und dessen Geltendmachung nicht eine besondere Gesetzesvorschrift entgegensteht. Es folgt dieses aus § 276 BGB. Denn hat hiernach der Schuldner, sofern nicht ein anderes bestimmt ist, Vorsatz und Fahrlässigkeit bei seiner Leistungspflicht zu vertreten, so kann mangels anderweiter gesetzlicher Vorschrift diese Vertretungspflicht gegenüber dem andern Teile nur in der Weise verwirklicht werden, daß der Schuldner den Schaden ersetzt, der durch sein vorsätzliches oder fahrlässiges Handeln der anderen Partei erwachsen ist. Wollte man diesen Schluß nicht zulassen, so würde der einen allgemeinen Grundsatz aussprechende § 276 erheblich an Bedeutung verlieren, was nicht als von dem Gesetze gewollt angenommen werden kann" (RG. 52, S. 19)[1].

[1]) Eccius in Gruchots Beiträgen Bd. 43 S. 306 und Titze, Unmöglichkeit S. 277 stehen auf dem Standpunkt der Ausschließlichkeit der Bestimmungen über die Gewährleistung Die herrschende Meinung ist dagegen und nimmt auch neben § 276 die Geltung der §§ 323 ff. an, soweit die Gewährleistungsansprüche noch nicht Platz greifen, d. h. *vor* der Übergabe der Kaufsache: Vgl. Staudiger Vorbem. 6 zu § 459. Schließlich ist auch die Anfechtung des Kaufvertrages nach § 123 BGB. zulässig (RG. 62 S. 125); in RG. 70 S. 429 wird allerdings diese Anfechtung bei arglistigem Verschweigen eines *Sachmangels* ein *Gattungskauf* im

Eine *schuldhafte* Verletzung der Vertragspflicht kann ohne weiteres in dem Verschweigen der Bissigkeit des Tieres gefunden werden.

Es kann aber auch ein „arglistiges Verschweigen" des Verkäufers i. S. des § 463 BGB. vorliegen. Dies liegt dann vor, wenn die Verschweigung in der Absicht erfolgt, den Käufer zu täuschen, wobei die bloße Kenntnis des Verkäufers von dem Mangel nicht ausreicht; nur dann liegt sie vor, wenn sich der Verkäufer bei seinem absichtlichen Schweigen bewußt war, daß dem Käufer der Fehler unbekannt war und daß der Käufer auf den verschwiegenen Umstand Wert legen konnte (Vgl. RG. 55 S. 214/5). Kann das *arglistige Verschweigen* der Bissigkeit des Tieres dem Förster nachgewiesen werden, so kann der General nach § 463 BGB. *statt* Wandelung oder Minderung „Schadensersatz wegen Nichterfüllung" verlangen, und zwar nach der vom Reichsgericht (Bd. 52 S. 352 ff.) vertretenen Ansicht Schadensersatz wegen Nichterfüllung der *ganzen* Verbindlichkeit, ohne daß es darauf ankommt, ob der Käufer an der Sache im mangelhaften Zustande gar kein Interesse mehr hat, was hier allerdings der Fall ist[1]). Sofern der Käufer hiernach Schadens-

---

Augenblick des Geschäftsüberganges ausgeschlossen, weil hier die Gewährleistungsvorschriften ausschließlich seien; denn hier gilt speziell § 480; dieser Anspruch verjährt nach § 477 Abs. 1 erst in 30 Jahren. Unzulässig ist schließlich die Anfechtung nach § 119 BGB., soweit es sich um den Irrtum über eine verkehrswesentliche Eigenschaft der Kaufsache handelt, wegen deren Wandelung zulässig ist, sofern die Ware dem Käufer übergeben ist (RG. 61 S. 171 ff.) Ist letzteres noch nicht erfolgt, so ist allerdings die Anfechtung aus § 119 auch aus dem letztgenannten Grunde möglich. Soweit § 276 neben dem Wandelungs- und Minderungsanspruch Platz greift, muß das vorsätzliche oder fahrlässige Handeln — das einen besonderen und selbständigen Grund des Schadenersatzanspruchs bildet —, von demjenigen, der Schadenersatz verlangt, bewiesen werden. (RG. 66 S. 291.) Auch dieser Ersatzanspruch unterliegt der kurzen Verjährung des § 477, der zwar nicht dem Wortlaut, wohl aber dem Sinne nach auch den auf einem *Verschulden* beruhenden Anspruch auf Ersatz des durch Lieferung einer mangelhaften Kaufsache entstandenen Schadens umfaßt. „Der kurzen Verjährung sind die im § 477 bezeichneten Ansprüche deshalb unterworfen, weil die Ermittelung und Feststellung von Beschaffenheitsmängeln nach Verlauf längerer Zeitdauer kaum ausführbar, und für den Verkehr die Zulassung des Zurückgreifens auf solche Mängel nach längerer Zeit im höchsten Grade lästig und hemmend ist" (RG. 53 S. 203.) Mit Recht weist aber Eneccerus (BGB. § 335 Anm. 6) darauf hin, daß diese Analogie nur dann anwendbar ist, wenn es sich um Ersatz wegen des Mangels selbst handelt, nicht wenn durch den Mangel ein weiterer Schaden, z. B. eine Körperverletzung oder eine Beschädigung anderer Sachen verursacht ist.

[1]) Die herrschende Meinung geht gegen das Reichsgericht. Sie gibt den Schadensersatzanspruch nur wegen des *speziellen* Mangels und einen Schadensersatzanspruch wegen Nichterfüllung der *ganzen* Verbindlichkeit nur dann, wenn der Käufer an der mangelhaften Sache keinerlei Interesse mehr haben kann. Vgl. die bei Staudiger, BGB. II 1 zu § 463 Ziff. 8a zitierten Schriftsteller. In Band 53 S. 92 und 59 S. 156 gibt das Reichsgericht übrigens dem

ersatz verlangen kann, wird er die Rückzahlung des Kaufpreises und den Ersatz für die Schadloshaltung der geschädigten Frau verlangen, da er so gestellt werden muß, wie er stehen würde, wenn der arglistig verschwiegene Fehler nicht vorhanden gewesen wäre (RG. 66 S. 337).

Die Frau hat gegen den Förster keinen Ersatzanspruch.

II. Hatte der General die Bissigkeit des Hundes entdeckt und den Förster vorher ohne Erfolg zur Rücknahme und Rückzahlung aufgefordert, so hatte er sein Recht zur Wandelung damit geltend gemacht und konnte vom Förster Zustimmung zur Wandelungserklärung (§ 465), Rückzahlung des Kaufpreises und Rücknahme des Hundes verlangen, letzteres deshalb, weil der Verkäufer die Sache dort, wo sie sich „nach dem Vertrage befindet", abholen muß (RG. 55 S. 105). Der Verkäufer schuldete also vor allem die Abholung des Hundes und geriet infolgedessen in Schuldnerverzug. Infolgedessen hat er dem Käufer nach § 286 Abs. 1 BGB. den durch den Verzug entstandenen Schaden zu ersetzen. Dieser besteht in der Schadensersatzpflicht gegenüber der geschädigten Frau. Allerdings erscheint es hierbei nicht ausgeschlossen, ein mitwirkendes Verschulden des Generals bei der Entstehung des Schadens anzunehmen, da er einen als bissig erkannten Hund nicht als Jagdhund verwenden durfte. § 254 Abs. 1 BGB. findet deshalb Anwendung, weil im Verhältnis zwischen General und Förster ersterer als „Beschädigter" anzusehen ist.

— Vgl. RS. 54 S. 409/410: „Der Beschädigte ist derjenige, welcher einen Vermögensschaden erlitten hat und dafür Ersatz fordert."

Im allgemeinen dürfte eine schuldvolle Handlung des in seinem Vermögen geschädigten Generals mitgewirkt haben, weshalb er einen Teil des der Frau entstandenen Schadens mitzutragen haben wird.

III. Wenn der Förster die Gutmütigkeit und Folgsamkeit des Hundes ausdrücklich zugesichert hatte, so fehlten dem Hund zwei zugesicherte Eigenschaften. Der General kann hier nach § 463 BGB. Schadensersatz wegen Nichterfüllung und zwar das volle positive Erfüllungsinteresse verlangen, ohne Rücksicht darauf, ob den Verkäufer eine Arglist oder auch nur ein Verschulden trifft, da eben ein Fall eines Garantieversprechens vorliegt. Der General kann also Rückzahlung des Kaufpreises und Ersatz für den der Frau zu erstattenden Schaden verlangen.

Käufer ein Wahlrecht, ob er Schadensersatz wegen Nichterfüllung der ganzen Verbindlichkeit geltend machen oder beim Vertrage stehen bleiben und nur den durch das arglistige Verschweigen erlittenen Schaden liquidieren will.

Der Fall wurde von den Kandidaten überwiegend praktisch gelöst und meist als „leicht" befunden. Es kam jedoch mitunter vor, daß die Frage, ob die Tötung des Hundes durch den General die Wandelung ausschließt, nicht erörtert wurde. Augenscheinlich war den Betreffenden unbekannt, daß für die Wandelung die Vorschriften des Rücktrittes gelten. Daß auch im ersten Teil § 463 in Frage kommen kann, sofern ein arglistiges Verschweigen des Fehlers vorliegt, wurde fast durchweg übersehen. Im zweiten Falle wurde mitunter mit Annahmeverzug des Försters in bezug auf die Abnahme des Hundes operiert, was nicht zum Ziele führt. Übersehen wurde dabei, daß der Förster die Abnahme des Hundes *schuldet*, mithin Schuldnerverzug vorliegt. Der dritte Unterfall wurde allgemein richtig gelöst.

4.

(Rechtsfall a. d. Mai 1913.)

Onkel Fritz bestellt eine Torte für seinen sechsjährigen Neffen Otto bei dem Konditor Süß mit dem Auftrage, die Torte in die Wohnung der Eltern des Otto zu schicken.

Der Bote, welcher die Torte überbringen soll, findet die Wohnung verschlossen und gibt die Torte beim Portier ab, der sie vorerst bei Seite stellt. Die Kinder des Portiers essen den größten Teil auf.

1. Onkel Fritz weigert sich, die Rechnung des Süß zu bezahlen. Mit Recht?

2. Konnte Onkel Fritz für den Fall, daß er die Rechnung bezahlen müßte, sich an den Portier halten?

I. Was zunächst das Rechtsverhältnis zwischen Onkel Fritz und dem Konditor Süß betrifft, so liegt ein Kaufvertrag mit der Nebenverpflichtung vor, die Torte einem Dritten, nämlich dem Vater bzw. der Mutter seines Neffen zu übersenden. Leistungsempfänger soll einer der Elternteile sein. Durch Leistung an diesen ist der Kaufvertrag nach §§ 362, 185 BGB. erfüllt, zugleich aber auch die Schenkung gegenüber dem Neffen, der selbst allein infolge Geschäftsunfähigkeit Eigentum an der Torte nur durch den Vater oder die Mutter mit Zustimmung des ersteren — oder auch ohne diese, wenn man die Schlüsselgewalt zugrunde legt — erwerben kann.

II. Ist nun der Portier ermächtigt, derartige Waren für den Mieter in Empfang zu nehmen? Diese Frage ist tatsächlich zweifelhaft.

Ohne weiteres ist sie wohl zu bejahen, wenn der Mieter Alleinmieter eines ganzen Hauses, etwa einer Villa, ist und den Portier selbst angestellt hat. Ferner dann, wenn der Portier vom Mieter ausdrücklich zur Empfangnahme von für den Mieter abgegebene Sachen ermächtigt war. Sonst wird die Frage zu verneinen sein, da im allgemeinen — wenigstens in norddeutschen Gegenden — ein Rechtsverhältnis zwischen Mieter und Portier nicht besteht. Soweit aber eine Ermächtigung des Portiers zu Empfangnahmen für die Mieter besteht, kann sie sich nur auf die Entgegennahme des Besitzes, nicht aber auch auf die Annahme als Erfüllung zum Zwecke des Eigentumserwerbs für den Mieter erstrecken. Man denke an den Fall, daß der Portier einen vom Schneider für den Mieter abgegebenen, von diesem bestellten Anzug in Abwesenheit des Mieters in der Portierloge abgibt; nachträglich entdeckt der Mieter, daß der Anzug nicht paßt oder gar verwechselt ist. Oder dem Portier wird ein verschlossenes Paket übergeben und es stellt sich später heraus, daß eine Verwechslung vorliegt. Wie dem auch sei, muß in diesen Fällen angenommen werden, daß die Übergabe der Sache i. S. des § 446 BGB. als an den Käufer erfolgt zu gelten hat[1]). Mithin ist die Gefahr des zufälligen Unterganges auf den Käufer, d. h. Onkel Fritz übergegangen und verpflichtet ihn zur Zahlung des Kaufpreises.

War der Portier dagegen nicht zur Annahme der Torte für den Mieter

[1]) Das Reichsgericht steht allerdings auf dem durchaus anfechtbaren Standpunkt, daß es sich im Falle des § 446 um eine „bedingungslose Übergabe" „zwecks voller Erfüllung" (RG. 64 S. 336 und RGK. I. [1. Aufl.] S. 360 Ziff. 7), also zwecks Eigentumsübertragung handeln müsse, weshalb bei der Übereignung unter der Bedingung der vollständigen Kaufpreiszahlung die Gefahr vom Verkäufer zu tragen sei. Das steht jedoch im § 446 BGB. nicht, und auch die Übergabe einer unbedingt verkauften, wenn auch bedingt übereigneten Sache ist eine „Übergabe der verkauften Sache". So auch jetzt richtig RG. 85 S. 320ff.

befugt, so liegt die Gefahr des Unterganges der Torte — davon kann man trotz des Vorhandenseins eines Restes derselben sprechen — noch beim Verkäufer. Es fragt sich aber, ob nicht etwa infolge Annahmeverzuges anders zu entscheiden ist. Angenommen soll die Torte nach dem Vertrage von einem Elternteil des Knaben werden. Das Angebot muß nach § 294 BGB. tatsächlich sein. Ist die Torte als Genussache gekauft, was z. B. der Fall ist, wenn der Onkel die Torte telephonisch oder brieflich bestellt hat, so kommt der Gläubiger nach § 300 Abs. 2 BGB. in Verzug, wenn er die angebotene Sache nicht annimmt, in welchem Falle die Gefahr in diesem Augenblick auf den Gläubiger übergeht. Liegt nun in beiden Fällen ein „Angebot" vor? Bei Leistung eines Gegenstandes muß der Schuldner dem Gläubiger den Gegenstand zur Empfangnahme vorlegen. Wird ihm dies dadurch unmöglich gemacht, daß die Türen verschlossen sind, so wird man Annahmeverzug annehmen, wenn die Leistung zu einer Zeit angeboten werden sollte, zu welcher üblicherweise Empfangnahmen stattfinden. Ein Verschulden des Gläubigers spielt beim Annahmeverzug keine Rolle, so daß es also nicht darauf ankommt, ob die Eltern des Otto von der Bestellung der Torte etwas wußten.

Man wird daher zu folgendem Ergebnis gelangen: War der Portier zur Annahme der Torte an sich nicht ermächtigt, so mußte die Torte den Eltern des Otto angeboten werden. Da das Angebot infolge verschlossener Türen nicht erfolgen konnte, hat der Schuldner (Konditor) nur Vorsatz und grobe Fahrlässigkeit auch seines Erfüllungsgehilfen bei Übersendung der Torte zu vertreten (§ 300 Abs. 1 BGB.). Wenn nun der Bote des Konditors im vorliegenden Fall die Torte beim Portier mit dem Auftrag übergab, sie dem Mieter zu übergeben, so kann hierin eine grobe Fahrlässigkeit nicht erblickt werden. Ging die Torte hierauf beim Portier zugrunde, so ist der Schuldner nach § 275 BGB. von seiner Leistungspflicht frei und die Gefahr des Unterganges der Sache ging auf den Käufer über (§ 300 Abs. 2 BGB.), sofern es sich um eine Gattungsschuld handelt. Der Kaufpreis ist daher auch in diesem Falle zu bezahlen (§§ 446, 300 Abs. 2 BGB.). Anders liegt es, wenn es sich um eine Spezieschuld handelt, da hier ein Gefahrübergang — wie bei § 300 Abs. 2 BGB. — nicht bestimmt ist. Hier würde der Käufer nach § 323 BGB. von seiner Leistungspflicht frei werden! Billig ist diese Entscheidung nicht, doch läßt sich angesichts des klaren Wortlauts des § 300 Abs. 2 BGB. ein anderes Ergebnis nicht rechtfertigen.

Zu erwähnen ist noch, daß § 447 BGB. nicht anwendbar ist, da es sich hier zweifellos um einen Versendungsfall i n n e r h a l b des Erfüllungsortes handelt und ein Transport durch die eigenen Leute des Verkäufers nicht unter § 447 BGB. fällt, weil er vom Verkäufer **selbst** besorgt ist. (KG. in ROLG. 20 S. 174.) Letzteres ist freilich — Verschulden — bestritten.

III. Hat Onkel Fritz — soweit er den Kaufpreis zahlen muß — einen Anspruch gegen den Portier?

Zunächst ist davon auszugehen, daß ein Vertragsverhältnis zwischen beiden nicht begründet ist, denn der Bote des Konditors beauftragte den Portier namens seines Lehrherrn zur Übergabe der Torte an den Mieter.

Da ferner der Onkel Eigentümer der Torte nicht geworden ist (und auch selbst nicht werden sollte, da die Torte dem Neffen übereignet werden sollte), scheidet auch § 823 BGB. aus. Wohl aber greift § 832 BGB. Platz, wonach der über Minderjährige Aufsichtspflichtige zum Ersatz des Schadens verpflichtet ist, den der Minderjährige einem Dritten widerrechtlich zufügt, ohne daß ein des Minderjährigen vorzuliegen braucht. Eine Beschränkung des Schadens auf die im § 823 Abs. 1 BGB. genannten Rechtsgüter ist im Gesetz nicht vorgesehen, weshalb auch jeder Vermögensschaden unter § 832 BGB. fällt. Voraussetzung ist aber, daß der Schadenstifter wegen Minderjährigkeit der Beaufsichtigung bedarf. Dies darf bezüglich der Kinder des Portiers unterstellt werden. Freilich gestalten sich Art und Maß der Aufsicht je nach dem Alter, den Anlagen und Eigenschaften der Minderjährigen verschieden (RG. 52 S. 73). Ob diese Aufsichtspflicht sodann gewahrt ist, ist Tatfrage. Jedenfalls brauchen die Aufsichtspflichtigen für den Erfolg der Beaufsichtigung nicht einzustehen (RG. 50 S. 62). Man denke an den Fall, daß die Torte in einem Schrank verschlossen worden und den Kindern das Essen von der Torte streng verboten war. Gelang es ihnen dann hinter dem Rücken der Eltern, den Schrank mittels Nachschlüssels zu öffnen und die Torte aufzuessen, so dürfte die Aufsichtspflicht gewahrt sein und eine Haftung aus § 832 BGB. ausgeschlossen sein. Andernfalls haftet der Vater nach §§ 832, 1626, 1627 BGB. Der Schaden besteht in der Verpflichtung zur Zahlung des Kaufpreises für die Torte.

Eine ungerechtfertigte Bereicherung des Portiers kommt nicht in Frage, da er nichts erspart hat, auch sonst nicht als bereichert angesehen werden kann. Auch § 281 Abs. 1 BGB. gelangt nicht zur Anwendung, da dem Konditor gegen den Portier kein Ersatzanspruch zusteht, denn er ist überhaupt nicht geschädigt, soweit er einen Anspruch auf Zahlung des Kaufpreises gegen Onkel Fritz hat. Nur dann kommt § 281 BGB. in Frage, wenn Onkel Fritz zur Zahlung des Kaufpreises nicht verpflichtet ist. Dies bedarf jedoch keiner Erörterung, da hiernach nicht mehr gefragt ist.

Der vorliegende Rechtsfall bereitete den Kandidaten durchweg die größten Schwierigkeiten, wie fast alle Fälle aus dem „täglichen Leben", die zunächst einfach erscheinen, aber bei näherer Betrachtung nicht ganz geringe Schwierigkeiten zu bereiten pflegen. Ausreichende Bearbeitungen wurden nur selten geliefert. Die grundlegende Frage, unter welchen Umständen der Portier zur Empfangnahme von Leistungen für den Mieter ermächtigt ist, wurde fast durchweg nicht erörtert, sondern nur bejaht oder verneint. Das ist natürlich keine ausreichende Bearbeitung. Der Annahmeverzug wurde gleichfalls kaum jemals in Erwägung gezogen. Vielfach wurde mit dem hier nicht passenden § 447 BGB. operiert. Bei der zweiten Frage wurde § 832 BGB. häufiger abgelehnt, weil die Voraussetzungen des § 823 I BGB. nicht erfüllt seien, auf die es dabei doch gar nicht ankommt. Vielfach wurde auf § 281 zurückgegriffen, ohne zu erwägen, ob denn der Konditor überhaupt einen Schadensersatzanspruch gegen den Portier hat. Dabei durfte auch nicht vergessen werden, daß nach Lage der Sache ein Auftragsverhältnis zwischen beiden vorliegt und ein Schadensersatzanspruch in dem Falle, in welchem der Onkel die Torte nicht zu bezahlen hat, aus § 276 BGB. und ev. § 278 BGB. — wenn den Kindern etwa die Torte zur Überbringung an den Mieter übergeben wurde — herzuleiten ist. — Durchweg wurde der Fall für „außerordentlich schwierig" gehalten.

5.

(Rechtsfall aus dem Jahre 1914.)

Der Möbelhändler V. hat an den Privatier K. ein Sofa für 400 M. verkauft und geliefert. Die Forde auf den Kaufpreis hat er seinem Gläubiger G. an Zahlungsstatt abgetreten. Als aber G. von K. Zahlung verlangt, weigert dieser die Zahlung mit der Begründung, daß der Lederbezug des Sofas sich schon nach zweiwöch rungem Gebrauch als brüchig erwiesen habe. G. überzeugt sich davon, daß dies wahr ist. Er klagt nunmehr gegen V. auf Grund dieses Sachverhalts auf Zahlung von 400 M. als Schadensersatz wegen Nichterfüllung. V. bittet die Klage abzuweisen; er führt an, daß K. ihm noch keine Mitteilung von dem Mangel gemacht habe, also noch nicht rechtswirksam gewandelt habe.

Wie ist zu entscheiden?

I. Möbelhändler V. hat die Kaufpreisforderung aus dem Kaufvertrag mit K. an seinen Gläubiger G. an Zahlungsstatt abgetreten. Damit erlosch das zwischen V. und G. bestehende Schuldverhältnis (§ 364 Abs. 1 BGB.), aber V. haftet für etwaige Rechtsmängel wie ein Verkäufer der Forderung (§ 365 BGB.).

II. Nach § 437 Abs. 1 BGB. haftet der Verkäufer für den rechtlichen Bestand der Forderung zur Zeit der Abtretung, also auch dafür, daß die Forderung nicht durch Einreden entwertet wird. Ist nun K. zur Zahlungsverweigerung berechtigt?

K. wandelt wegen eines unbestrittenen Mangels der Kaufsache. Die Wandelung vollzieht sich zwischen dem Verkäufer und Käufer und verpflichtet prinzipaliter den Verkäufer (§§ 459 Abs. 1, 462 BGB.). Wer wandeln kann, kann aber auch die Zahlung des Kaufpreises verweigern und die Wandelung auch einredeweise vorbringen (Vgl. § 478 BGB.). Fraglich ist nur, ob durch Vorbringen der Wandelungseinrede die Wandelung i. S. des § 465 vollzogen ist[1]). Mit Staudinger und Matthiaß (vgl. Staudinger II 1, Anm. II c zu § 478) wird man annehmen müssen, daß die Erhebung dieser Einrede die gleiche rechtliche Bedeutung des Vollzuges haben muß wie die Wandelung des § 465, da sie eine wirkliche Einrede darstellt. Die Wandelung bedarf daher, sofern sie durch

[1]) Man erinnere sich, daß bezüglich der Rechtsnatur der Wandelung (wie der Minderung) zwei Theorien bestehen: Die Vertragstheorie, die sich auf § 465 stützt und einen zwischen Verkäufer und Käufer abgeschlossenen Wandelungsvertrag erfordert, bevor die Rechte aus der Wandelung geltend gemacht werden können (Dernburg, Endemann, Planck, Oertmann). Die Herstellungstheorie (Eccius, Neumann, Fische-Henle, Gaupp-Stein, Biermann, Enneccerus) dagegen verweist darauf, daß das Gesetz im § 465 nur bestimme, wann die Wandelung vollzogen sei, nichts aber darüber besage, was „Vollziehung" hier bedeute und auch nicht, daß die Vollziehung nicht auch in anderer Weise erfolgen könne. Enneccerus insbesondere weist mit Recht darauf hin, daß nach § 462 der Wandelungsanspruch auf „Rückgängigmachung" der praktischen Folgen des Kaufvertrages, also auf Rückzahlung des Kaufpreises gegen Rückgabe der Sache gehe bzw. auf Aufhebung der Kaufpreisschuld (Enneccerus, Lehrbuch I, 2. Abt. § 330 Ziff. 2). Es kann also direkt auf Rückzahlung des Kaufpreises geklagt werden und vollzogen, d. h. bindend festgestellt ist die Wandelung durch Vertrag oder Urteil. Auch das RG. steht im 66. Band S. 75 auf dem Standpunkt der Herstellungstheorie, indem es ausführt:

„In Bd. 58 S. 423 ff. ist — ohne Stellungnahme zur Vertragstheorie —, der Satz aufgestellt, daß die Wandelungsklage ohne vorhergehenden Antrag auf Verurteilung zur Einwilligung in die Wandelung sofort und unmittelbar auf Rücknahme der Sache, Rückzahlung des Preises usw. gerichtet werden kann. Besteht dieses Recht bei der Wandelung, so muß auch bei der Preisminderung dem Käufer das Recht zustehen, unmittelbar auf Preisminderung und deren Ausführung zu klagen, und liegt in einem solchen Begehren nicht der Antrag auf Abschließung eines Preisminderungsvertrages."

Einrede geltend gemacht werden kann, keines Vertrages oder rechtskräftigen Richterspruchs und kann dem Verkäufer ohne weiteres entgegen gehalten werden.

III. Nach § 404 BGB. kann der Schuldner dem neuen Gläubiger die Einwendungen entgegensetzen, die zur Zeit der Abtretung der Forderung gegen den bisherigen Gläubiger begründet waren. Mithin könnte der K. die Einrede aus § 478 BGB. auch dem Anspruch des G. entgegen halten, denn die Einrede beruht ihrem Rechtsgrunde nach auf dem zwischen V. und K. abgeschlossenen Kaufvertrag. K. verweigert die Zahlung daher auch dem G. gegenüber mit Recht und in der Verweigerung liegt die Erhebung der Einrede aus § 478 BGB.

IV. Da die an Zahlungsstatt abgetretene Forderung durch das Vorbringen der Einrede entkräftet wird, hat G. gegen V. einen Schadensersatzanspruch wegen Nichterfüllung aus §§ 365, 440, 325 Abs. 1 BGB. Dieser Anspruch geht, da derjenige auf Erfüllung ausdrücklich ausgeschlossen ist, § 249 S. 1 BGB. mithin unanwendbar ist, grundsätzlich auf Geldersatz (RG. 61 S. 353/4). Mit der Geltendmachung des Anspruchs wandelt sich das ganze Vertragsverhältnis um in einen einseitigen Anspruch des Käufers (RG. 57 S. 106/7). Der Schaden besteht aber in dem Nichtempfang der 400 M., folglich kann G. von V. 400 M. verlangen.

Wenn sich V. lediglich damit verteidigt, daß K. ihm von dem Mangel noch keine Mitteilung gemacht habe, mithin noch nicht rechtswirksam gewandelt habe, so ist dem entgegen zu halten, daß K. die Einrede der Wandelung schon gegenüber dem Zessionar wirksam geltend machte, als dieser — wenn auch außergerichtlich — Zahlung des Kaufpreises von K. verlangte. Nach der herrschenden Herstellungstheorie bedarf es zur wirksamen Wandelung keines Vertrages zwischen Verkäufer und Käufer, und auch eine Anzeige der erfolgten Wandelungseinrede an den Verkäufer ist nicht vonnöten, wenn die Einrede dem neuen Gläubiger gegenüber mit Erfolg geltend gemacht war.

Der Rechtsfall wurde zumeist richtig gelöst. Unerläßlich ist jedenfalls — was häufiger übersehen wurde — das Eingehen auf die Theorien bezüglich der Rechtsnatur der Wandelung, da darin der Hauptkern der Arbeit liegt. Mitunter war auch § 365 BGB. den Kandidaten nicht bekannt, der doch das Bindeglied zu §§ 440, 325 BGB. herstellt. Die Arbeit galt im allgemeinen als leicht.

6.

(Rechtsfall aus dem Jahre 1911.)

Fabrikant Sprengel hat 1904 dem Bauunternehmer Steinel an einem in Potsdam gelegenen Gartengrundstück durch notariellen Vertrag ein Vorkaufsrecht bestellt[1]).

Eine Eintragung im Grundbuch erfolgte nicht.

1905 starb Sprengel und wurde von Apt beerbt.

Apt verkaufte das Grundstück für 4000 M. an König und dieser wurde als Eigentümer eingetragen.

Apt hatte keine Kenntnis vom Vorkaufsrechte. Auch fanden sich im Nachlasse Sprengels keinerlei Aufzeichnungen oder Urkunden.

König dagegen wußte sehr wohl vom Vertrage, ließ aber beim Kauf nichts darüber verlauten. Der Garten hatte einen Wert von 5000 M.

Steinel erklärt jetzt sowohl dem König als dem Apt gegenüber, das Vorkaufsrecht ausüben zu wollen.

Hat Steinel Ansprüche (und welche gegen Apt und gegen König)?

---

[1]) Es mag hier zunächst an die Streitfrage erinnert werden, ob ein obligatorischer Vorkaufsvertrag in Bezug auf ein Grundstück der Form des § 313 BGB. bedarf. Im 60. Band S. 232/3 hatte das Reichsgericht die Frage zunächst verneint, indem es darauf hinwies, daß durch die Einräumung des Vorkaufsrechts überhaupt keine Verpflichtung, das dem Vorkauf unterliegende Grundstück zu veräußern oder erwerben, auch nicht in bedingter oder betagter Form begründet werde. Denn ungeachtet des Vorkaufsrechtes könne der Verpflichtete das Grundstück vertauschen, verschenken und seinen Erben verkaufen. Erst dadurch, daß der Verpflichtete einen Kaufvertrag mit einem Dritten abschließe, entstünde für ihn die Verpflichtung, das Grundstück zu veräußern. Dieser Vertrag mit dem Dritten unterliege dem Formzwang des § 313 BGB. Diese Ansicht hat das Reichsgericht jedoch im 67. Bande S. 43 ff. aufgegeben und den gegenteiligen Standpunkt angenommen. In dieser Entscheidung wird ausgeführt, daß zwar der Eigentümer, der ein Vorkaufsrecht eingeräumt habe, das Grundstück nicht veräußern brauche, daß er sich aber gleichwohl für den Fall, daß er es veräußere, vertraglich gebunden habe und daß diese rechtliche Gebundenheit bereits gegenwärtig bestehe und nicht von einem künftigen Wollen abhängig gemacht sei. Der Käufer erwerbe bereits jetzt einen bedingten Anspruch gegen den Vorkaufsverpflichteten. Schließlich bezwecke die Vorschrift des § 313, leichtsinnigen und übereilten Veräußerungen vorzubeugen und dieser Zweck würde bei formloser Gestaltung des Vorkaufsvertrages nur unvollkommen erreicht werden. An dieser Ansicht hat die Plenarentscheidung im 72. Band S. 385 ff. festgehalten und darauf hingewiesen, daß der Vorverkäufer seinen Willen endgültig erklärt und sich für den Fall der Vornahme des Verkaufs gebunden habe. Es läge eine sogen. gemischte und nicht eine „potestative", d. h. im bloßen Willen des Verpflichteten liegende Bedingung vor. Ob der Berechtigte gebunden sei oder nicht, sei gleichgültig, wenn nur der Verpflichtete gebunden sei.

I. Da Sprengel dem Bauunternehmer Steiner nur ein obligatorisches Vorkaufsrecht in der vorgeschriebenen Form des § 313 BGB. eingeräumt hat, wird durch den Vertrag nur Sprengel und demgemäß sein Erbe verpflichtet, während das Vorkaufsrecht anderseits nach § 514 auf den Erben des Berechtigten in Ermangelung einer besonderen Bestimmung nicht übergeht, es sei denn, daß es auf eine bestimmte Zeit beschränkt ist. Die Verpflichtung aus dem Vorkauf ging mithin mit dem Tode Sprengels auf dessen Alleinerben Apt über.

II. Welchen Einfluß hat nun die Veräußerung des Grundstücks an König in Unkenntnis des für Steinel bestehenden Vorkaufsrechts für den aus dem Vorkauf verpflichteten Erben Apt?

Zur Entscheidung dieser Frage bedarf es des Eingehens auf die juristische Natur des Vorkaufsrechts, die streitig ist.

a) Nach Planck (Vorbem. 4 zu § 504) wird durch den Vorkauf lediglich ein den Verpflichteten bindender Vertragsantrag geschaffen, dessen Annahme durch Ausübung des Vorkaufsrechts erfolgt.

b) Nach Enneccerus, Staudinger und RG. 69 S. 281 liegt dagegen im Abschluß des Vorkaufsvertrags ein doppelt-bedingter Kaufvertrag über das Grundstück vor, bedingt durch den Verkauf des Grundstücks an den Dritten und durch die Ausübung des Vorkaufsrechtes.

Folgt man der erstgenannten Theorie, so kommt ein Vertrag zwischen Apt — dem Erben des Vorkaufsverpflichteten — und Steinel erst durch die Ausübung des Vorkaufsrechts seitens des Steinel nach der Übereignung des Grundstücks an Steinel zustande. Die Sache liegt also ebenso, wie wenn jemand eine ihm nicht gehörende Sache verkauft. Steinel kann also gegen Apt auf Erfüllung des Kaufvertrages klagen und, da Apt hierzu aus subjektiven Gründen außerstande ist, nach § 283 BGB. Schadensersatz verlangen. Steinel kann aber auch direkt Schadensersatz verlangen. § 306 BGB. liegt nicht vor, denn dieser Paragraph gilt nicht für das ursprüngliche Unvermögen. Wohl aber folgt der Schadensersatzanspruch aus § 276 BGB. So auch RG. 69 S. 357:

„Für den Fall, daß Schuldner nicht leisten kann und hierzu auch bereits zur Zeit der Begründung des Schuldverhältnisses unvermögend war, enthält das Bürgerliche Gesetzbuch besondere Vorschriften überhaupt nicht. Indessen bedurfte es deren auch nicht, da sich die Vertretungspflicht des Schuldners unmittelbar aus dem Vertrage ergibt; denn mit der Verpflichtung zur Leistung übernimmt der Schuldner zugleich auch die Haftung für seine Leistungsfähigkeit; er hat für diese einzustehen und kann sich deshalb auf das — subjektive — Unvermögen zur Leistung nicht berufen. Das dauernde Unvermögen des Schuldners zur Leistung berechtigt den Gläubiger, Schadensersatz zu fordern, und zwar ohne daß er gehalten ist, zuvor den Anspruch auf die Leistung selbst geltend zu machen. Daß der Gesetzgeber eine für den Rechtsverkehr völlig zwecklose und überflüssige Handlung gewollt haben sollte, ist nicht anzunehmen. Hiernach ist der Anspruch auf Schadensersatz nicht von dem Nachweise eines dem Beklagten etwa zur Last fallenden arglistigen Verhaltens abhängig."[1])

Hiernach muß Apt für die Nichterfüllung des Vorkaufvertrages durch Leistung von Schadensersatz einstehen.

Folgt man dagegen der herrschenden Theorie, so hat Apt keinen Schadensersatz zu leisten. Da bereits vor der Veräußerung des Grundstücks an König ein bedingter Kaufvertrag zwischen Apt und Steinel vorlag, handelt es sich um nachträgliches Unvermögen des Apt i. S. des § 275 Abs. 2 BGB. Dasselbe ist unverschuldet, da Apt gutgläubig war und bei Veräußerung des Grundstücks von dem Bestehen des Vorkaufsrechts des Steinel keinerlei Kenntnis hatte und infolge des Fehlens irgendwelcher Aufzeichnungen im Nachlasse des Sprengel auch keine Kenntnis haben konnte[2]).

III. Hat Steinel Ansprüche gegen König?

Da ersterem nur ein obligatorisches Vorkaufsrecht eingeräumt war, so wirkt es nicht gegen König, obwohl er das Vorkaufsrecht bei Vertragsschluß kannte. § 823 Abs. 1 BGB. liegt nicht vor, da lediglich eine Vermögensbeschädigung und nicht die Beschädigung eines der in diesem Paragraphen genannten Rechtsgüter vorliegt. Die Verletzung obligatorischer Rechte fällt aber nicht darunter. Auch § 823 Abs. 2 BGB. greift nicht Platz, da kein Schutzgesetz zum Schutz obligatorischer Berechtigter vorhanden ist und insbesondere Betrug in strafrechtlichem Sinne ausscheidet. Sonach bleibt nur § 826 BGB. übrig, der auch tatsächlich auf Fälle vorliegender Art angewendet worden ist. Es läßt sich auch sehr wohl sagen, daß König durch die Entgegennahme der Auflassung in Kenntnis des Bestehens des obligatorischen Anspruchs des Steinel gegen Apt gegen die guten Sitten verstieß und Steinel vorsätzlich einen Schaden zufügte.

---

[1]) Ursprüngliches Unvermögen ist selten. Es liegt aber z. B. auch dann vor, wenn eine Ehefrau ohne die erforderliche Zustimmung des Mannes einen zum eingebrachten Gut gehörenden Gegenstand veräußert oder wenn der Mieter einer Wohnung einen Untermietvertrag abschließt und der Vermieter der Hauptsache seine Zustimmung hierzu versagt (RG. 81 S. 63).

[2]) Ebenso RG. 67 S. 234—236 für den gleichen Fall zu gem. Recht u. BGB.

Vgl. RG. 62 S. 137—139: „Durch § 892 BGB. ist zum Ausdruck gebracht, daß bloß persönliche Rechte den Erwerb eines ihnen entgegenstehenden Rechts am Grundstücke niemals zu hindern vermögen, auch dann nicht, wenn der Erwerbende beim Erwerbe sie gekannt hat. Eine andere Frage aber ist, inwieweit dieser Grundsatz durch die ganz allgemein lautende Vorschrift des § 826 eine Einschränkung erleidet. Das Reichsgericht hat bereits wiederholt ausgesprochen, daß der § 826 illoyalen Schädigungen im Verkehrsleben wirksam entgegenzutreten bestimmt ist und daher auch auf eine in Ausübung eines formalen Rechts vorgenommenen Handlung, falls diese dem anderen in einer gegen die guten Sitten verstoßenden Weise Schaden zufügt, Anwendung finden muß. Hiervon eine Ausnahme für den Fall zu machen, daß das mißbrauchte formale Recht ein die bloß persönlichen Ansprüche überwindendes dingliches Recht an einem Grundstück ist, liegt kein Anlaß vor."

Diese Entscheidung ist allerdings insofern bedenklich, als bei Anwendung dieses Grundsatzes das auf dem gleichen Gedanken beruhende jus ad rem des ALR. wieder in das Bürgerliche Gesetzbuch hineingenommen wird, nachdem man es vorerst vorsätzlich und mit Überlegung aus demselben verbannt hatte.

In welcher Weise hätte nun König den Schadensersatz zu leisten? Nach § 249 BGB. durch Herstellung des Normalzustandes, also nicht durch Rückauflassung des Grundstücks an den Veräußerer Apt — das wäre die Wiederherstellung des früheren Zustandes, die § 249 nicht verlangt —, sondern durch Auflassung des Grundstücks an Steinel, denn der Normalzustand besteht in der Eintragung des früher obligatorisch Berechtigten als Eigentümer im Grundbuch[1]).

Den vorliegenden Rechtsfall habe ich zur schriftlichen Bearbeitung bislang nicht gestellt und nur mündlich besprochen. Meist fand ich dabei, daß die Theorien über die Rechtsnatur des Vorkaufsrechts den Kandidaten unbekannt waren.

---

[1]) In der gen. Entscheidung des Reichsgerichts (62 S. 137—9) gibt das Reichsgericht der Klage des geschädigten Käufers auf „Nichtigkeitserklärung" des Kaufvertrages gegen Veräußerer und Erwerber statt. Das ist nicht richtig. § 138 liegt zweifellos nicht vor, wird auch in den Gründen nirgends erwähnt, und aus § 826 folgt nicht die gleichzeitige Anwendbarkeit des § 138. Bei Billigung des vom Reichsgericht ausgesprochenen Grundsatzes müßte auch hier der geschädigte obligatorisch berechtigte Käufer gegen den Erwerber nach § 249 auf Herstellung des Normalzustandes, d. h. auf Auflassung des Grundstückes an ihn klagen.

7.

(Rechtsfall vom Mai 1913.)

Altmann, der als Mieter eine Wohnung im Hause des Eger innehat, hat rechtzeitig zum 1. April 1913 gekündigt. Es gelingt dem Eger, die Wohnung zum 1. April an Neumann zu einem Jahreszins von 1800 M. zu vermieten, während Altmann 1200 M. jährlich zahlte. Ende März erkrankte Altmann schwer, und mehrere Ärzte erklären übereinstimmend, daß ein Transport des A. am 1. April mit Lebensgefahr verbunden sei. Neumann, der infolgedessen nicht einziehen kann, ist genötigt, einen Gasthof aufzusuchen. Auch sonst entstehen für ihn erhebliche Kosten. Mitte April wird A. transportfähig und Neumann zieht ein.

1. Kann Neumann
   a) von Altmann,
   b) von Eger

Ersatz seiner Kosten, insbesondere Bezahlung seiner Gasthofsrechnung verlangen?

2. Kann Neumann für die erste Hälfte April den Mietzins zurückbehalten?

3. Muß Altmann für die erste Hälfte April 75 M., d. h. den bei einem Jahreszins von 1800 M. auf die erste Hälfte April entfallenden Betrag, bezahlen?

I. a) Zwischen dem bisherigen Mieter Altmann und dem neuen Mieter Neumann besteht kein Vertragsverhältnis. Auch eine unerlaubte Handlung liegt nicht vor, höchstens eine indirekte Vermögensbeschädigung ohne jedes Verschulden des Altmann. Auch ist letzterer nicht auf Kosten des Neumann ungerechtfertigt bereichert, denn Altmann muß selbst weitere Mietszinsen zahlen. Schließlich scheidet auch die Geschäftsführung ohne Auftrag ohne weiteres aus.

Neumann hat daher gegen Altmann keinen Anspruch.

b) Infolge des Mietsvertrages mit Neumann mußte Eger ersterem am 1. April die Wohnung einräumen. Die Nichteinräumung der Mietswohnung berechtigte den Neumann nur zur Kündigung des Mietsvertrages nach § 542 BGB. Jedoch wird durch § 542 BGB. die Anwendung der allgemeinen Vorschriften über Unmöglichkeit, insbesondere § 275 BGB., nicht ausgeschlossen (RG. 62 S. 228). Tatsächlich ist Eger nicht in der Lage, den schwer erkrankten Mieter Altmann aus der Wohnung zu entsetzen, da — wie zu III auszuführen ist — der Fall des § 904 BGB. nicht vorliegt. Zum Ersatze des Schadens ist daher auch Eger nicht verpflichtet, da auf seiner Seite unverschuldete, nicht vertretbare subjektive Unmöglichkeit der Gebrauchsgewährung vorliegt.

II. Da Eger infolge der Überlassung des Gebrauchs der Mietssache an Altmann außerstande ist, dem Mieter den Gebrauch derselben in der ersten Hälfte des April zu gewähren, ist Neumann zur Entrichtung des Mietzinses für diese Zeit nach § 552 Satz 3 BGB. nicht verpflichtet. Ein „Zurückbehaltungsrecht" im Sinne des § 273 BGB. besteht natürlich nicht, da überhaupt keine Zahlungspflicht des Mieters besteht.

III. Nach § 557 BGB. kann Eger von Altmann für die Dauer der Vorenthaltung der Mietswohnung nach Beendigung des Mietsverhältnisses — das infolge der Kündigung *nicht* etwa nach § 568 BGB. auf unbestimmte Zeit fortgesetzt wird — als Entschädigung den vereinbarten Mietszins, also für einen halben Monat nur 50 M., verlangen. Jedoch ist nach § 557 Satz 2 die Geltendmachung eines weiteren Schadens nicht ausgeschlossen. Diese Geltendmachung setzt aber den Nachweis des Schadens — der hier 25 M. beträgt — und die Vertretbarkeit der Nichtrückgabe der Mietssache nach allgemeinen Grundsätzen voraus. Da ein Verschulden seitens des bisherigen Mieters nicht vorliegt, kommt lediglich § 904 BGB. in Frage. Dieser besagt:

„Der Eigentümer einer Sache ist nicht berechtigt, die Einwirkung eines anderen auf die Sache zu verbieten, wenn die Einwirkung zur Abwendung einer gegenwärtigen Gefahr notwendig und der drohende

Schaden gegenüber dem aus der Einwirkung dem Eigentümer entstehenden Schaden unverhältnismäßig groß ist. Der Eigentümer kann Ersatz des ihm entstehenden Schadens verlangen."

Da die hiernach gegebenen Voraussetzungen sämtlich vorliegen, kann Eger den ihm in Höhe von 25 M. entstandenen Schaden von Altmann ersetzt verlangen[1]).

Der vorliegende Fall wurde von den Kandidaten durchweg im ganzen richtig gelöst, wenn auch nicht alle auf § 904 BGB. kamen. Auch wurde häufig der nicht zutreffende § 568 BGB. zitiert — an Stelle des § 557 —, wobei übersehen wurde, daß infolge der Kündigung des Mieters das Mietsverhältnis beendet wurde (das OLG. Frankfurt in Rspr. d. OLG. 7, S. 18 wendet § 563 aber auch bei vereinbarter Aufhebung des Mietsverhältnisses an) und die Fortbenutzung der Mietssache nur infolge eines zufälligen Umstandes — der Krankheit — erfolgte und sich nur auf ganz kurze Zeit erstreckte. (So auch Staudinger II 1 § 568 II 1b). Es wurde schließlich auch die Ansicht vertreten, daß Neumann von Eger die Abtretung der Ansprüche gegen Altmann aus §§ 557, 904 BGB. nach § 323 Abs. 2 verlangen könne. Dem kann nicht beigetreten werden, weil Neumann ja selber von jeder Zahlungspflicht frei ist! Auch ist der Ersatzanspruch gleich dem Geldwert, den Neumann selbst dafür leisten müßte (Ersatzanspruch: 50 + 25 = 75 M., Gegenleistung: 75 M.).

[1]) Die Anwendbarkeit des § 904 BGB. auf die Miete spielt auch bei der Entscheidung der Frage, ob ein Gasthausbesitzer den durch zufällige Krankheit und Tod eines Gastes im Gasthof entstandenen Schaden ersetzt verlangen kann. Lehnt man den Abschluß eines stillschweigenden Vertrages zwischen Wirt und Gast bezüglich der Ersatzpflicht des Gastes ab, so bleibt nur § 904 BGB. übrig. Allerdings hat das OLG. Frankfurt im Jahre 1905 den § 904 für unanwendbar erklärt und den Schadensersatzanspruch des Vermieters gegen den Gast — der infolge Typhus das Zimmer nicht verlassen konnte — abgewiesen, weil der Mieter nach dem Mietsvertrage ein vertragsmäßiges Recht auf die Benutzung des Zimmers gehabt habe und deshalb seine Einwirkung auf das Zimmer auf Grund des Mietsvertrages erfolgt sei (Zitiert bei Gruchot, Beiträge Bd. 56 S. 183). Mit Recht hält Wurzer in Gruchot 56 S. 183 hier § 904 für anwendbar, weil das Verbleiben des Typhuskranken im gemieteten Zimmer wegen der Ansteckungsgefahr dem Vertrage widersprach, der Mieter deshalb kein vertragsmäßiges Recht auf ein ferneres Verweilen hatte und der Vermieter nach dem Vertrage nicht verpflichtet war, es zu dulden. — Verstirbt ein Gast im Gasthof, so kann von einer „Einwirkung" auf die Sache nicht gesprochen werden. Jedoch ergibt sich eine Ersatzpflicht der Erben aus den Grundsätzen der Geschäftsführung ohne Auftrag bzw. der ungerechtfertigten Bereicherung. So auch Wurzer a. a. O. S. 185—187.

8.

(Rechtsfall aus dem Jahre 1914.)

M. ist bei V. mit seiner Miete im Rückstande. Da er fürchtet, V. könne sein Pfandrecht an alten ererbten Silbersachen des M. geltend machen, packte er diese in einen Koffer und reicht sie seinem Freunde F., der draußen wartet, nachts elf Uhr aus einem Fenster seiner Parterrewohnung heraus. V., der gerade nach Hause kommt, sieht von weitem diesen Vorgang, eilt dem F. nach und erreicht ihn in einer Entfernung von 500 m vom Hause und entreißt ihm nach heftigem Ringen den Koffer. Bei dem Kampfe ist dem F. sein Hut in eine Pfütze gefallen, sein Rock beschädigt worden und außerdem hat er sich den Arm verstaucht. F. verlangt nun von V. 1. Ersatz der beschädigten Kleidungsstücke, 2. Schmerzensgeld, 3. den Koffer mit Inhalt zurück.

Wie ist zu entscheiden?

I. Die Klage des F. gegen den Vermieter V. ist zunächst auf Ersatz der beschädigten Kleidungsstücke und auf Zahlung von Schmerzensgeld gerichtet.

Als Klagegrund kommt nur § 823 I und § 823 II BGB. in Verbindung mit §§ 303, 223 StrGB. und § 847 BGB. in Frage.

Handelte V. widerrechtlich?

V. hatte an dem Koffer und den Silbersachen ein Vermieterpfandrecht (§§ 559, 580 BGB.). Nach § 560 konnte er der Entfernung dieser Sachen widersprechen, da die Entfernung nicht im regelmäßigen Geschäftsbetrieb des Mieters erfolgt oder den gewöhnlichen Lebensverhältnissen entspricht und auch anzunehmen ist, daß die zurückbleibenden Sachen zur Sicherung des Vermieters offenbar nicht ausreichen. Dieses Widerspruchsrecht des Vermieters verstärkt sich zum Recht, die Entfernung der Sachen auch ohne Anrufen des Gerichts zu verhindern und, wenn der Mieter auszieht, die Sachen in seinen Besitz zu nehmen (§ 561 BGB.). Zunächst kann es fraglich sein, ob das Recht zur Inbesitznahme besteht, wenn der Mieter nur einzelne Sachen aus der Wohnung wegzuschaffen im Begriffe ist, da unter „Auszug" die unmittelbaren Vorbereitungen zu einem vollständigen Auszug verstanden werden müssen. (So auch Staudinger II 1, § 561 II 2.) Jedenfalls ist das Selbsthilferecht des Vermieters nach § 561 Abs. 1 BGB. dann ausgeschlossen, wenn die Sachen vom Grundstück des Mieters entfernt sind. Für diesen Fall gibt das Gesetz im § 561 Abs. 2 BGB. nur einen — auch gegen Dritte gehenden Anspruch — auf Herausgabe der Zurückschaffung in das Grundstück und, wenn der Mieter ausgezogen ist, auf Überlassung des Besitzes. Ein Selbsthilferecht steht dem Vermieter nur nach der allgemeinen Vorschrift des § 229 BGB. zu. Die Voraussetzungen hierfür liegen aber vor. Obrigkeitliche Hilfe ist elf Uhr nachts nicht zu erlangen — die Polizei mischt sich grundsätzlich in Mietsstreitigkeiten nicht ein, es sei denn, daß ganz offensichtliches „Rücken" des Mieters vorliegt —, die Durchführung des Anspruchs aus § 561 BGB. ist auch ohne sofortiges Eingreifen des Vermieters mindestens wesentlich erschwert, da die Ermittelung nach dem Verbleiben des Koffers mit den Silbersachen außerordentlich schwierig sein dürfte. Hiernach handelte V. nicht rechtswidrig. Er durfte den Widerstand des Verpflichteten gegen die Wegnahme des Koffers brechen, da F. infolge seiner Beihilfe zur versuchten Vereitelung der Zwangsvollstreckung zur Herausgabe des Koffers ebenso verpflichtet war wie nach § 561 Abs. 1 BGB.

Da mithin die Widerrechtlichkeit der Handlungsweise des V. fehlt, liegt weder Sachbeschädigung noch Körperverletzung vor.

F. kann also weder Ersatz für seine beschädigten Kleidungsstücke noch Schmerzensgeld verlangen.

II. Wie steht es mit dem Anspruch des F. gegen V. auf Herausgabe des Koffers?

Die Selbsthilfe des V. war — wie zu I ausgeführt wurde — zulässig. Nach § 230 Abs. 2 BGB. ist aber bei Wegnahme von Sachen, sofern nicht die Zwangsvollstreckung erwirkt wird, der dingliche Arrest zu erwirken. Bei Verzögerung oder Ablehnung des Arrestantrags hat die Rückgabe der weggenommenen Sachen unverzüglich zu erfolgen (§ 230 Abs. 4 BGB.). Ein Recht zum Besitz der Sachen steht dem V. auch erst dann zu, wenn der Mieter ausgezogen ist. Die Herausgabe des Koffers an F. würde aber höchst unbillig sein. Deshalb wird man mit der vom RGK. (I, S. 198, Ziff. 2 zu § 230) vertretenen Ansicht dahin entscheiden, daß der Arrest in den Fällen nicht nötig ist, in welchen es sich nicht um eine bloße Sicherungsmaßregel — wie in den Regelfällen des § 230 —, sondern um die Wiederherstellung des verletzten Rechtes handelt, so z. B. in den Fällen, in welchen der Eigentümer einer Sache diese dem Diebe, oder der Pfandbesitzer die ihm verpfändete Sache dem Verpfänder, der sie widerrechtlich fortnahm, im Wege der Selbsthilfe wieder abnahm. Allerdings ist V. erst dann berechtigter Pfandbesitzer, wenn der Mieter ausgezogen ist. Vorher kann er nur die Entfernung der Sachen verhindern, also etwa das Zimmer, in welches er den Koffer einstellen wird, verschließen und den Schlüssel an sich nehmen, denn das Maß der Mittel, deren sich der Vermieter im Falle des § 561 Abs. 1 BGB. bedienen kann, richtet sich jeweils nach dem Verhalten des Mieters.

Die Klage ist daher auch insoweit abzuweisen, als sie auf Herausgabe des Koffers geht.

Auch dieser Fall wurde im allgemeinen richtig gelöst, wenn auch die Begründung der Abweisung der Klage auf Herausgabe des Koffers vielfach falsch war. Meist wurde das Recht der Selbsthilfe des V. aus § 561 BGB. hergeleitet und hierbei übersehen, daß die Entfernung der Pfandsachen aus dem Grundstück bereits erfolgt war. Warum § 230 Abs. 4 BGB. keine Anwendung finden darf, wurde nur in seltenen Fällen richtig ausgeführt.

9.

(Rechtsfall aus dem Mai 1914.)

A. bestellt beim Oberkellner zum Goldenen Löwen ein Zimmer für mehrere Tage. Es wird ihm Zimmer Nr. 10 angewiesen. Er läßt sein Gepäck dahin bringen, macht Toilette in dem Zimmer und geht dann auf Geschäftsbesuche. Als er gegen Abend ins Hotel und auf sein Zimmer kommt, ist dort B., der gerade seine Koffer aufschließen will. Der Oberkellner hatte vergessen, das Zimmer als besetzt zu notieren, der Wirt hatte dem B. das Zimmer angewiesen. Nach einem Wortwechsel faßt A. den B. am Kragen und drängt ihn hinaus; B. verstaucht sich den Fuß, muß einige Tage das Bett hüten und versäumt wichtige Geschäfte.

B. verlangt von A. und dem Wirt Schadensersatz.

Kann er das?

I. B. kann den Schadensersatzanspruch gegen A. nur auf § 823 BGB. stützen, wenn A. widerrechtlich handelte.

Unzweifelhaft war dem A. vom Oberkellner als Stellvertreter des Wirtes auf Grund des Mietsvertrages der Besitz des Zimmers überlassen, in welches auch sein Gepäck abgestellt wurde und in welchem er Toilette gemacht hatte. A. war also Besitzer des Zimmers und verlor ihn auch durch eine vorübergehende Entfernung nicht (§ 856 Abs. 2 BGB.). Wenn jetzt B. von dem Zimmer des A. Besitz ergriff, so beging er verbotene Eigenmacht gegenüber A., da es hierbei auf ein Verschulden nicht ankommt (§ 858 BGB.). A. konnte sich der widerrechtlichen Besitzentziehung mit Gewalt erwehren (§ 859 Abs. 1 BGB.), d. h. äußersten Falles den B. aus dem Zimmer mit Gewalt verdrängen. Dies aber nur sofort.

Vgl. Staudinger III, S. 38 II 2: „Die Wiederbemächtigung durch Entsetzung des Täters ist nur dann erlaubt, wenn sich diese zeitlich sofort an die Besitzentziehung anschließt."

Hier war es also zur Selbsthilfe nach § 859 BGB. zu spät. Mithin hat A. widerrechtlich gehandelt und B. gegen ihn aus § 823 I BGB. einen Schadensersatzanspruch.

Den Umfang des letzteren regeln §§ 842, 843 BGB.

In der Aufgabe ist nicht direkt gesagt, wofür Schadensersatz gefordert wird. Aus den Folgen des „Wortwechsels" ergibt sich jedoch der Schaden.

a) B. hat sich den Fuß verstaucht und muß einige Tage das Bett hüten. B. wird hiernach Ersatz der Heilungskosten einschließlich der Kosten für den Aufenthalt im Hotel oder Krankenhaus verlangen. Dies kann er nach § 843 BGB., da es sich hierbei um eine „Vermehrung der Bedürfnisse" handelt.

(Staudinger will für die Heilungskosten § 249 BGB. ergänzend heranziehen, was nicht erforderlich ist.)

Nach § 847 BGB. könnte B. auch Schmerzensgeld verlangen.

b) Ferner ist gesagt, daß B. „wichtige Geschäfte versäumt". Damit wird auf § 842 BGB. angespielt, wonach die Verpflichtung zum Schadensersatz wegen einer gegen die Person gerichteten unerlaubten Handlung sich auf die Nachteile erstreckt, welche die Handlung für den Erwerb oder das Fortkommen des Verletzten herbeiführt. Diesen Schaden müßte jedoch B. näher substantiieren.

II. Kann B. von dem Wirt Schadensersatz verlangen?

a) Zunächst kann fraglich sein, ob ein Vertragsverhältnis zwischen beiden vorliegt, da Zimmer 10 bereits vermietet war. Es dürfte aber nicht nur Unvermögen zur Leistung seitens des Wirtes vorliegen, welches die Gültigkeit des Vertrages nicht berührt. Auch spricht § 541 BGB. gegen die Annahme der Unwirksamkeit des Mietsvertrages, da er gerade eine Sonderregelung für den Fall des Unvermögens bei der Miete darstellt, die hier Anwendung findet.

Voraussetzung der dem Mieter nach § 541 BGB. zustehenden Rechte ist, daß ihm durch das Recht eines Dritten der Gebrauch der Mietsache entzogen wird. Die unmittelbare Ursache der Gebrauchsentziehung ist der Besitz des A., also kein Recht, sondern eine „Rechtsposition". Aber dem tatsächlichen Besitzverhältnis des A. liegt auch ein rechtliches zu Grunde, nämlich der Mietsvertrag zwischen A. und dem Gastwirt. Auf Grund dieses Mietsvertrages hat A. ein Recht zum Besitz. Mithin hätte B. an sich einen Ersatzanspruch gegen den Wirt aus §§ 541, 538 Abs. 1 BGB. Dieser Schadensersatzanspruch wegen Nichterfüllung umfaßt aber nur das besondere Erfüllungsinteresse wegen des Mangels und würde nur einen etwaigen höheren Mietszins in einem anderen Gasthof, mit Einschluß der Umzugskosten, umfassen, nicht aber den durch das rechtswidrige Verhalten des A. entstandenen Schaden. Für diesen fehlt es an einem Kausalzusammenhang. Schließlich würde auch noch konkurrierendes Verschulden des B. zu berücksichtigen sein, da sich dieser erst in einen Wortwechsel mit A. einläßt, statt sofort das Zimmer zu verlassen und den Wirt herbeizuholen.

b) Auch aus § 831 BGB. läßt sich eine Haftung des Wirtes für das Verschulden des Oberkellners nicht herleiten, da ein adäquater Kausalzusammenhang zwischen der fahrlässigen Unterlassung des Oberkellners und der Verletzung des B. fehlt, der auch zumindest durch das selbständige Handeln des B. durchbrochen ist.

Der Fall wurde trotz seiner Einfachheit überwiegend nicht richtig gelöst. Zumeist wurde das Verhalten des A. für rechtmäßig erklärt, wobei übersehen wurde, daß der Widerstand gegen verbotene Besitzentziehung sich unmittelbar an letztere anschließen muß. Die Frage, ob das Mietsverhältnis zwischen B. und dem Wirt wirksam ist, wurde überhaupt nicht erörtert. Sodann wurde vielfach eine Schadensersatzpflicht des Wirtes aus § 541 BGB. hergeleitet, was unrichtig ist.

10.

Rentner A. vereinbart mit dem Arzt B., er solle für 300 M. jährlich die Behandlung seiner selbst und die seiner Familie, bestehend aus Frau und Tochter, übernehmen. Am 28. Juni stirbt Rentner A. nach schwerer Krankheit. Am 30. Juni bittet Frau A. den B., seine Honorarforderung anzugeben, da sie zu ihrer, seit dem 1. Februar in München verheirateten Tochter übersiedeln wolle.

B. verlangt 300 M. Frau A. meint, B. könne höchstens 150 M. fordern, ja eigentlich nicht einmal diese Summe, da ihre Tochter seit dem 1. Februar ihren Wohnsitz in München habe und demgemäß seiner Behandlung entzogen sei.

Wie ist zu entscheiden?

Das Rechtsverhältnis zwischen dem Arzt und seinen Klienten wird — ebenso wie das zwischen Anwalt, Notar und Klient — als sog. Arbeitsvertrag angesehen, auf welchen die Vorschriften des Dienstvertrages nur analog angewendet werden[1]). Die Annahme eines reinen Dienstvertrages wird deshalb abgelehnt, weil dem Dienstgeber die Leitung der zu leistenden Arbeit sowie das Abhängigkeitsmoment des Dienstverpflichteten fehlt. Diese Konstruktion ist rechtlich bedeutungslos und überflüssig, denn das Gesetz erwähnt selbst die „Dienste höherer Art" und gibt Sondervorschriften für sie, z. B. im § 627 und § 622 BGB.

Auch das Rechtsverhältnis zwischen dem Hausarzt und dem Familienhaupt ist ein Dienstvertrag „höherer Art". In bezug auf die Behandlung von Frau und Tochter liegt zugleich ein Vertrag zu Gunsten Dritter vor; verpflichtet wird nur der Hausherr, berechtigt aber neben ihm auch Frau und Tochter, da der Vertrag zu ihren Gunsten einen Akt der Fürsorge darstellt[2]).

I. Wenn jetzt A. stirbt, so wird das Dienstverhältnis mit dem Arzt durch den Tod gelöst, soweit die Person des A. in Frage kommt. Da für den Arzt nunmehr teilweise Unmöglichkeit der Dienstleistungen vorliegt, greift jetzt § 323 Abs. 1 BGB. ein, also verhältnismäßige Minderung der Dienstvergütung, soweit sie die Person des A. betrifft. Da das Gesamthonorar jährlich für drei Personen 300 M. beträgt, darf in Ermangelung besonderer Anhaltepunkte — etwa besonderer oder häufigerer Kränklichkeit — angenommen werden, daß das Honorar für jedes Familienglied 100 M. im Jahre beträgt. Ferner muß unterstellt werden, daß der Dienstvertrag vom 1. Januar ab läuft. Wenn nun A. Ende Juni stirbt, so dürften für seine Behandlung bzw. die Möglichkeit seiner Behandlung 50 M. gefordert werden. Diese Zahlungsverpflichtung geht nach dem Tode des A. auf dessen Erben über, die als Gesamtschuldner haften (§ 2058 BGB.).

II. Der Anspruch wegen der Behandlung der Frau A. geht auf volle hundert Mark, auch wenn sie alsbald nach München übersiedelt. Die Unmöglichkeit der weiteren Behandlung ist hier von der Frau A. zu vertreten, da sie als „der andere Teil" anzusehen ist, denn sie ist — wie zu I ausgeführt wurde — als Mitberechtigte anzusehen; auch haftet sie — als Allein- oder Miterbin — für das Honorar. Allerdings müßte sich der Arzt B. anrechnen lassen, was er infolge der Befreiung von der

[1]) Vgl. Staudinger, BGB. II 2, Vorbem. IV zum Dienstvertrag.
[2]) Vgl. Protokolle zum BGB. I S. 751, 753 f.

Leistung oder durch anderweitige Verwendung seiner Arbeitskraft erwirbt oder zu erwerben böswillig unterläßt. Das wird sich aber ziffernmäßig kaum bestimmen lassen.

III. Was den Anspruch wegen der Behandlung der Tochter betrifft, die seit dem 1. Februar geheiratet hat und ihren Wohnsitz nach München verlegt hat, so gilt § 324 BGB. für sie nicht, da sie die Unmöglichkeit der weiteren Behandlung ihrer Person nicht zu vertreten hat. Denn bei ihr beruht die Tatsache, daß ihre Person der Behandlung des Arztes entzogen ist, nicht nur auf ihrem freien Willen, sondern auch auf ihrer rechtlichen Verpflichtung, den Wohnsitz bei ihrem Ehemanne in München zu nehmen (§ 1354 BGB.). Es muß daher auch hier § 323 BGB. — teilweise Unmöglichkeit — Platz greifen, so daß der Arzt nur einen verhältnismäßigen Anspruch für einen Monat Behandlung oder Behandlungsmöglichkeit hat, also 100 : 12 = 8,33 M. fordern kann.

Die Gesamtforderung des Arztes stellt sich demnach auf 50 + 100 + 8,33 Mark = 158,33 Mark, wofür die Erben als Gesamtschuldner haften.

Mit diesem einfachen Fall wußte die Mehrheit der Kandidaten nichts anzufangen, nur ganz vereinzelt kamen einige auf die Paragraphen über die Unmöglichkeit. Daß sich für jedes Familienglied das Honorar im Zweifel auf 100 M. stellt, wurde nur selten ermittelt, obwohl es doch recht nahe liegt. Meist wurde versucht, den Fall aus den Vorschriften des Dienstvertrages zu lösen und der Schwerpunkt der Arbeit auf die Kündigungsmöglichkeiten gelegt, insbesondere § 626 BGB. angewendet, während § 627 BGB. hierbei übersehen wurde. Wiederholt kam es vor, daß Kandidaten, die sonst durchaus Genügendes leisteten, leere Blätter abgaben, weil ihnen halt gar nichts einfiel. Letzterer Umstand beweist, daß das Studium auf die Behandlung praktischer Fälle des täglichen Lebens wohl zu geringes Gewicht legt.

11.

A. fährt mit einer Droschke der Bedaggesellschaft, die vom Chauffeur C. geleitet wird, zu einem Freunde. Unterwegs stößt die Droschke, weil C. zu kurz und zu schnell um eine Straßenecke biegt, mit einem Lastwagen zusammen. Infolge des Stoßes fliegt A. mit dem Kopfe gegen die Wagentür, und daraus entsteht bei ihm trotz vorgenommener Operation ein dauerndes Ohrenleiden, welches seine Erwerbsfähigkeit um 5% mindert.

A. verlangt von der Bedaggesellschaft eine dieser Erwerbsminderung entsprechende Jahresrente von 150 M. bis zu seinem 65. Lebensjahre, Erstattung der Arztkosten von 300 M. und ein Schmerzensgeld von 100 M. Die Bedaggesellschaft wendet ein, A. müsse eine Schuld des C. beweisen, sie bestreite solche; außerdem hafte sie nicht für Verschulden des C., Schmerzensgeld könne A. niemals von ihr fordern.

Wie ist zu entscheiden?

I. Das Rechtsverhältnis zwischen dem Fahrgast und der Bedaggesellschaft ist ein Werkvertrag, jedoch mit der Eigentümlichkeit, daß die Vorschriften des Werkvertrages durchweg — mit Ausnahme der §§ 631/2 BGB. — nicht passen. Die Haftung der Transportgesellschaft gegenüber dem Fahrgast folgt lediglich aus §§ 276, 278 BGB. Hierüber führt das RG. (62 S. 120/1) folgendes aus:

„Durch den Abschluß des Transportvertrages entstand für die Beklagte (Motorwagengesellschaft) die vertragsmäßige Verpflichtung, die Klägerin ohne Gefährdung ihrer Gesundheit an ihr Reiseziel zu befördern. Dieser Pflicht hat die Beklagte zuwidergehandelt, wenn sie durch ihr Verhalten bei der Ausführung ihrer Vertragsleistung, der Beförderung, Anlaß zur Gefährdung der Klägerin gab, und sie haftet nach § 276 BGB. für den entstandenen Schaden, wenn sie dabei fahrlässig gehandelt hat. Sie hat aber auch ein Verschulden der Personen, deren sie sich zur Erfüllung ihrer Verbindlichkeit bedient hat, nach § 278 das. in gleichem Umfange wie eigenes Verschulden zu vertreten. Die Berufung auf die Vorschrift des § 831 Abs. 1 Satz 2 das., die für den Ersatz des aus unerlaubter Handlung erwachsenen Schadens gegeben ist, bleibt ihr versagt. Ihre Haftpflicht als Vertragspartei ist eine schärfere, als sie es sein würde, wenn es sich um ein ihr außerhalb des Rahmens eines Vertrages zur Last fallendes Verschulden handelte."

Die Bedaggesellschaft haftet hiernach dem Fahrgast aus dem von diesem mit ihrem Vertreter, dem Chauffeur, abgeschlossenen Transportvertrag nach §§ 276, 278, 249, 251 BGB. Das „Gesetz über den Verkehr mit Kraftfahrzeugen" vom 3. Mai 1909 kommt nicht zur Anwendung, weil die Vorschrift des § 7 des Gesetzes über die Haftpflicht des Fahrzeughalters nach § 8 Z. 1 daselbst nicht anwendbar ist, wenn zur Zeit des Unfalls der Verletzte durch das Fahrzeug befördert wurde.

II. In welchem Umfange haftet nun die Bedaggesellschaft? Maßgebend sind die §§ 249, 251—3 BGB.

A. verlangt nun

1. wegen der Erwerbsminderung eine entsprechende Jahresrente von 150 M. bis zum 65. Lebensjahre. Diese Rente kann nach § 251 BGB. verlangt werden. Daselbst heißt es zwar, daß der Ersatzpflichtige den Gläubiger in Geld zu entschädigen hat. Das bedeutet nach freiem Ermessen des Richters Entschädigung durch Geldrente oder Kapitalsabfindung. (So auch RG. 68 S. 431.) Die Höhe und Dauer der Rente bestimmt das Gericht nach § 287 ZPO. nach freiem Ermessen (RG. 62

S. 385). Maßgebend ist die mutmaßliche Lebensdauer der verletzten Person, die sich wieder nach dem Beruf, Gesundheitszustand und den Lebensgewohnheiten richtet[1]).

2. Erstattung der Arztkosten in Höhe von 300 M. Dieser Anspruch ist nach § 249 Satz 2 BGB. begründet. Er läßt sich auch auf die Geschäftsführung ohne Auftrag stützen, wenn A. bei der Hinzuziehung des Arztes den Willen hatte, ein Geschäft der Bedaggesellschaft zu führen.

3. Schmerzensgeld. Nach § 253 BGB. kann für nicht vermögensrechtlichen Schaden eine Entschädigung nur in den durch das Gesetz bestimmten Fällen gefordert werden. Hier kommt nur § 847 BGB. in Frage, der aber nur bei unerlaubten Handlungen gilt (RG. 65 S. 20 ff.) und dann ausgeschlossen ist wenn der Anspruch lediglich aus einem Vertragsverhältnis begründet wird, was hier der Fall ist. Diese Entscheidung ist offenbar unbillig, läßt sich aber angesichts der Stellung des § 847 BGB. nicht anders fällen. Das RG. weist — gleichfalls in einer Automobil-Unfallsache — im 65. Bande S. 21 ausdrücklich darauf hin, daß ein innerer Grund für diese Verschiedenheit der Haftung aus Verträgen und aus unerlaubten Handlungen „vielleicht nicht aufzufinden ist".

III. Die Einwendungen der Bedaggesellschaft sind folgende:

1. A. müsse zunächst eine Schuld des Chauffeurs beweisen.

Über diese Frage von prinzipieller Bedeutung für alle Fahrgäste möge hier die eingehende Erörterung des OLG. Hamburg in ROLG. 28 S. 191 Auskunft geben:

---

[1]) Vgl. RG. 16 S. 83 (zu § 3 Abs. 2 des Reichshaftpflichtgesetzes): „Zunächst hat also das Gericht vor Festsetzung der Rente im Hinblick auf § 3 Nr. 2 des Gesetzes zu prüfen, welchen Erwerb der Verletzte künftig gemacht haben würde, wenn der Unfall nicht eingetreten wäre. Bei dieser Prüfung wird eine volle Gewißheit nicht zu erlangen, vielmehr nur festzustellen sein, welche Einnahmen der Verletzte, unter Zugrundelegung seiner Erwerbsverhältnisse zur Zeit der Verletzung, nach den Regeln der Erfahrung mit Wahrscheinlichkeit ohne das Dazwischentreten des Unfalles erwarten durfte. Mag nun auch regelmäßig anzunehmen sein, daß der Verletzte denjenigen Erwerb, welchen er zur Zeit des Unfalles hatte, bis zu seinem Lebensende behalten haben würde, so können doch schon bei der Zubilligung der Rente mancherlei Umstände vorliegen, welche einen früheren Wegfall oder eine frühere Minderung jenes Erwerbes sicher als mindestens nach dem natürlichen Laufe der Dinge wahrscheinlich erscheinen lassen. Daß solche Umstände von dem Prozeßgerichte bei der Entscheidung zu berücksichtigen sind, sofern sie vor der Festsetzung der Rente zur Sprache kommen, insbesondere von dem Verpflichteten mit ausreichendem Beweisantritte vorgebracht werden, kann nach den angezogenen Vorschriften des Haftpflichtgesetzes einem Bedenken nicht unterliegen." Dies gilt auch für § 844 Abs. 2 BGB. infolge des gleichen Wortlautes wie § 3 Abs. 2 des Haftpflichtgesetzes. Und schließlich hat das gleiche auch für die Fälle der §§ 249 ff. zu gelten.

„Ob bei einem Betriebsunfall der verletzte Fahrgast beweisen muß, daß dem Unternehmer oder dessen Leuten ein Verschulden trifft oder ob umgekehrt der Unternehmer darzutun hat, daß er oder sein Wagenführer die verkehrserforderliche Sorgfalt betätigt haben, ist eine Frage, die sich in Ermangelung gesetzlicher Beweisregeln nicht allgemein, sondern nur von Fall zu Fall beantworten läßt, aber hier zuungunsten des Betriebsunternehmers zu beantworten ist. Denn der Fahrgast befand sich im Wagen und hatte kein Recht und jedenfalls keine Veranlassung, dem Wagenführer Weisungen zu geben, durfte sich vielmehr gänzlich auf dessen Umsicht verlassen, konnte ihn auch nicht wohl in der Nacht kontrollieren. Unter solchen Umständen wäre es ungerecht, von dem Fahrgast den Beweis eines Verschuldens des Wagenführers erfordern zu wollen; denn um einen solchen Beweis zu erbringen, müßte der Fahrgast die Ursache des Zusammenstoßes aufklären, wozu er aber nicht in der Lage ist, weil er im Innern des Wagens nicht sehen kann, wie der Wagenführer draußen hantiert, und auch nicht zu beurteilen vermag, ob dessen jeweiliges Verhalten technisch richtig oder verkehrt ist. Dagegen ist der Wagenführer in der Lage, den äußeren Verlauf des Unfalls anzugeben und dadurch dem Betriebsunternehmer die Möglichkeit eines Entlastungsbeweises zu bieten. Mithin muß in einem Fall wie dem vorliegenden der Betriebsunternehmer seinerseits Schuldlosigkeit seines Wagenführers beweisen. Zu demselben praktischen Ergebnis würde man auch gelangen, wenn man an sich dem Kläger den Beweis eines Verschuldens des Unternehmers oder des Wagenführers auflegen wollte. Denn hier liegt der Primafacie-Beweis eines Verschuldens eben schon in der Tatsache, daß die Droschke von der Fahrstraße abgebogen und gegen einen Kantstein gerannt ist. Da ein derartiger Betriebsunfall bei gewöhnlichem Verlauf der Dinge durch Anwendung der nötigen Sorgfalt sich vermeiden läßt, so muß, wenn ein solcher Betriebsunfall sich ereignet, zunächst vermutet werden, daß der Wagenführer ein Versehen begangen hat."

Wenn man dieser zutreffenden Ansicht des Oberlandesgerichts folgt, so genügt es unter allen Umständen, wenn der Fahrgast lediglich die Behauptung aufstellt, daß der Chauffeur zu kurz und schnell um die Straßenecke gebogen ist, so daß der Zusammenstoß mit dem Lastwagen erfolgte. Sache des Beklagten ist es dann, aufzuklären, wieso trotz alledem ein Verschulden des angestellten Chauffeurs nicht vorliege.

2. Der Einwand der beklagten Gesellschaft, daß sie nicht für ihren Chauffeur hafte, ist bereits durch die zu I ausgeführten Erwägungen

erledigt. Es scheint, als ob die Beklagte auf § 831 BGB. anspielen will. Die Voraussetzungen dieses Paragraphen mit der Möglichkeit des Entlastungsbeweises liegen aber bei Anwendbarkeit der §§ 276, 278 BGB. nicht vor.

3. Die Frage bezüglich des Schmerzensgeldes ist bereits in II 3 erörtert.

Der einfache Rechtsfall wurde zumeist richtig gelöst. Die Disposition fehlte vielfach, obgleich sie sich gerade im vorliegenden Fall fast von selbst ergibt. Die Nichtanwendbarkeit des Autogesetzes mußte erwähnt werden (Beoagdroschken sind elektrische Automobile der Berliner Elektrizitäts-Droschken-Aktiengesellschaft!). Vielfach wurde die Anwendbarkeit des § 847 BGB. auf den vorliegenden Fall aus dem Grunde behauptet, daß zugleich eine unerlaubte Handlung vorliege. Letzteres ist jedoch nach der herrschenden Ansicht nicht der Fall, sofern und soweit eine Vertragsverletzung vorliegt. Wäre man anderer Ansicht, so müßte auch stets der Entlastungsbeweis des § 831 BGB. möglich sein, den §§ 276, 278 BGB. gerade ausschließen wollen. Die Einwendungen der Gesellschaften mußten gruppiert und einzeln besprochen werden, und zwar nach der vorgehenden Prüfung des Klagevorbringens. Das wurde vielfach nicht beachtet.

12.

A. war von dem Chirurgen C. behandelt worden. Auf seine Bitte erhielt er eine Liquidation in Höhe von 200 M. Da ihm dieser Betrag zu niedrig erschien, schickte er Dr. C. drei Hundertmarkscheine unter Beifügung seiner Visitenkarte, auf der die Worte standen:

„Anbei 300 M. mit dem Ausdrucke größter Dankbarkeit.“ Dr. C. bestätigte umgehend dankend die gesandten 300 M. Erst später merkte er, daß ein Hundertmarkschein falsch war.

Er verlangt von A. Ersatz. Mit Recht?

I. Zwischen A. und C. liegt ein Dienstvertrag höherer Art oder ein sog. Arbeitsvertrag vor (vgl. Fall 10). Die Höhe der Vergütung wird vom Arzt im Rahmen der Medizinaltaxe vom 15. Mai 1896 (Min.-Blatt f. d. innere Verwaltung 1896, S. 105) — die in Ermangelung einer ausdrücklichen oder stillschweigenden Vereinbarung auch für Spezialisten gilt — bestimmt und ist hier nach § 316 BGB. von C. auf 200 M. festgesetzt worden.

II. A. schickt dem Arzt auf die Übersendung der Liquidation 300 M., da ihm der geforderte Betrag zu niedrig erschien. Welche rechtliche Bedeutung kommt dieser Mehrsendung zu?

a) Es dürfte die Offerte zu einem sog. Schuldabänderungsvertrag vorliegen (§ 305 BGB.), die vom Arzt C. durch dankende Bestätigung der Sendung angenommen wird. Mithin ist das Honorar vertraglich auf 300 M. festgesetzt. Wenn nun ein Hundertmarkschein falsch ist, so steht dem C. kraft des Abänderungsvertrages noch eine Forderung von 100 M. zu. Selbst wenn absichtlich von A. ein falscher Schein beigefügt war, ist an dieser Entscheidung festzuhalten, da trotz der Zusendung desselben der Wille des A. erklärt war, 300 M. zahlen zu wollen. Wenn A. gleichwohl nur 200 M. in echtem Gelde zahlen wollte, so ist dies eine gegenüber seinem erklärten Willen unbeachtliche *Mentalreservation* i. S. des § 116 Satz 1 BGB. In jedem Falle kann also C. Zahlung von 100 M. fordern.

b) Man könnte auch der Ansicht sein, daß bezüglich der zuviel gesandten 100 M. eine Schenkung vorliegt. Dagegen spricht allerdings der Umstand, daß es in der Aufgabe ausdrücklich heißt, daß dem A. der Betrag zu niedrig erschien. Mithin wollte A. die dritten Einhundertmark für die vom Arzt zu niedrig bemessene Behandlung, also nicht unentgeltlich, zahlen. Nimmt man gleichwohl Schenkung von 100 M. an, so fragt sich, ob das formlose Schenkungsversprechen erfüllt ist, da die geschenkten hundert Mark falsch sind. (Es darf davon ausgegangen werden, daß die beiden echten Hundertmarkscheine zur Tilgung der Schuld dienen, wie denn § 366 BGB. einen ähnlichen Gedanken zum Ausdruck bringt.) In der Zahlung von 200 M. in echtem Gelde liegt nur die Erfüllung der Hauptverbindlichkeit, und in der Mitsendung von 100 M. in falschem Gelde zugleich eine Schenkungsofferte bezüglich dieser Summe. Das formlose Schenkungsversprechen kann aber nur „durch Bewirkung der versprochenen Leistung" geheilt werden (§ 518 Abs. 2 BGB). Die Leistung muß vollwirksam sein, wie auch das RG. 71, S. 292 eine Heilung nur dann annimmt, wenn eine Leistung der Art erfolgt, daß eine Forderung des Gläubigers nicht bestehen bleibt[1]). Da nun hier eine wirksame Leistung nicht vorliegt, ist auch das formlose Schenkungsversprechen nicht durch nachträgliche Erfüllung geheilt und dem C. ist eine Klage auf Zahlung der 100 M. zu versagen, weil das Versprechen nicht gerichtlich oder notariell beurkundet war (§ 518 Abs. 1 BGB.).

III. Zu bemerken ist schließlich noch, daß die Beweislast für die Unechtheit des einen Hundertmarkscheins und des Empfangs durch den A. den Chirurgen C. trifft, da dieser die ihm als Erfüllung angebotene Leistung angenommen hat (§ 363 BGB.).

Der vorliegende Klausurfall wurde von einem Teil der Kandidaten vollständig richtig gelöst, während etwa ein Drittel vollständig an ihm scheiterte; darunter waren Kandidaten, die die Prüfung glatt ausreichend und sogar gut bestanden. Letzteren war die Existenz eines Schuldabänderungsvertrages völlig unbekannt. Sie kamen zumeist auf eine Schenkung und nahmen die Heilung des formlosen Schenkungsversprechens durch Erfüllung an, operierten wohl auch mit Sach- und Rechtsmängeln der geschenkten Sache. Auch hier zeigte sich wiederholt, daß relativ einfache Fälle des täglichen Lebens den Kandidaten vielfach größere Schwierigkeiten bereiten, als kompliziertere Rechtsfälle.

---

[1]) In der zit. Entscheidung wird ausgeführt, daß ein schenkweise erteiltes Wechselakzept keine Leistung i. S. des § 518 Abs. 2 sei.

13.

(Rechtsfall aus dem Jahre 1913.)

Bei einer Festlichkeit der Gastwirtschaft des W. hat der Wirt selbst eine Garderobe eingerichtet, in der die Festbesucher ihre Überkleider gegen Gebühr abgaben.

Dem X. wurde der von ihm abgegebene Überzieher gestohlen und W. leistete schon am folgenden Tage die verlangten 80 M. Ersatz. Wenige Tage später wurde der Dieb polizeilich ermittelt, der gestohlene Überzieher bei ihm gefunden und dem W. von der Polizei zugestellt. Schaden genommen hatte der Überzieher nicht. X. hatte sich bereits für 75 M. einen neuen Überzieher gekauft. W. verlangte von X. unter Anbietung des alten Überzieher Herausgabe des neuen und Zahlung von 5 M.

Ist er im Recht?

I. Zwischen W. und X. liegt ein entgeltlicher Verwahrungsvertrag vor. W. haftet mithin nach §§ 276, 278 BGB. und hat, da er zur Herausgabe des Mantels zunächst außerstande ist, nach § 280 BGB. Schadensersatz zu leisten, wenn er die Unmöglichkeit zu vertreten hat. Die Beweislast für die Nichtvertretbarkeit trifft den W. (§ 282 BGB.). Zum Antritt eines Beweises in dieser Richtung dürfte er kaum die Möglichkeit haben, weil er eben durch sein Personal dafür sorgen muß, daß Garderobendiebstähle und Verwechselungen ausgeschlossen sind. Da Naturalrestitution hier nicht möglich ist, muß W. den X. in Geld entschädigen. Wegen der Höhe der Entschädigung kommt es darauf an, wielange das gestohlene Kleidungsstück getragen zu werden pflegt und in welchem Jahre nach dem Kauf desselben der Diebstahl erfolgte. Unterstellt man bei einem Herrenmantel eine dreijährige Tragbarkeit desselben, so repräsentiert der Mantel im ersten Jahre den vollen Einkaufswert für den Eigentümer, im zweiten Jahre einen um ein Drittel, im dritten Jahre einen um zwei Drittel des Kaufpreises geringeren Wert. Hier hat nun der Gläubiger 80 M. verlangt und auch von W. erhalten; der Schuldner ist also seiner Ersatzpflicht nachgekommen.

II. Welche Bedeutung hat nun das Wiedererlangen des gestohlenen Mantels?

Die Ansichten hierüber sind geteilt.

a) Nach der herrschenden und richtigen Ansicht hat der Ersatzberechtigte, wenn er wieder in den Besitz der abhanden gekommenen Sache gelangt, den geleisteten Ersatz nach § 812 Abs. 1 Satz 2 BGB. ganz oder teilweise wieder zurückzuzahlen, da der rechtliche Grund für die Ersatzleistung wieder weggefallen ist.

So Staudinger, Anm. 6 zu § 255, RGK. Anm. 2 zu § 255.

Ebenso Oertmann, Anm. 3 zu § 255.

„Der Entschädigte muß die Ersatzsumme wohl zweifellos bei Rückerlangung der verlorenen Sache dem Pflichtigen je nachdem ganz oder teilweise nach § 812 zurückerstatten. Das wird als der Natur der Sache entsprechend anzunehmen sein, selbst ohne ausdrückliche Bestimmung." Ebenso Dernburg, Schollmeyer, Endemann, Rehbein, Cosack, Hellwig.

b) Anderer Ansicht sind Kipp in Windscheids Pandekten Band II, S. 72 und Planck, BGB., Anm. 4 zu § 255:

„Der Wortlaut des § 255 läßt die Deutung zu, daß der Ersatzpflichtige auch dann noch Abtretung verlangen kann, wenn er ohne Abtretung vollen Ersatz geleistet hat. . . . Aus dieser Auffassung ergibt sich weiter, daß, wenn der Ersatzberechtigte die Sache wiedererlangt, er sie dem Ersatzpflichtigen herausgeben und ihm das Eigentum daran übertragen muß.

Weder er noch der Ersatzpflichtige sind berechtigt, von der durch die Leistung des vollen Ersatzes eingetretenen definitiven Regelung des Verhältnisses zurückzutreten und Rückgewähr des geleisteten Ersatzes gegen Überlassung der Sache an den Ersatzberechtigten zu fordern bzw. anzubieten."

Nach dieser Ansicht könnte W. lediglich die Übertragung des Eigentums bezüglich des alten Überziehers verlangen, nicht aber den neuen Überzieher und auch nicht die überschüssigen 5 M. Denn wenn der entstandene Schaden tatsächlich 80 M. betrug, so blieb es dem X. überlassen, was er mit dem Gelde machte. Nur wenn der Wert des Mantels weniger als 80 M. betrug, könnte W. das sine causa Geleistete kondizieren (§ 812 Abs. S. 2 BGB.).

Der zweiten Ansicht dürfte nicht beizutreten sein. Mit dem Wiedererwerb des gestohlenen Mantels ist doch zweifellos der Rechtsgrund für die Ersatzleistung weggefallen und es kann daher der Ersatz kondiziert werden, soweit X. noch bereichert ist. Zunächst muß also X. die noch vorhandenen, nicht verwendeten 5 M. herausgeben. Im übrigen ist er nach § 818 Abs. 2 BGB. zum Wertersatz verpflichtet, soweit er noch bereichert ist. Letzteres ist er aber um den W e r t des n e u e n Überziehers und er muß daher dem W. auch diesen Wert — also 75 M. — ersetzen. Den neuen Überzieher selbst braucht er nicht herauszugeben, da § 818 Abs. 1 BGB. nicht vorliegt, denn der neue Überzieher ist nicht als E r s a t z für die Entziehung des erlangten Gegenstandes (80 M.) erworben. Es ist zulässig, hier § 820 Abs. 1 Satz 2 BGB. anzuwenden, der bekanntlich — ebenso wie § 819 — eine Ausnahme von § 818 Abs. 3 BGB. darstellt, da der Wegfall des Rechtsgrundes der Zahlung der 80 M. nach dem Inhalt der Ersatzpflicht immerhin als möglich angesehen werden mußte und wohl auch wurde. Da nun der Rechtsgrund tatsächlich weggefallen ist, kommt es bei der Frage nach dem Umfang der Erstattungspflicht nicht mehr darauf an, ob X. tatsächlich noch bereichert ist, was z. B. von Bedeutung wäre, wenn X. die restlichen 5 M. gerade mit Rücksicht auf den Empfang der 80 M. als überschüssige Differenz für einen guten Zweck gestiftet hätte, was ihm ansonst nicht eingefallen wäre[1]).

---

[1]) Es sei darauf hingewiesen, daß die Geltendmachung des Wegfalls der Bereicherung (§ 818 Abs. 3) nach RG. 83 S. 160 als Geltendmachung eines rechtsvernichtenden Einwands anzusehen ist.

Auch dieser Rechtsfall bereitete selbst tüchtigen Kandidaten Schwierigkeiten. Die Kenntnis beider im Anschluß an § 255 BGB. vertretenen Ansichten war nur ganz spärlich vertreten. Mit der Differenz von 5 M. wußten die wenigsten etwas anzufangen und übergingen sie stillschweigend, was doch nicht angeht. Vielfach wurde dahin entschieden, daß X. den neuen Mantel nach § 818 I BGB. herausgeben müsse, der doch hier nicht anwendbar ist. Auf § 829 BGB. ist keiner der Kandidaten gekommen, obwohl er doch nahe liegt.

14.

(Rechtsfall aus dem Januar 1913.)

M. lebt mit seiner Frau in Gütertrennung. Er ist vermögenslos und arbeitet gegen ein Gehalt von 1000 M. im Geschäft seiner Frau.

Anfang 1911 hat er den gemeinschaftlichen Sohn wegen einer ernsten Krankheit von dem Arzte Dr. A. behandeln lassen, wofür A. den angemessenen Betrag von 100 M. liquidiert.

Da er das Geld von M. nicht erlangen kann, verklagt er die Frau, obwohl diese zu der Behandlung keinerlei Auftrag gegeben hatte.

Hat er Aussicht, den Prozeß zu gewinnen?

I. Nach der Aufgabe hat M. seinen Sohn von dem Arzt Dr. A. „behandeln lassen". Entweder hat er nun persönlich dem Arzt den Auftrag zur Behandlung seines Sohnes gegeben, oder dies durch den Sohn oder schließlich seine Ehefrau ausrichten lassen. Der Sohn hätte dann als Stellvertreter des Vaters, die Ehefrau kraft ihrer Schlüsselgewalt (§ 1357 BGB.) lediglich den Vater zur Zahlung verpflichtet.

II. Hat nun der Arzt bei der Vermögenslosigkeit des M. Aussicht, die Ehefrau in Anspruch zu nehmen?

a) Eine „Geschäftsführung ohne Auftrag" kommt nicht in Frage, da diese bei der Geschäftsführung den Willen erfordert, das Geschäft für einen andern zu besorgen. Diesen Willen hatte aber der Arzt zweifellos deshalb nicht, weil er zunächst das Honorar von M. zu erlangen suchte. Daraus geht hervor, daß er lediglich ihn als Vertragspartei angesehen hat und mithin nicht den Willen haben konnte, ein Geschäft der vermögenden Ehefrau zu führen. Daß die Behandlung des gemeinschaftlichen Sohnes im Interesse der Ehefrau gelegen hat, reicht zur Anwendbarkeit des § 677 BGB. nicht aus (RG. bei Gruchot 52 S. 1002). Ganz abgesehen hiervon ist es recht zweifelhaft, ob ärztliche Behandlungen als „Geschäftsführungen" i. S. des § 677 BGB. angesehen werden können, was z. B. Staudinger im Gegensatz zu Hellwig und Crome verneint.

b) Wohl aber kommt § 812 BGB. in Frage, und zwar aus folgendem Grunde. Nach §§ 1603, 1606, 1607 BGB. ist bei gänzlicher Vermögenslosigkeit des Vaters die Mutter dem Kinde gegenüber unterhaltspflichtig. Die Mutter erspart also auf Kosten des Arztes eine ihr dem Kinde gegenüber obliegende notwendige Ausgabe, um die sie mithin ungerechtfertigt bereichert ist.

Auf demselben Standpunkte stehen die Landgerichte II und III in Berlin und das Landgericht Hannover. Letzteres führt aus:

„Die Mutter hat aber durch die ihrem Sohn zuteil gewordene ärztliche Behandlung ohne rechtlichen Grund insofern einen Vermögensvorteil erlangt, als sie verpflichtet war, auf ihre Kosten ihrem Sohne ärztliche Behandlung angedeihen zu lassen. Deshalb muß sie das Honorar bezahlen" (D. J.-Z. 1912, S. 231).

Das Reichsgericht würde nach seinem Standpunkt diese Entscheidung nicht billigen[1]). Es folgert aus den Worten „auf dessen Kosten" im § 812

[1]) Auch im Wechselrecht hat sich eine von der Praxis des Reichsgerichts und der Oberlandesgerichte abweichende Rechtsprechung der Untergerichte zu Art. 82 WO. herausgebildet. Die exceptio doli ist nach der Praxis der oberen Gerichtshöfe nur dann begründet, wenn der Fall der Kollusion vorliegt, d. h. wenn Be-

BGB. eine unmittelbare Vermögensverschiebung zwischen den Parteien (so RG. 66 S. 80, 69 S. 247, 73 S. 177) und schließt die Anwendung des § 812 BGB. dann aus,

„wenn die Leistung infolge Vertrages mit einer Mittelsperson geschieht und gegen diese einen Anspruch begründet" (RG. in D. J.-Z. 1907, S. 965).

Diese Auslegung ist zu eng und es ist nicht einzusehen, warum nicht auch eine mittelbare Vermögensverschiebung die Anwendbarkeit des § 812 BGB. rechtfertigen sollte. Der Ansicht der obengenannten Landgerichte ist daher der Vorzug zu geben, um so mehr, als die Anwendbarkeit eines anderen Gesetzesparagraphen nicht in Frage kommt. (Vgl. auch Enneccerus, 1. Band, 2. Abt. § 441a II 4[1]).

Der vorliegende Fall wurde trotz seiner Einfachheit vielfach nicht gelöst. Entweder kamen die Kandidaten auf die nicht zutreffende Geschäftsführung ohne Auftrag, oder sie stützten die Ansprüche des Arztes gegen die Frau lediglich auf die Vorschriften über die Unterhaltspflicht, ein recht schwerwiegender Fehler, da die Unterhaltspflicht nur dem Kinde gegenüber besteht und nur diesem ein Recht gegen die Mutter verleiht. In der Prüfung wurde die Arbeit eines Kandidaten, der den Anspruch des Arztes auf § 812 BGB. in Verbindung mit den Vorschriften über die Unterhaltspflicht stützte, als „gut" bezeichnet. Die Kenntnis des vom Reichsgericht vertretenen Standpunktes ist nicht verlangt worden, würde aber natürlich zu einem noch besseren Prädikat verholfen haben.

---

geber und Nehmer zusammen gewirkt haben, um den Wechselschuldner um eine bestehende Einrede zu bringen. Nach der Praxis der unteren Gerichte genügt aber bloßer Erwerb eines Wechsels in Kenntnis des Bestehens einer Einrede, um diese dem Erwerber entgegen halten zu können.

[1]) Enneccerus weist auf S. 566 mit Recht darauf hin, daß sich aus den Worten des § 812 BGB. „auf dessen Kosten" die vom Reichsgericht vertretene Einschränkung nicht ergebe. „Die Worte ‚A. hat etwas auf meine Kosten erlangt' sagen nicht das Geringste darüber aus, wie er es erlangt hat, ob direkt oder indirekt durch den Umweg über ein anderes Vermögen, ob durch mich oder durch Mittelpersonen irgendwelcher Art. Die behauptete Beschränkung des Bereicherungsanspruchs ergibt sich also nicht aus § 812, sondern ist mit dessen allgemeiner Fassung nicht im Einklang."

16.

(Rechtsfall aus dem Jahre 1912.)

Die Sparkasse in X. gibt nach ihrem Statut Sparkassenbücher auf den Namen des Geldeinlegers aus mit der Maßgabe, daß sie ohne Prüfung der Berechtigung des Präsentanten durch Zahlung an diesen befreit ist.

A. legt 300 M. bei der Sparkasse an und empfängt ein auf seinem Namen lautendes Buch. B. entwendet ihm das Buch und verkauft es für 250 M., die ihm bezahlt werden, an C., welchem er glaubhaft vorspiegelt, daß A. ihm das Buch verkauft habe.

C. hebt das Guthaben von 300 M. ab.

Kann nunmehr A. gegen C. auf Zahlung von 300 M. klagen?

I. Das Sparkassenbuch[1]) fällt unter die Legitimationspapiere des § 808 BGB., da es mit der Bestimmung ausgegeben ist, daß der Schuldner die in der Urkunde versprochene Leistung an jeden Inhaber des Buches bewirken kann. Ob diese Statutenbestimmung dem A. ausdrücklich mitgeteilt wurde, ist gleichgültig, da sich A. durch Anlegung eines Sparkassenguthabens und Empfangnahme des Buches stillschweigend den Bestimmungen des Statuts unterworfen hat. Auch ist es unerheblich, daß sich die in Frage kommende Bestimmung im Statut nicht mit dem Wortlaut des § 808 BGB. deckt, da es genügt, daß sie inhaltlich dem § 808 BGB. entspricht, was hier der Fall ist. Das Sparkassenbuch ist

[1]) Wegen der großen praktischen Bedeutung des Sparkassenguthabens mögen hier die wichtigsten rechtlichen Bemerkungen folgen. 1. Durch Einzahlung einer Geldsumme bei der Sparkasse wird mit dieser (meist einer Stadtgemeinde) ein irregulärer Verwahrungsvertrag (§ 700 BGB.) geschlossen, nicht etwa der Sparkasse ein Darlehen gegeben, wie RG. in Straff. 43 S. 18 annimmt. 2. Durch Anlegung eines Sparkassenbuches und Einzahlung eines Guthabens auf den Namen eines anderen als den des Einzahlers, erwirbt der andere noch keine Forderung gegen die Sparkasse nach § 328, da der Sparkasse der Name des Einlegers gleichgiltig ist und sie nur mit derjenigen Person den Vertrag schließen will, die ihr in Wirklichkeit das Geld gibt (So RGZ. 60 S. 145 u. 11 S. 241, RG. in Straff. 43 S. 18.). Das ist von großer praktischer Bedeutung für Konkurs- und Nachlaßverwalter sowie für Testamentsvollstrecker. 3. Die Übertragung des Guthabens erfolgt nach den Grundsätzen der Übertragung einer Forderung, also nach § 398 BGB. durch formlose Abtretung. Mit dieser Abtretung wird zugleich nach § 952 Abs. 1 (so RGK., nach Abs. 2 die übrigen Kommentatoren) das Eigentum am Sparkassenbuch übertragen, ohne daß es also einer Übergabe des Buches bedarf. 4. Die Verpfändung des Guthabens erfolgt nach den Grundsätzen der Verpfändung von Forderungen, also nach §§ 1273, 1274, 398, 1279, 1280 BGB. durch Pfandvertrag und Anzeige — es genügt mündliche — der Verpfändung an die Sparkasse seitens des Gläubigers. Mit diesem Pfandvertrag erwirbt der Pfandgläubiger nach § 952 Abs. 1 S. 2 ohne weiteres ein Pfandrecht am Sparkassenbuch. Wird die Anzeige vergessen, so ist der Pfandvertrag nach § 125 BGB. unwirksam. Selbst wenn das Buch übergeben würde, ist nicht an diesem allein ein Pfandrecht entstanden, denn „es ist nicht Träger des verbrieften Rechtes, hat vielmehr die Natur eines Legitimationspapiers (§ 808 BGB.). Derartige Papiere können an sich nicht Gegenstand eines Pfandrechts, sondern allenfalls eines Zurückbehaltungsrechts sein" (RG. 68 S. 281/2). Wohl aber kann die nichtige Verpfändung im Wege der Konversion (§ 140) als obligatorisches, vereinbartes Zurückbehaltungsrecht aufrecht erhalten werden, das den Voraussetzungen das § 273 BGB. nicht zu entsprechen braucht, so daß also z. B. die Fälligkeit fehlen kann. Dieses Zurückbehaltungsrecht hat aber im Konkurse keine dingliche Wirkung (Vgl. RG. 68 S. 282 u. 51 S. 86), berechtigt also nicht zur abgesonderten Befriedigung. Das Reichsgericht steht allerdings im 79. Bande S. 308/9 auf dem Standpunkt, daß § 140 für unwirksame Geschäfte nicht gelte, insbesondere dann nicht, wenn die nach § 1280 BGB. erforderliche Anzeige des Gläubigers an den Schuldner nicht erfolgt sei. Im praktischen Leben wird meist lediglich mit dem Buche operiert. Es ist dann jeweils der Wille der Parteien zu ermitteln, ob in der Übergabe eine solche zwecks Verwahrung, Abtretung oder Verpfändung liegen soll.

kein Wertpapier, das Buch folgt vielmehr dem rechtlichen Schicksal der Forderung (§ 952 BGB.).

II. Hat nun C. durch die Abtretung der Forderung an die Sparkasse auf Grund des Kaufvertrages (über die Forderung!) die Forderung gegen die Sparkasse erworben?

Die Frage ist zu verneinen, obwohl C. gutgläubig ist. Denn das BGB. kennt einen gutgläubigen Erwerb von Forderungen, abgesehen von § 405 BGB., überhaupt nicht. Auch das Eigentum am Sparkassenbuch hat C. nicht erworben, da es als Legitimationspapier nicht selbständig Träger besonderer dinglicher Rechte sein kann, vielmehr nach § 952 BGB. dem jeweiligen Gläubiger der Forderung — das ist hier noch immer der A. — zusteht und überdies auch noch gestohlen ist.

III. Kann nunmehr A. gegen C. auf Zahlung der von dem Buch abgehobenen 300 M. klagen?

Nach § 816 Abs. 2 BGB. ist, wenn an einen Nichtberechtigten eine Leistung bewirkt wird, die dem Berechtigten gegenüber wirksam ist, der Nichtberechtigte zur Herausgabe des Geleisteten verpflichtet. Die Leistung, d. h. Zahlung von 300 M., ist hier an einen Nichtberechtigten bewirkt, da C. nicht Gläubiger der Forderung geworden war (vgl. II). Die Leistung ist dem berechtigten A. gegenüber wirksam, weil die Sparkasse trotz Zahlung an den nichtberechtigten Präsentanten von ihrer Zahlungsverpflichtung frei geworden ist (§ 808 BGB.). Folglich muß C. „das Geleistete" herausgeben, also 300 M. an A. herauszahlen und muß sich seinerseits an B. nach den Grundsätzen über Rechtsmängel beim Kauf (§§ 437, 440, 325 BGB.) halten.

IV. Kann C. aber nicht wenigstens die für die Abtretung gezahlten 250 M. abziehen, weil er doch insoweit nicht bereichert ist? Die Frage ist zu verneinen, weil § 816 Abs. 2 BGB. schon seinem Wortlaut nach zur Herausgabe des ganzen erlangten Betrages — also 300 M. — unabhängig von der Höhe der tatsächlichen Bereicherung verpflichtet. Auch darf nicht vergessen werden, daß C. wegen des Schadens ein Rückgriffsrecht gegen B. in Höhe von 300 M. hat, weil ihm infolge des Rechtsmangels ein Schaden in dieser Höhe entstanden ist (§§ 437, 440, 325 BGB.).

Die Frage des Abzugsrechts ist allerdings streitig. Manche, z. B. Staudinger, verweisen auch zu § 816 BGB. auf § 818 Abs. 3 BGB. und lassen damit ein Abzugsrecht wohl zu.

Vgl. Staudinger, BGB. II 2, Anm. 3 zu § 816.

Eingehender verbreitet sich Oertmann (Bem. zu § 816) über diese Frage:

„Damit hängt die Frage zusammen, ob der (— aus § 816 —) Beklagte den Preis oder die sonstigen für den Erwerb der Sache seinerzeit gemachten Gegenleistungen in Ansatz bringen dürfe. (Dagegen Meisner, Kipp-Windscheid, Kuhlenbeck.) Man könnte (wie früher Windscheid) sagen, der Veräußerer der fremden Sache sei doch um ihren ganzen Erlös bereichert, denn er sei ja vorher der Vindikation ausgesetzt gewesen und habe auch ihr gegenüber kein Abzugsrecht gehabt. (A. A. Freund, Der Eingriff in fremde Rechte, 1902, S. 58, Schulz, System der Rechte im Archiv für zivilistische Praxis 105, S. 347).

Die Entscheidung hängt davon ab, ob man dem nach § 816 in Anspruch genommenen Veräußerer, ebenso wie nach der Eviktion, einen Ersatzanspruch gegen seinen eigenen Verkäufer zubilligt. Bejaht man diese Frage — und man wird sie nach Analogie von § 440 Abs. 2 bejahen müssen (so außer den oben Genannten v. Thur, Festschrift für Becker 1907, S. 17 und Freund), so dürfte von einem Abzugsrecht der hier in Frage stehenden Art keine Rede sein können. Der Veräußerer ist in der Tat durch den Verkauf um den vollen Preis bereichert, da er vorher nur die Rückgriffsmöglichkeit, nachher Preis und Rückgriffsmöglichkeit besaß."

Den Ausführungen Oertmanns dürfte beizutreten sein.

Der vorliegende Fall wurde im allgemeinen von der Mehrheit der Kandidaten gelöst. Schwierigkeiten bereitete nur die Frage, ob C. 50 M. abziehen kann. Mitunter wurde auch dem A. ein Eigentumsanspruch bezüglich des Sparkassenbuchs gegen C. gegeben, wobei vergessen wurde, daß die Sparkasse nach Abhebung des Gesamtguthabens das Buch zumeist zurückbehält, um Fälschungen zu vermeiden. Hierzu ist sie auch nach § 371 BGB. berechtigt. Die Rechtsvorgänge bei dem Sparkassenbuch waren aber einer ganzen Anzahl von Kandidaten unbekannt, weshalb in der Anmerkung die wichtigsten Rechtsfolgen in Kürze mitgeteilt werden.

16.

Alberti, der bisher in dem Geschäft des Kaufmanns Korn angestellt war, hat bei seiner Entlassung verschiedene Wertpapiere seines Prinzipals entwendet, darunter einige auf Sicht gestellte Wechsel, die auf das Bankhaus Berndt gezogen und blanko indossiert waren. Er hat alsbald die Wechselbeträge bei Berndt abgehoben, für einen Teil des Geldes, etwa 1000 M., preußische Schuldverschreibungen gekauft und die Papiere, nach der Lieferung, seiner Braut Cäcilie geschenkt. Cäcilie wußte nichts von der Unredlichkeit des Alberti. Nach Entdeckung des Sachverhalts hat sich Alberti entleibt.

1. Ist Cäcilie Eigentümerin der preußischen Staatsschuldverschreibungen geworden?

2. Kann Korn von ihr Herausgabe der Papiere fordern, um sich wegen seines Schadens einigermaßen decken zu können?

3. Welche Rechte hätte Korn gegen Cäcilie, wenn diese, als sie die Papiere erhielt, den ganzen Sachverhalt gekannt hätte?

I. Alberti hat die Wechsel — also Wertpapiere — seinem Chef *gestohlen*, denn der in einem Laden angestellte Handlungsgehilfe hat keinen Gewahrsam an dem Warenlager und den Wertpapieren seines Chefs[1]). Wenn er die blanko indossierten Sichtwechsel beim Bezogenen einkassierte, so erwarb er an den Geldstücken das Eigentum, obwohl er als Nichtberechtigter die Wechselsummen einzog, denn der Wechselschuldner hatte den Willen, das Eigentum an den Geldstücken auf Alberti zu übertragen und letzterer den Willen, dasselbe zu erwerben. Nach § 816 Abs. 2 BGB. hätte allerdings Korn einen Anspruch auf Auszahlung des behobenen Betrages gehabt (neben § 823 I auch § 823 II BGB., § 242 StrGB.). Nun hat aber Alberti für einen Teil des Erlöses preußische Schuldverschreibungen — also Inhaberpapiere — gekauft und auch geliefert erhalten. An diesen erwarb er mithin das Eigentum. Die gekauften Wertpapiere schenkte er sodann seiner gutgläubigen Braut, die Eigentum an ihnen erwarb, da Alberti als Berechtigter über die Papiere verfügte.

II. Hat Korn einen Anspruch gegen Cäcilie auf Herausgabe dieser Papiere?

Zunächst kommt § 816 Satz 2 BGB. nicht in Frage, da Alberti über die Inhaberschuldverschreibungen als *Berechtigter* verfügte, denn er hatte Eigentum an ihnen erworben. Auch § 822 BGB. kommt nicht zur Anwendung, da dieser Paragraph die Verfügung des *Berechtigten*, aber ungerechtfertigt Bereicherten betrifft und außerdem die Verpflichtung des Erstempfängers zur Herausgabe der Bereicherung nach § 818 Abs. 3, § 819 Abs. 1 BGB. *nicht* ausgeschlossen ist[2]). Alberti ist aber

---

[1]) Vgl. über die Gewahrsamsfrage RG. in Straff. 30 S. 90: „Es ist davon auszugehen, daß Sachen, die von jemand in den Räumen eines anderen in dessen Abwesenheit, also auf seine besondere oder allgemeine Anweisung niedergelegt werden, in den Gewahrsam des Inhabers der Räume fallen, schon ehe er von der Niederlegung Kenntnis erlangt. Diese Wirkung wird auch durch die Anwesenheit einer anderen Person nicht ausgeschlossen, da deren Stellung eine derartige zu sein vermag, daß sie den Eintritt der Herrschaft des Wohnungsinhabers über den Gegenstand ein Hindernis nicht bereitet. Und wenn die Gegenstände durch die Hände einer in den Räumen bediensteten Person gehen, so steht auch das nicht entgegen. Man kann nicht als Grundsatz aufstellen, daß in solchen Fällen der Gewahrsam zunächst der den Gegenstand in Empfang nehmenden Person erworben werde und erst durch einen Akt derselben, z. B. durch Niederlegen in eine Kasse, auf den Geschäftsinhaber übergehen könne." Hiernach hat das RG. angenommen, daß ein kaufmännischer Angestellter bei Empfangnahme des Geldes seitens der Käufer Eigentum und Gewahrsam am Gelde für den Chef erwirbt, durch Zueignung desselben also Diebstahl begeht.

[2]) Wegen der für die schriftliche Prüfung so überaus wichtigen §§ 816, 822 sei hier im folgenden der Inhalt und der Gegensatz derselben ausführlicher besprochen.

um die gekauften Papiere nicht ungerechtfertigt bereichert. Die einzige Handhabe bietet das Anfechtungsgesetz, und zwar § 3 Ziff. 3 desselben. Nach dieser Bestimmung sind die in dem letzten Jahre vor der Anfechtung

---

a) § 816 BGB. behandelt die Fälle der Verfügung des Nichtberechtigten, die dem Berechtigten gegenüber nach den Vorschriften über den Erwerb im guten Glauben — besonders nach §§ 932 ff., 892 ff., 2366/7 BGB. — wirksam sind. Herauszugeben ist hier — wie auch im Fall des § 822 — „das Erlangte". Dies ist nur der unmittelbar durch die Verfügung erlangte Gegenstand, nicht das, was auf Grund des erlangten Gegenstandes weiterhin durch eine erneute Verfügung erworben wurde. So RGK., Staudinger, Kosack, Oertmann, OLG. Naumburg im Gegensatz zu Crome, Planck, Goldmann-Lilienthal. Letztere Ansicht ist unhaltbar, weil dem BGB. ein allgemeines Surrogationsprinzip fremd ist. Hat also z. B. jemand mir eine Mark gestohlen und sich dafür ein Los gekauft, so muß er mir das Los als den durch die Verfügung über die Mark erlangten Gegenstand herausgeben. Hat der Dieb jedoch bereits einen Gewinn auf das Los eingezogen, so kann ich diesen nicht verlangen, denn der Gewinn ist nicht der unmittelbar durch die Verfügung erlangte Gegenstand, vielmehr verfügte der Dieb über das Los, an dem er Eigentum erwarb, als Berechtigter (Natürlich habe ich aber gegen den Dieb einen Anspruch aus § 823 BGB.). Wendet der Dieb die gestohlene Mark seiner Freundin zu, so erwirbt diese bei schlechtem Glauben kein Eigentum daran (§ 935); ich habe gegen sie einen Eigentumsanspruch wegen der Mark, der aber fast nur theoretische Bedeutung hat, da ich sie nicht bestimmt in der Klage bezeichnen kann (§ 253 Ziff. 2 ZPO.). § 816 Satz 1 zessiert, da die Verfügung über die Mark mir gegenüber ja unwirksam ist. Aus diesem Grunde scheidet § 816 Satz 2 gleichfalls aus. Schenkt der Dieb seiner Freundin aber das Los, das dieser mit der gestohlenen Mark kaufte, so erwirbt diese an ihm das Eigentum. § 816 Satz 2 paßt nicht, da er die Verfügung eines Nichtberechtigten voraussetzt, der Dieb aber über das Los, an dem er Eigentum erwarb, als Berechtigter verfügte. Schenkt der Dieb die gestohlene Mark seiner gutgläubigen Freundin, so erwirbt sie daran Eigentum (§§ 932, 935 BGB.). Jetzt greift aber § 816 Satz 2 Platz, da hier eine unentgeltliche Verfügung des nichtberechtigten Diebes über das gestohlene Geldstück vorliegt. — § 816 gilt schließlich nach der überwiegenden Meinung auch dann, wenn die Verfügung im Wege der Zwangsvollstreckung erfolgt. So insbesondere dann, wenn der Gerichtsvollzieher eine dem Schuldner nicht gehörige Sache pfändete, versteigerte und den Erlös an den Gläubiger abführte. Nach §§ 1242, 1244 BGB. erwirbt der gutgläubige Ersteher Eigentum an der versteigerten Sache. Der Erlös der Versteigerung ist das durch die Verfügung (im Wege der Zwangsvollstreckung) „Erlangte" (So RG. in JW. 06, S. 15 ff.).

§ 816 Abs. 2 trifft die Fälle der §§ 169 ff., 406 ff., 412/3, 851, 893, 969 usw.

b) § 822 dagegen behandelt den Fall der Verfügung des Berechtigten, aber ungerechtfertigt Bereicherten. Zahle ich z. B. an A. 1000 M. in der Meinung, ihm diese Summe schuldig zu sein, so wird A. Eigentümer der Geldsumme, ist aber ungerechtfertigt bereichert. Schenkt jetzt A. diese Summe an B., was er nur mit Rücksicht auf die erhaltenen 1000 M. tat, so verfügt er als Berechtigter, hier geht aber der Kondiktionsanspruch aus § 822 gegen B. — Voraussetzungen des § 822 sind demnach: 1. Zunächst mußte der Erstempfänger einer Leistung um dieselbe ungerechtfertigt bereichert sein. 2. Er muß sodann das Erlangte einem andern zugewendet haben. 3. Infolge dieser Zuwendung an den andern muß die Bereicherung des Erstempfängers ausgeschlossen sein, was der Fall ist, wenn der Erstempfänger die Zuwendung nur mit Rücksicht auf die Bereicherung vorvom Schuldner vorgenommenen unentgeltlichen Verfügungen[1]) mit Ausnahme der gebräuchlichen Gelegenheitsgeschenke anfechtbar. Die Schenkung ist eine solche Verfügung. Im übrigen ist formelle Voraussetzung dieser Anfechtung, daß der Gläubiger (hier Korn) einen Vollstreckungstitel gegen den Schuldner (hier Alberti) hat, seine Forderung fällig ist (was der Fall ist) und daß die Zwangsvollstreckung in das Vermögen des Schuldners zu einer vollständigen Befriedigung des Gläubigers nicht geführt hat oder anzunehmen ist, daß sie zu einer solchen nicht führen würde (§ 2 Anf. G). Letzteres ist Tatfrage.

Die Anfechtung müßte der Cäcilie gegenüber, und zwar gerichtlich erfolgen (RG. 58 S. 47). Sie geht nicht auf Herausgabe der Schuldverschreibungen an Alberti, sondern auf Duldung der Zwangsvollstreckung in die genannten Papiere zwecks Befriedigung des Klägers. Da der Gläubiger, soweit es zu seiner Befriedigung erforderlich ist, beanspruchen kann, daß dasjenige, was durch die anfechtbare Handlung aus dem Vermögen des Schuldners veräußert, weggegeben oder aufgegeben ist, als noch zu demselben gehörig zurückgewährt werde (§ 7 Anf. G), sind mithin die fraglichen Gegenstände, deren Veräußerung angefochten wird, dem Gläubiger zur Zwangsvollstreckung bereit zu stellen (RG. 56 S. 195).

III. Auch bei Schlechtgläubigkeit der Cäcilie wäre die Anfechtung aus § 3 Ziff. 3 des Anf. G. zulässig, aber nicht nur mit der Beschränkung auf die Herausgabe der Bereicherung (§ 7 Abs. 2 Anf. G), da hier auch § 3 Ziff. 1 Anf. G (die sog. Deliktspauliana) vorliegt. Alberti hätte dann die Veräußerung in der dem andern Teile bekannten Absicht der Benachteiligung des Gläubigers vorgenommen. Dabei ist zu beachten, daß bezüglich der Benachteiligungsabsicht das Bewußtsein eines die Gläubiger benachteiligenden Erfolges genügt, sofern dessen Eintritt nach dem ge-

---

genommen hatte, er darf also nichts erspart haben. Dagegen bleibt der Erstempfänger der „Bereicherte" und der Anspruch aus § 822 gegen den Dritten ist ausgeschlossen, wenn er eine Ausgabe in Höhe des Erlangten erspart hat, also wenn er z. B. die Zuwendung an den Dritten auch ohne die Bereicherung vorgenommen hätte oder wenn §§ 819, 820 BGB. (Ausnahme von § 818 Abs. 3 BGB!) vorliegen, da es hier auf den Wegfall der Bereicherung nicht ankommt.

Das „Erlangte" ist auch hier — wie i. S. des § 816 — nur das unmittelbar Erlangte. Hat also der Empfänger z. B. für das erlangte Geld, um welches er ungerechtfertigt bereichert ist, einen Gegenstand erworben und diesen dem Dritten zugewendet, so greift § 822 nicht Platz.

[1]) Es sei daran erinnert, daß der Begriff „unentgeltliche Verfügung" ein weiterer als der der Schenkung ist. Nicht nur Schenkungen, sondern auch Bürgschaften und Pfänder für fremde Schuld, Verzichte, Ausstattungen und Stiftungen gehören dazu. Nicht aber ist die Ausschlagung einer angefallenen Erbschaft anfechtbar, weil hierbei nichts aus dem Vermögen des Schuldners veräußert, weggegeben oder aufgegeben wird (RG. 54 S. 289).

wöhnlichen Lauf der Dinge zu erwarten ist und daß der Zweck der Rechthandlung nicht die Benachteiligung zu sein braucht (RG. 23 S. 14).

Vgl. auch RG. 24 S. 26:

„Auch das Bewußtsein des Eintritts der schädigenden Wirkung für einen bestimmten Fall genügt, wenn diese Wirkung, es sei auch nur eventuell, gewollt war."

Nicht zum Ziele würde die Anwendung des § 817 BGB. führen, weil sie gerade für den Fall beiderseitiger Unsittlichkeit ausgeschlossen ist, im übrigen im Satz 1 auch nur dem Leistenden selbst einen Anspruch gewährt. Allerdings hat das Reichsgericht im Falle Grünthal im 48. Bande (S. 293—296) folgendes ausgeführt:

„Die Frau verstößt durch die Annahme der mit gestohlenem Gute angeschafften Mittel gegen die guten Sitten, also ist die Schenkung nichtig (!), und wenn auch der Geber die Geschenke nicht zurückfordern kann, weil er gleichfalls gegen die guten Sitten verstößt (§ 817), so steht doch ein gleiches gesetzliches Hindernis, die Nichtigkeit geltend zu machen, Dritten, welche durch die nichtige Schenkung in ihren Vermögensinteressen verletzt sind, nicht entgegen."

Nach dieser Entscheidung würde Korn bei der Pfändung der Cäcilie übereigneten Wertpapiere die Widerspruchsklage unter Hinweis auf § 817 BGB. zur Abweisung bringen können. Aber ein direkter Anspruch auf Herausgabe der Papiere läßt sich trotz der vom Reichsgericht vertretenen Ansicht nicht aus § 817 herleiten. Wohl aber liegt zweifellos § 826 BGB. vor, wenn jemand Geschenke in Kenntnis des Umstandes, daß sie mit verbrecherischen Mitteln erworben sind, in Empfang nimmt, und verpflichtet demgemäß auch über die Herausgabe der Gegenstände hinaus zu weiterem Schadensersatz, sofern ein weiterer Schaden entstanden ist.

Der vorstehende Rechtsfall wurde von den Kandidaten meist besser gelöst, als ich erwartet hatte. Allerdings kamen verschiedene Kandidaten überhaupt nicht auf den Gedanken der Anfechtbarkeit nach dem Anfechtungsgesetz. In diesem Falle muß die Arbeit als mißlungen bezeichnet werden, da gerade hierin die Lösung der Fragen 2 und 3 liegt. Auch der Unterschied zwischen § 816 und § 822 BGB. begegnete immer wieder Schwierigkeiten. § 817 BGB. wurde keinmal erwähnt, was natürlich kein Fehler ist, da er tatsächlich unanwendbar ist. Fälschlich wurde aber auch mitunter eine Schadensersatzpflicht der Cäcilie nach § 823 Abs. 1 oder 2 BGB. angenommen, was unrichtig ist, da sie weder das Eigentum des Korn schädigt noch eine strafbare Handlung begeht, denn Hehlerei liegt **nicht** vor, weil die Staatspapiere selbst nicht durch eine strafbare Handlung erlangt sind.

17.

(Rechtsfall aus dem Januar 1913.)

Eine Arznei kann wegen plötzlicher Erkrankung des einzigen am Orte vorhandenen Apothekers von diesem nicht angefertigt werden. Auf dringendes Ersuchen des Arztes bereitet sie ein Drogist, obwohl er sich der Gefahr der Strafverfolgung aus § 367 Nr. 3 StGBs. aussetzt.

Die vorschriftsmäßig zubereitete Arznei verschlimmert den Zustand des Kranken und verursacht ihm körperliche Schmerzen. Der Kranke klagt gegen den Drogisten auf Schadensersatz und Schmerzensgeld.

I. Wird er mit der Klage durchkommen?

II. Kommt es darauf an, ob der Kranke ein Angehöriger des Drogisten i. S. von § 52 II und § 54 StGB. ist?

I. Haftet der Drogist auf Schadensersatz?

Zunächst ist zu prüfen, ob eine Vertragshaftung begründet ist. In dieser Richtung gibt der Fall keine Auskunft darüber, wie die Bestellung, d. h. der Kaufvertrag, zustande kam. Entweder bestellte der Arzt die Medizin beim Drogisten selbst, dann steht nur er mit ihm in einem Vertragsverhältnis. Oder der Arzt ersuchte den Drogisten nur, die Medizin für den Kranken zuzubereiten, in welchem Falle er wohl als Stellvertreter des Kranken auftrat. Oder schließlich der Patient bestellte die Medizin selbst oder ließ sie bestellen unter Bezugnahme auf das dringende Ersuchen des Arztes, welches ja auch dem Drogisten schriftlich oder telephonisch seitens des Arztes zugegangen sein kann. In den beiden letzten Fällen liegt ein Vertragsverhältnis zwischen Patient und Drogist vor. Fraglich ist es, ob ein Kaufvertrag oder ein Werklieferungsvertrag in bezug auf eine vertretbare Sache vorliegt. Auf jeden Fall hatte die Arznei aber keinen Mangel und war durchaus vorschriftsmäßig zubereitet. Eine Haftung aus dem Vertrage kommt daher nicht in Frage.

II. Auch eine Haftung aus § 823 Abs. 1 BGB. ist ausgeschlossen, da von einer schuldhaften Körperverletzung seitens des Drogisten nicht gesprochen werden kann, denn er konnte natürlich nicht voraussehen, daß die vom Arzte verordnete Medizin das Leiden des Patienten verschlimmern würde.

III. Hiernach bleibt nur noch die Anwendung des § 823 Abs. 2 BGB. übrig.

Ist § 367 Z. 3 StrGB.[1]) ein Schutzgesetz i. S. dieses Absatzes?

a) Der Begriff des Schutzgesetzes ist sehr umstritten. Eine engere Meinung sieht nur solche Gesetze als Schutzgesetze an, welche den Schutz einzelner Menschen oder gewisser Personenklassen bezwecken. Unzweifelhaft dient aber § 367 Z. 3 StrGB. dem Schutz des gesamten Publikums.

b) Die herrschende Ansicht — so Crome, Cosack, Enneccerus, RG. bei Gruchot 46 S. 973 — erachtet als Schutzgesetze auch diejenigen, welche die Gesamtheit und damit auch den einzelnen schützen. Dies gilt aber auch für § 367 Abs. 3 StrGB. Denn diese Bestimmung

„dient dem Schutz des Publikums gegen Gefahren, welche aus dem Vertriebe und der Zubereitung von Arzneimitteln durch unzuverlässige

---

[1]) Er lautet: Mit Geldstrafe bis zu 150 M. oder mit Haft wird bestraft ...
3. wer ohne polizeiliche Erlaubnis Gift oder Arzneien, soweit der Handel mit denselben nicht freigegeben ist, zubereitet, feilhält, verkauft oder sonst an andere überläßt.

und nicht beaufsichtigte Personen drohen". (OLG. Hamburg in Recht 1910 Nr. 3175.)

Die erstgenannte Ansicht ist unhaltbar. Dies ergibt sich aus der Betrachtung der Vorschriften des Strafgesetzbuchs über die Verpflichtung zum Streuen bei Glatteis oder über langsames Fahren in den Straßen. Nach dieser Ansicht würden — sofern man nicht § 823 Abs. 1 BGB. annehmen könnte — diejenigen, welche diese Vorschriften verletzen und dadurch die Körperverletzung eines Menschen verursachen, zivilrechtlich nicht haftbar sein. Das wäre ein unannehmbares Ergebnis.

Folgt man der herrschenden Ansicht, so hat zunächst der Apotheker gegen ein Schutzgesetz verstoßen.

IV. Ist der Apotheker aber nach § 823 Abs. 2 BGB. haftbar?

Zunächst ist davon auszugehen, daß der Sinn des § 823 BGB. nicht der sein kann, daß jeder, der infolge der Verletzung eines Schutzgesetzes durch einen anderen direkt oder indirekt Schaden erleidet, Ersatz verlangen kann. Diese Bestimmung ist vielmehr einschränkend zu interpretieren[1]).

Insbesondere ist als Voraussetzung für die Haftung der Grundsatz aufzustellen, daß die Verletzung aus einer Gefahr herrührt, zu deren Verhütung das Schutzgesetz bestimmt ist. Mit andern Worten: es muß ein Sachzusammenhang zwischen der Verletzung und der Gefahr, die das betreffende Gesetz verhüten will, vorhanden sein. Das ist aber hier nicht der Fall. Denn § 367 Ziff. 3 StrGB. will nicht überhaupt die Gefahr verhüten, die dem Publikum durch Feilhalten usw. von Giften und Arzneien droht, sondern nur die Gefahr, daß Gifte und Arzneien schlecht zubereitet oder in Quantitäten (man denke an Morphium) oder unter besonderen Umständen (z. B. ohne ärztliche Verordnung) in das Publikum gelangen und Leib und Leben des einzelnen gefährden.

---

[1]) Zutreffend führt Endemann (I [1903] S. 1263) folgendes hierüber aus: „Sowohl die zum Schutze des einzelnen Rechtssubjekts als auch die im Interesse der allgemeinen Ordnung und Sicherheit ergangenen Normen enthalten Gebote und Verbote, deren Verletzung nicht nur die dem Schutze dieser Norm unterstellten Personen, sondern auch unbestimmt viele dritte Personen schädigen kann. Die Haftung für jeden aus der Verletzung eines derartigen Schutzgesetzes entstandenen Schadens würde über das Maß der Schutzbedürftigkeit und über den Inhalt der Norm selbst hinausgehen.] Darum ist als Voraussetzung der Haftung festzuhalten, daß die Schädigung gerade ein solches Rechtsgut trifft, dessen Schutz durch die bestimmte Norm bezweckt wird, daß die Verletzung ferner aus einer Gefahr herrührt, zu deren Verhütung das Schutzgesetz bestimmt ist [— ebenso Rümelin, Verwendung der Kausalbegriffe (1900) S. 137 — und daß endlich Ersatz nur zu leisten ist, wenn der Verletzte dem Kreise der Personen angehörte, zu deren Sicherung gegen Gefährdung es dienen soll."

I. a) Zwischen dem bisherigen Mieter Altmann und dem neuen Mieter Neumann besteht kein Vertragsverhältnis. Auch eine unerlaubte Handlung liegt nicht vor, höchstens eine indirekte Vermögensbeschädigung ohne jedes Verschulden des Altmann. Auch ist letzterer nicht auf Kosten des Neumann ungerechtfertigt bereichert, denn Altmann muß selbst weitere Mietszinsen zahlen. Schließlich scheidet auch die Geschäftsführung ohne Auftrag ohne weiteres aus.

Neumann hat daher gegen Altmann keinen Anspruch.

b) Infolge des Mietsvertrages mit Neumann mußte Eger ersterem am 1. April die Wohnung einräumen. Die Nichteinräumung der Mietswohnung berechtigte den Neumann nur zur Kündigung des Mietsvertrages nach § 542 BGB. Jedoch wird durch § 542 BGB. die Anwendung der allgemeinen Vorschriften über Unmöglichkeit, insbesondere § 275 BGB., nicht ausgeschlossen (RG. 62 S. 228). Tatsächlich ist Eger nicht in der Lage, den schwer erkrankten Mieter Altmann aus der Wohnung zu entsetzen, da — wie zu III auszuführen ist — der Fall des § 904 BGB. nicht vorliegt. Zum Ersatze des Schadens ist daher auch Eger nicht verpflichtet, da auf seiner Seite unverschuldete, nicht vertretbare subjektive Unmöglichkeit der Gebrauchsgewährung vorliegt.

II. Da Eger infolge der Überlassung des Gebrauchs der Mietssache an Altmann außerstande ist, dem Mieter den Gebrauch derselben in der ersten Hälfte des April zu gewähren, ist Neumann zur Entrichtung des Mietzinses für diese Zeit nach § 552 Satz 3 BGB. nicht verpflichtet. Ein „Zurückbehaltungsrecht" im Sinne des § 273 BGB. besteht natürlich nicht, da überhaupt keine Zahlungspflicht des Mieters besteht.

III. Nach § 557 BGB. kann Eger von Altmann für die Dauer der Vorenthaltung der Mietswohnung nach Beendigung des Mietsverhältnisses — das infolge der Kündigung n i c h t etwa nach § 568 BGB. auf unbestimmte Zeit fortgesetzt wird — als Entschädigung den vereinbarten Mietszins, also für einen halben Monat nur 50 M., verlangen. Jedoch ist nach § 557 Satz 2 die Geltendmachung eines weiteren Schadens nicht ausgeschlossen. Diese Geltendmachung setzt aber den Nachweis des Schadens — der hier 25 M. beträgt — und die Vertretbarkeit der Nichtrückgabe der Mietssache nach allgemeinen Grundsätzen voraus. Da ein Verschulden seitens des bisherigen Mieters nicht vorliegt, kommt lediglich § 904 BGB. in Frage. Dieser besagt:

„Der Eigentümer einer Sache ist nicht berechtigt, die Einwirkung eines anderen auf die Sache zu verbieten, wenn die Einwirkung zur Abwendung einer gegenwärtigen Gefahr notwendig und der drohende

Schaden gegenüber dem aus der Einwirkung dem Eigentümer entstehenden Schaden unverhältnismäßig groß ist. Der Eigentümer kann Ersatz des ihm entstehenden Schadens verlangen."

Da die hiernach gegebenen Voraussetzungen sämtlich vorliegen, kann Eger den ihm in Höhe von 25 M. entstandenen Schaden von Altmann ersetzt verlangen[1]).

Der vorliegende Fall wurde von den Kandidaten durchweg im ganzen richtig gelöst, wenn auch nicht alle auf § 904 BGB. kamen. Auch wurde häufig der nicht zutreffende § 568 BGB. zitiert — an Stelle des § 557 —, wobei übersehen wurde, daß infolge der Kündigung des Mieters das Mietsverhältnis beendet wurde (das OLG. Frankfurt in Rspr. d. OLG. 7, S. 18 wendet § 563 aber auch bei vereinbarter Aufhebung des Mietsverhältnisses an) und die Fortbenutzung der Mietssache nur infolge eines zufälligen Umstandes — der Krankheit — erfolgte und sich nur auf ganz kurze Zeit erstreckte. (So auch Staudinger II 1 § 568 II 1b). Es wurde schließlich auch die Ansicht vertreten, daß Neumann von Eger die Abtretung der Ansprüche gegen Altmann aus §§ 557, 904 BGB. nach § 323 Abs. 2 verlangen könne. Dem kann nicht beigetreten werden, weil Neumann ja selber von jeder Zahlungspflicht frei ist! Auch ist der Ersatzanspruch gleich dem Geldwert, den Neumann selbst dafür leisten müßte (Ersatzanspruch: 50 + 25 = 75 M., Gegenleistung: 75 M.).

[1]) Die Anwendbarkeit des § 904 BGB. auf die Miete spielt auch bei der Entscheidung der Frage, ob ein Gasthausbesitzer den durch zufällige Krankheit und Tod eines Gastes im Gasthof entstandenen Schaden ersetzt verlangen kann. Lehnt man den Abschluß eines stillschweigenden Vertrages zwischen Wirt und Gast bezüglich der Ersatzpflicht des Gastes ab, so bleibt nur § 904 BGB. übrig. Allerdings hat das OLG. Frankfurt im Jahre 1905 den § 904 für unanwendbar erklärt und den Schadensersatzanspruch des Vermieters gegen den Gast — der infolge Typhus das Zimmer nicht verlassen konnte — abgewiesen, weil der Mieter nach dem Mietsvertrage ein vertragsmäßiges Recht auf die Benutzung des Zimmers gehabt habe und deshalb seine Einwirkung auf das Zimmer auf Grund des Mietsvertrages erfolgt sei (Zitiert bei Gruchot, Beiträge Bd. 56 S. 183). Mit Recht hält Wurzer in Gruchot 56 S. 183 hier § 904 für anwendbar, weil das Verbleiben des Typhuskranken im gemieteten Zimmer wegen der Ansteckungsgefahr dem Vertrage widersprach, der Mieter deshalb kein vertragsmäßiges Recht auf ein ferneres Verweilen hatte und der Vermieter nach dem Vertrage nicht verpflichtet war, es zu dulden. — Verstirbt ein Gast im Gasthof, so kann von einer „Einwirkung" auf die Sache nicht gesprochen werden. Jedoch ergibt sich eine Ersatzpflicht der Erben aus den Grundsätzen der Geschäftsführung ohne Auftrag bzw. der ungerechtfertigten Bereicherung. So auch Wurzer a. a. O. S. 185—187.

I. V. klagt als „Inhaber der elterlichen Gewalt", also als gesetzlicher Vertreter seines prozeßunfähigen Sohnes gegen den Schwiegervater auf Schadensersatz, macht also einen Anspruch seines Sohnes geltend.

Steht dem Sohn ein Vertragsanspruch gegen seinen Großvater zu?

Ein sog. Pensionsvertrag (eine Mischung von Dienst- und Mietvertrag) liegt zwischen beiden nicht vor, da zu unterstellen ist, daß die Aufnahme beim Großvater unentgeltlich ist. Im übrigen sind auch bei Pensionsverträgen nur die gesetzlichen Vertreter des Kindes und der Pflegevater als Parteien anzusehen. Auch eine Schenkung scheidet aus, weil das Kind durch die Leistungen des Großvaters nicht bereichert wird, denn all diese Leistungen erhält es sonst vom Vater. Auch hier könnte höchstens eine Schenkung gegenüber dem Vater V. vorliegen, der Ausgaben erspart und folglich bereichert ist.

Auch ein Auftragsverhältnis ist abzulehnen, weil der Großvater kein Geschäft des Vaters besorgt.

Wohl aber läßt sich sagen, daß G. dem V. gegenüber die an sich letzterem obliegende Fürsorgepflicht der Ausübung nach — da sie selbst unübertragbar ist — durch konkludente Handlung übernommen hat, indem er den Enkel zu sich nahm. Das muß als zulässig erachtet werden.

Vgl. auch Staudinger IV 2 § 1631 I 5 d.

Es würde dann ein im Bürgerlichen Gesetzbuch nicht geregelter Vertragstypus zwischen V. und G. vorliegen[1]). Der Großvater G. würde demnach wie der Vater nach §§ 1631, 1664 BGB. dem Kinde gegenüber nur für diejenige Sorgfalt, welche er in eigenen Angelegenheiten anzuwenden pflegt, einzustehen haben. Bei Verletzung dieser Sorgfaltspflicht haftet G. nach §§ 249 ff. BGB. Diese Verletzung stellt keine unerlaubte Handlung dar, so daß der Anspruch aus ihr erst in 30 und nicht in 3 Jahren verjährt. Wohl aber kann mit einer Pflichtwidrigkeit des § 1664 BGB. zugleich der Tatbestand einer unerlaubten Handlung erfüllt sein, in welchem Falle beide Ansprüche konkurrieren.

Vgl. auch Staudinger IV 2, § 1664 Ziff. 7.

Auf Grund des zwischen G. und V. bestehenden Vertragsverhältnisses liegt in der mangelhaften Beaufsichtigung des Knaben zwar eine Verletzung der dem G. gegenüber V. obliegenden Pflicht zur Beaufsichtigung des Knaben. Jedoch schließt die Verletzung einer Vertragspflicht nicht

---

[1]) Im BGB. nicht geregelte Vertragstypen sind vor allem die gemischten Verträge, die kumulative Schuldübernahme (vgl. RG. 71 S. 115, 64 S. 230), der Garantievertrag (RG. 61 S. 160), der Trödelvertrag und der Schiedsrichtervertrag (RG. 59 S. 247).

das gleichzeitige Vorliegen einer unerlaubten Handlung aus. So auch RG. bei Gruchot 1911 S. 971:

„Wer vertraglich die Erfüllung von Obliegenheiten übernimmt, deren Vernachlässigung Gefahren für andere erzeugen kann, begeht mit der schuldhaften Verletzung der Vertragspflicht zugleich eine unerlaubte Handlung und wird dem durch seine Pflichtversäumnis Beschädigten haftbar."

Und in der Tat liegt hier seitens des G. eine Verletzung des § 823 Abs. 1 BGB. vor, indem der Großvater durch seine Unterlassung fahrlässig den Körper und die Gesundheit des Enkels verletzte. Denn als Eigentümer der gefährlichen Maschine mußte er entweder für eine Sicherung der im Betriebe befindlichen Maschine sorgen, oder wenigstens dafür, daß der Knabe nicht zu ihr gelangen konnte, solange sie ohne Sicherung im Betriebe war, oder schließlich eine zuverlässige, die Sprache des Kindes redende Person anstellen. Mag nun die Klage auf § 1664 BGB. oder auf § 823 Abs. 1 BGB. gestützt werden, in jedem Falle liegt eine fahrlässige Verletzung der Fürsorgepflicht vor, die er auch bei eigenen Angelegenheiten nicht außer acht lassen durfte. Auch ein Kausalzusammenhang zwischen der Verletzung der Aufsichtspflicht und dem eingetretenen Schaden liegt vor und letzterer ist auch als adäquat anzusehen.

Der Umfang des Schadensersatzanspruchs bestimmt sich, wenn die Haftung auf § 1664 BGB. gestützt wird, nach §§ 249 ff., wenn aus § 823 geklagt wird, dagegen nach § 843 BGB. § 254 BGB. greift in keinem Falle ein, da von einem mitwirkenden Verschulden eines sechsjährigen Knaben nicht gesprochen werden kann.

Worauf im vorliegenden Falle V. die Klage gestützt hat, geht aus dem Klagevorbringen nicht hervor. Klagegrund kann § 1664 oder § 823 BGB. sein. Da beide Ansprüche konkurrieren, hat Kläger auch beide geltend gemacht[1]).

Die Klage ist daher materiell begründet.

Zu erwägen wäre noch, ob nicht vielleicht eine Haftung des G. aus § 831 BGB. Platz greift, so daß ihm ein Entlastungsbeweis möglich

[1]) Vgl. auch Hellwig, Lehrbuch des Deutschen Zivilprozeßrechts, 3. Band, 1. Abt. S. 24 zu b:

„Insbesondere braucht sich der Kläger, wenn er angegeben hat, daß er mit dem Beklagten in einem bestimmten Vertragsverhältnisse stehe und daß er durch ein bestimmtes Verhalten des Beklagten geschädigt sei, nicht darüber auszulassen, ob der Anspruch ein Vertragsanspruch oder ein Anspruch aus unerlaubter Handlung oder beides sei. Konkurrieren diese beiden, so hat er sie beide geltend gemacht; liegt nur Gesetzeskonkurrenz vor, so ist derjenige erhoben, der sich aus der maßgebenden lex specialis ergibt."

wäre (wenn nicht § 823 vorläge!). § 831 dürfte deshalb nicht anwendbar sein, weil der Schaden nicht durch den zur Verrichtung bestellten Arbeiter verursacht wurde, sondern sich der Sohn selbst schädigte. Ein Unterlassen des Arbeiters kommt auch nicht in Frage, da für ihn keine Rechtspflicht zum Handeln bestand und er im übrigen den Sohn in seiner Sprache auch gewarnt hatte.

II. Nach der Aufgabe heißt es, daß V. gegen G. „auf Schadensersatz" klagt. Über die Höhe ist nichts gesagt, ebenso nicht, ob es sich um eine Leistungs- oder Feststellungsklage oder die Verbindung beider handelt. In prozessualer Beziehung ist hierzu zu bemerken, daß eine Klage auf bloße Feststellung der Leistungsverpflichtung „salva liquidatione", d. h. ohne gleichzeitige Feststellung der Höhe der Schadensersatzverpflichtung in dem gleichen Prozeß, grundsätzlich unzulässig ist, weil nach § 253 ZPO. die Klage den Inhalt des Anspruchs „genau" angeben muß[1]). Nur dann gilt eine Ausnahme, wenn das Schuldverhältnis noch unfertig ist, so daß der Inhalt der Verpflichtung objektiv noch gar nicht feststeht, wenn also z. B. — wie hier — ein Kind eine Verletzung erleidet. Hier ist eine Klage auf Feststellung der Schadensersatzpflicht bei Vorliegen der Voraussetzungen des § 256 ZPO. auch ohne gleichzeitige Feststellung der Höhe der Ersatzpflicht zulässig.

III. Schließlich mag noch geprüft werden, ob etwa das Bestehen eines Anspruchs des V. den Anspruch des Kindes ausschließt. Wie zu I ausgeführt wurde, kann hier von einem Vertragsverhältnis zwischen G. und V. sehr wohl gesprochen werden. Auf Grund desselben würde dem V. ein Schadensersatzanspruch aus § 276 BGB. gegen G. zustehen. Dieser Anspruch konkurriert mit den beiden Ansprüchen des Sohnes dergestalt, daß die dem Vater V. gewährte Entschädigung insoweit den Anspruch des Kindes ausschließt, da damit der dem andern Teil entstandene Schaden als ersetzt zu gelten hat, was z. B. für die durch die ärztliche Behandlung erwachsenen Kosten von Bedeutung ist. Machte also der Vater in dieser Beziehung Aufwendungen, so kann er dieselben nach § 276 BGB. oder, wenn man ein Vertragsverhältnis zwischen G. und V. ablehnt, nach den Grundsätzen über Geschäftsführung ohne Auftrag bzw. nach §§ 812ff. BGB. von G. ersetzt verlangen, ohne daß es dabei eine Rolle spielt, daß V. kraft seiner Unterhaltspflicht zur Aufwendung der Heilungskosten seinem Kinde selbst verpflichtet war[2]).

---

[1]) Vgl. RG. 21 S. 384 (VZG.) u. Hellwig, Lehrbuch des Dtsch. Zivilprozeßrechts I (1903) S. 393.

[2]) So auch RG. 47 S. 211 (zu § 843): „Der Unterhaltspflichtige kann, wenn er für den Verletzten kraft seiner Unterhaltspflicht Heilungskosten usw. aufgewen-

Der vorliegende Fall wurde gewöhnlich von einem Drittel der Kandidaten ausreichend oder besser gelöst, während zwei Drittel derselben versagten. Zunächst wurde vielfach über eine durchaus gebotene Erörterung, ob ein Vertragsverhältnis zwischen dem Enkel und Großvater vorlag, hinweggegangen oder aber ein Auftragsverhältnis angenommen. Allgemein unbekannt war der Satz, daß die Verletzung einer Vertragspflicht zugleich eine unerlaubte Handlung darstellen kann. Auch das Vorliegen des Kausalzusammenhanges zwischen der Unterlassung des G. und der Verletzung des Knaben wurde vielfach nicht erwähnt. Häufig wurde die Haftung ohne nähere Begründung aus § 831 BGB. hergeleitet, obwohl derselbe hier nicht Platz greifen kann. Prozessuale Bemerkungen über die Klage „auf Schadensersatz" fehlten allgemein, obwohl sie hier durchaus am Platze waren. Im ganzen wurde der Fall als „einfach" bezeichnet, weil die Schwierigkeiten nicht recht erkannt wurden. Jedenfalls ist der Klausurfall nicht zu den leichteren zu rechnen.

---

det hat, nach den Vorschriften der auftraglosen Geschäftsführung vom Schadensersatzpflichtigen Ersatz verlangen, wenn er die Absicht hierbei hatte, den Aufwand vom Schädiger ersetzt zu erhalten. Fehlte diese Absicht, so kann er den Schädiger immer noch nach den Grundsätzen der ungerechtfertigten Bereicherung wegen dessen Befreiung von einer Schuld belangen."

19.

Zwei sechsjährige Knaben spielen Ball und zertrümmern dabei die Fensterscheibe eines Gemüsehändlers. Der Händler verlangt von den Vätern der beiden Knaben je 2,50 M., im ganzen 5 M.

Der A., der Vater des einen Knaben, ist damit einverstanden, und er schickt seinen sechsjährigen Sohn mit einem Fünfmarkstück zu dem Händler mit dem Auftrage, die 2,50 M. zu bezahlen und die überschießenden 2,50 M. zurückzubringen. Der Händler behält aber die 5 M. und schickt den Knaben fort, ohne die 2,50 M. herauszuzahlen. Er meint, er könne von dem A. den ganzen Schaden ersetzt verlangen, auch könne ja der A. Regreß nehmen.

Der A. möchte seinerseits möglichst das Fünfmarkstück wieder zurückerhalten, denn der Händler könne ihn auf Schadensersatz verklagen.

Wie ist die Rechtslage?

I. Da die Knaben deliktsunfähig sind, haften sie in Ermangelung eines Verschuldens nicht aus § 823 Abs. 1 BGB. wegen der fahrlässigen Besitzbeschädigung, es sei denn, daß § 829 BGB. eingreifen würde. Wohl aber haften die Väter der Knaben nach Maßgabe des § 832 BGB., da ihnen die Aufsichtpflicht über die Kinder zusteht und sie es zuließen, daß die Kinder auf dem Fußsteig Ball spielten. Dafür sind die Spielplätze geschaffen. Eine „widerrechtliche Schadenszufügung" der Knaben liegt vor. Mithin haften deren Väter nach §§ 832, 830 Abs. 1 Satz 2, 840 Abs. 1 BGB. als Gesamtschuldner, jeder also nach § 421 BGB. auf Ersatz des ganzen Schadens und nur im Innenverhältnis zueinander nach § 426 BGB. je zur Hälfte.

II. Der Gläubiger verlangt nun von A., dem Vater eines der Knaben, Zahlung von 2,50 M. Dazu ist er berechtigt, da § 421 BGB. auch die Geltendmachung von Teilforderungen zuläßt. Natürlich könnte er von A. auch 5 M. verlangen, jedoch begnügte er sich mit der Hälfte. Wenn nun A. seinen Sohn mit einem Fünfmarkstück zum Händler sendet, indem er mit der Forderung von 2,50 M. einverstanden ist, so liegt darin die bedingte Einigung über den Eigentumsübergang bezüglich des Fünfmarkstücks, bedingt durch Herauszahlung der Differenz von 2,50 M.[1]). Nun hat der Gläubiger zweifellos gegen A. einen Anspruch auf Zahlung weiterer 2,50 M., da ein Vergleich oder Erlaß bezüglich der restlichen, zunächst nicht geforderten zweiten Hälfte der Schuld nicht darin zu erblicken ist, daß er zunächst von A. nur 2,50 M. forderte. Dagegen spricht, abgesehen von der Verkehrsauffassung, § 421 Satz 2 BGB., welcher sagt: „Bis zur Bewirkung der ganzen Leistung bleiben sämtliche Schuldner verpflichtet." Aber ein Recht auf das nur bedingt übereignete Fünfmarkstück hat der Händler nicht, da ihm nur ein obligatorischer Anspruch auf Zahlung weiterer 2,50 M. zusteht.

III. Mithin hat A. bezüglich des übereigneten Fünfmarkstücks einen Eigentumsanspruch auf Herausgabe, da die Bedingung der Übereignung — die Rückzahlung von 2,50 M. — nicht eingetreten ist. Praktische Bedeutung hat die rei vindicatio von Geld meist nicht, da die nach § 253 ZPO. erforderliche bestimmte Angabe des Klagegegenstandes meist ausgeschlossen sein wird, es sei denn, daß das Geld sich in einem be-

---

[1]) Das ist auch in allen Fällen anzunehmen, in denen jemand im Laden oder im Gasthaus zur Begleichung seiner Rechnung ein größeres Geldstück zur Zahlung gibt, als seine Schuld beträgt. Die Zahlung von Geld ist eine Übereignung einer Sache und bewirkt Erlöschen des Schuldverhältnisses. Der Zahlende verfügt über eine Sache, der Empfänger über die Forderung, da diese durch Annahme der geschuldeten Leistung untergeht. Nur bei der Darlehnshingabe erfolgt die Zahlung nicht solvendi, sondern credendi causa.

stimmten Umschlag, Kasten oder dergleichen befindet oder die Nummern einer Banknote bekannt sind, so daß eine bestimmte Angabe möglich wird. Daher wird in der Praxis gewöhnlich zur Bereicherungsklage gegriffen werden, die ja mit dem Eigentumsanspruch konkurriert.

Theoretisch kann also A. das Fünfmarkstück nach § 985 BGB. vom Händler zurückfordern. Wenn der Händler behauptet, daß er von A. den ganzen Schaden ersetzt verlangen könne, so ist das an sich richtig, gibt ihm aber kein Recht zur Zurückbehaltung des Fünfmarkstücks, wie zu II ausgeführt wurde. Eine Aufrechnung der beiderseitigen Ansprüche kommt nicht in Frage, denn einmal fehlt die nach § 387 BGB. erforderliche Gleichartigkeit der Forderungen — der Händler hat einen obligatorischen Anspruch auf Zahlung von 2,50 M., der A. dagegen einen dinglichen Eigentumsanspruch —, und dann ist die Zurückbehaltung des Geldes durch H. eine mindestens nach § 823 Abs. 1 BGB., aber auch ev. nach § 823 Abs 2 BGB., § 246 StrGB. widerrechtliche unerlaubte Handlung. Selbst wenn also A. das Fünfmarkstück nach § 823 BGB. zurückverlangen wollte, also eine Geldforderung geltend machen würde, so würde trotz der Gleichartigkeit der beiderseitigen Forderungen nach § 393 BGB. eine Aufrechnung gegenüber der Forderung des A. ausgeschlossen sein.

Wenn der Händler weiter den A. darauf verweisen will, daß er Regreß gegen den Vater des anderen Knaben nehmen könne, so ist dies insofern unrichtig, als nach § 426 Abs. 2 Satz 1 BGB. der Forderungsübergang erst nach der Befriedigung des Gläubigers durch einen Gesamtschuldner stattfindet[1]).

Hiernach kann A. das Fünfmarkstück zurückverlangen, ist aber auf Verlangen des Händlers zur Zahlung von fünf Mark verpflichtet.

IV. Wenn der Händler das Fünfmarkstück bereits ausgegeben hat, ist der Eigentumsanspruch ausgeschlossen, da die Leistung unmöglich ist. Dann haftet aber der Händler nach §§ 992 BGB. — den zu zitieren man nicht unterlassen darf, da es sich um das Rechtsverhältnis zwischen Eigentümer und Besitzer handelt —, 823 BGB. auf Schadensersatz, da widerrechtliche Eigentumsentziehung und verbotene Eigenmacht vorliegen. Der Händler muß also fünf Mark Schadensersatz leisten. Eine Auf-

[1]) Hierzu mag noch folgender, vom Reichsgericht aufgestellter Grundsatz erwähnt werden:

„Die Rechtsgemeinschaft unter den Gesamtschuldnern besteht von vornherein und hat die Bedeutung, daß jeder dem andern gegenüber verpflichtet ist, seinen Anteil entsprechend zur Befriedigung des Gläubigers mitzuwirken, also bei Fälligkeit der Schuld einen seinem Anteil entsprechenden Betrag an den Gläubiger zu zahlen und dadurch so zu handeln, daß es überhaupt nicht zu einem Rückgriff zu kommen braucht.“ RG. 79 S. 290.

rechnung mit seiner Forderung in gleicher Höhe ist nach § 393 ausgeschlossen.

Auch dieser Fall wurde ebenso wie der vorige von etwa zwei Dritteln der Kandidaten nicht richtig gelöst. Die Mehrzahl nahm den Abschluß eines Vergleichs zwischen dem Händler und A. an, weshalb ersterer nur 2,50 M. von A. fordern könne. Daß das Fünfmarkstück nur bedingt übereignet war, wurde nur von wenigen erkannt. Ein vielfach auch in anderen Fällen beobachteter Fehler wurde auch hier wiederholt gemacht: er liegt in dem Nichteingehen auf jeden Satz des Klausurfalles. Wenn es z. B. bezüglich des Händlers heißt, daß er der Meinung sei, daß A. Regreß nehmen könne, oder von A., daß er möglichst das Fünfmarkstück wiedererhalten möchte, so muß doch hierauf eingegangen werden. Manche Kandidaten kamen auf die Möglichkeit der Aufrechnung überhaupt nicht, andere nahmen die Zulässigkeit derselben an, wobei übersehen wurde, daß die fraglichen Ansprüche nicht gleichartig sind.

II. Klausurfälle aus dem Allgemeinen Teil.

20.

A. Normann, der Vater und Mutter rasch hintereinander verloren hatte, wurde für volljährig erklärt, da das Vormundschaftsgericht nach den Ermittelungen annahm, er sei bereits 18 Jahre alt und nach seiner Persönlichkeit und seinen Verhältnissen die Volljährigkeitserklärung für gerechtfertigt hielt. Der Beschluß wurde dem N. am 15. November 1909 zugestellt. Im Januar 1910 verkaufte und übergab Normann an Sonderberg eine vom Vater ererbte eiserne Truhe für den Alteisenwert von 5 M. Sonderberg hatte sofort gesehen, daß die Truhe einen bedeutenden Altertumswert hatte und verkaufte sie nach kaum acht Tagen für 1000 M. an ein Museum. Kurz darauf verunglückte und starb N. Sein Erbe hörte von dem Schicksal der Truhe und möchte wissen, ob und worauf er klagen kann, sei es gegen Sonderberg, sei es gegen die Vertretung des Museums. Er glaubt die Klage nicht nur auf Betrug und Wucher, sondern vor allem darauf stützen zu können, daß N. in Wahrheit bei der Volljährigkeit erst 17 Jahre alt gewesen und nur 17½ Jahre alt geworden ist.

I. Ist ein Kaufvertrag zwischen Normann und Sonderberg zustande gekommen?

Die Entscheidung der Frage hängt davon ab, ob die Volljährigkeitserklärung trotz des Fehlens einer gesetzlichen Voraussetzung nach § 3 BGB. wirksam ist.

Da die Volljährigkeitserklärung kein Rechtsgeschäft ist, scheiden §§ 125, 134 BGB. hier aus. Diese Vorschriften können auf Rechtsakte der freiwilligen Gerichtsbarkeit nicht übertragen werden, denn die Aufgabe der freiwilligen Gerichtsbarkeit ist die Schaffung neuer Rechtsbeziehungen mit dem Untersuchungs- und Offizialprinzip (§ 12 FrGG.). Soweit es sich dabei um Akte des Vormundschaftsgerichts handelt, kommt dem Gericht geradezu eine quasi polizeiliche Stellung zu, nämlich die Überwachung und Fürsorge für die Rechtsverhältnisse schutzbedürftiger Personen. (Vgl. Hellwig, Lehrbuch des Zivilprozeßrechts, 1. Band, S. 79 Ziff. 2.) § 7 des FrGG., welcher bestimmt, daß gerichtliche Handlungen auf dem Gebiete der freiwilligen Gerichtsbarkeit nicht aus dem Grunde unwirksam sind, weil sie von einem örtlich unzuständigen Gericht oder von einem kraft Gesetzes ausgeschlossenen Richter[1]) vorgenommen sind, kommt nicht zur Anwendung, da er nur eine Verfahrensvorschrift bildet. Wohl aber kann der Grundgedanke des § 32 FrGG. herangezogen werden. Der Paragraph besagt:

> „Ist eine Verfügung, durch die jemand die Fähigkeit oder die Befugnis zur Vornahme eines Rechtsgeschäfts oder zur Entgegennahme einer Willenserklärung erlangt, ungerechtfertigt, so hat, sofern nicht die Verfügung wegen Mangels der sachlichen Zuständigkeit des Gerichts unwirksam ist, die Aufhebung der Verfügung auf die Wirksamkeit der inzwischen von ihm oder ihm gegenüber vorgenommenen Rechtsgeschäfte keinen Einfluß."

Der Zweck dieser Vorschrift ist zweifellos der Gedanke, daß im Interesse der Rechtssicherheit derartige Verfügungen der Organe der freiwilligen Gerichtsbarkeit der Nachprüfung hinsichtlich ihrer Rechtmäßigkeit durch andere Organe, insbesondere auch Gerichte, entzogen sein sollen.

Schließlich ist es auch ein anerkannter Satz des öffentlichen Rechtes, daß Akte der obrigkeitlichen Gewalt sich zunächst als rechtmäßig bezeugen und nicht schlechthin nichtig sind. Ein Verstoß gegen gesetzliche Vorschriften ist kein Grund zur Unwirksamkeit, sondern führt nur eventuell zur Unwirksamkeitserklärung in den vorgeschriebenen Grenzen.

---

[1]) Eine Ablehnung eines Richters wegen Befangenheit ist auf dem Gebiet der freiwilligen Gerichtsbarkeit ausgeschlossen!

Dies gilt für jeden Verwaltungsakt einer Behörde innerhalb ihrer gesetzlichen Kompetenz. (Vgl. Laband, Staatsrecht II § 65 [1]).)

Dieser Grundsatz ist auch für die Bestellung von Vormündern in Theorie und Praxis allgemein anerkannt. Man wird daher auch hier mit der durchaus herrschenden Ansicht das gleiche für die Volljährigkeitserklärung annehmen können.

Daraus folgt, daß Normann nach § 56 Abs. 2 FrGG. mit der Rechtskraft des am 15. November 1909 zugestellten Beschlusses, also mit Ablauf des 29. November 1909 (vgl. § 22 FrGG.) volljährig geworden ist, obwohl das Gericht die materielle Voraussetzung der Vollendung des 18. Lebensjahres (§ 3 Abs. 1 BGB.) nicht berücksichtigt hat. An sich ist also Normann damit geschäftsfähig geworden (§ 3 Abs. 2 BGB.). Der Kaufvertrag ist daher nicht aus dem Grunde der etwa mangelnden Geschäftsfähigkeit unwirksam.

II. Ist der Kaufvertrag nun etwa nach § 123 BGB. anfechtbar? Nach der Aufgabe glaubt der Erbe des Normann hieraus Rechte gegen den Eigentümer der Truhe herleiten zu können. Ist nun Normann zum Abschluß des Kaufvertrages durch arglistige Täuschung bestimmt worden? Zweifellos gibt es auch eine arglistige Täuschung durch Verschweigen,

---

[1]) So auch RG. 81 S. 211/2 gelegentlich der Frage, ob ein unzulässiger Weise in das Vereinsregister eingetragener Wirtschaftsverein Rechtsfähigkeit erlangt, die vom RG. daselbst bejaht wird:

„Bei der in der Eintragung in das Vereinsregister zum Ausdrucke kommenden gerichtlichen Entscheidung handelt es sich um einen Staatsakt, durch den eine Rechtspersönlichkeit geschaffen wird, einerlei ob man letztere mit der Eintragung allein oder nur dann entstehen läßt, wenn zugleich die sonstigen gesetzlichen Vorbedingungen erfüllt sind.' Hat nun das Gesetz einen solchen rechtsgestaltenden Akt, der für einen großen Personenkreis Bedeutung hat, in die Hände einer bestimmten Behörde gelegt und zugleich vorgeschrieben, auf welchem Wege dessen Aufhebung erwirkt werden kann, so ist grundsätzlich, auch ohne ausdrücklichen Ausspruch im Gesetz, im Interesse der Verkehrssicherheit anzunehmen, daß der Mangel der gesetzlichen Voraussetzungen des Alters nur auf dem vorgeschriebenen Wege geltend gemacht werden kann und daß der Staatsakt bis zu einer auf diesem Wege erfolgenden Änderung allen gegenüber wirksam ist, daß die Entscheidung darüber, ob auch seine Voraussetzungen vorgelegen haben, nicht gelegentlich durch die verschiedenen Gerichte oder Behörden, die zufällig über eine aus dem Staatsakte sich ergebende Folgerung zu befinden haben, mit möglicherweise verschiedenem Ergebnis, sondern nur einheitlich in dem dazu bestimmten Verfahren erfolgen kann. / Dieser Grundsatz ist z. B. auf die Volljährigkeitserklärung, die Entmündigung, die Anordnung einer Vormundschaft oder Pflegschaft anwendbar. Dem entspricht die Rechtsprechung der Zivilsenate des Reichsgerichts, wonach nur das Vormundschaftsgericht und die diesem übergeordneten Instanzen über die Voraussetzungen der Anordnung einer Vormundschaft oder Pflegschaft zu entscheiden haben, und die Gültigkeit einer solchen Anordnung von den Prozeßgerichten nicht in Zweifel gezogen werden kann."

wie §§ 443, 468 BGB. bezeugen. Es fragt sich aber, ob der Käufer den Verkäufer einer Sache darauf aufmerksam machen muß, daß letzterer die Sache weit unter dem Wert verkaufen würde. Die Verkehrssitte gerade beim Antiquariatshandel fordert derartiges mit Recht nicht. Ob dies hier anders liegt, weil Normann noch jung und unerfahren ist, kann zweifelhaft sein. Selbst wenn man auf seiten des Trödlers Sonderberg ein „arglistiges Verschweigen" des Verkehrswertes der Truhe annehmen wollte, würde § 123 BGB. gleichwohl nicht anwendbar sein, weil der Kausalzusammenhang zwischen der Täuschung und der Abgabe der Willenserklärung fehlt. Zur Abgabe einer Willenserklärung ist derjenige nicht bestimmt worden, der die Erklärung auch sonst abgegeben hätte. In diesem Falle kann höchstens von dem Benutzen eines Irrtums gesprochen werden. (Vgl. auch OLG. Hamburg in Rspr. OLG. 2 S. 501.)

III. Wohl aber liegt bezüglich des Kaufvertrages § 138 Abs. 2 BGB. vor. Der Wucher erfordert das Vorliegen zweier Momente:

a) eines objektiven Momentes: die Versprechung oder Gewährung von Vermögensvorteilen, welche den Wert der Leistung dergestalt übersteigen, daß den Umständen nach die Vermögensvorteile in auffälligem Mißverhältnis zur Leistung stehen.

Das liegt hier bei der Gegenleistung von 5 M. für eine Truhe im Werte von 1000 M. unzweifelhaft vor.

b) eines subjektiven Momentes[1]): die Ausbeutung der Notlage, des Leichtsinns oder der Unerfahrenheit eines anderen. Unter letzterer wird man eine geschäftliche Unkenntnis verstehen, die auf den Mangel an Einsicht oder Lebenserfahrung zurückzuführen ist. Diese liegt bei dem jungen Normann zweifellos vor, weil er von dem Wert der Truhe keinerlei Vorstellung hatte.

Auch der Begriff der Ausbeutung ist erfüllt. Über diesen Begriff führt das RG. 60 S. 11 folgendes aus:

„Zur Erfüllung des Begriffs der Ausbeutung wird mit Unrecht die Absicht der Ausnutzung der Unerfahrenheit erfordert. Es genügt dazu schon die bewußte Ausnutzung der Unerfahrenheit zur Erlangung eines übermäßigen Vermögensvorteils. Dieses Erfordernis liegt schon vor, wenn jemand in Kenntnis oder in der Überzeugung von der Unerfahrenheit des anderen, sowie von dem auffälligen Mißverhältnis zwischen der Leistung und den ihr gegenüberstehenden Vermögensvorteilen mit dem Vorsatz handelt, die Unerfahrenheit des

[1]) Die Tatbestandsmerkmale des § 138 Abs. 2 BGB. dürfen übrigens nicht auseinandergerissen und selbständig als ein für sich allein die Voraussetzungen Abs. 1 erfüllender Tatbestand betrachtet werden. So auch RG. in JW. 44 S. 392.

anderen zur Gewinnung der übermäßigen Vermögensvorteile für sich oder einen Dritten zu benutzen."

Dies trifft hier zu, denn der Wucherer erkannte „sofort" den hohen Wert der Truhe und schwieg. Daß die Initiative nicht vom Wucherer ausgegangen ist, ist ohne Bedeutung, es genügt auch die Annahme einer Offerte (vgl. RG. 30 S. 41). Der Kaufvertrag ist also nach § 138 Abs. 2 BGB. infolge Wuchers nichtig.

IV. Welchen Einfluß hat nun die Nichtigkeit des Kaufvertrages auf das auf Grund desselben vorgenommene dingliche Erfüllungsgeschäft, die Veräußerung? Das ist eine bekannte Streitfrage. Theorie und Praxis stehen auf dem grundsätzlichen Standpunkt der Unabhängigkeit des dinglichen Erfüllungsgeschäftes von dem Kausalgeschäft, die sich ja schon aus dem Wortlaut des § 929 BGB. ergibt, wonach zur Veräußerung Übergabe und Einigung über den Eigentumsübergang genügen. Das Reichsgericht begründet seinen Standpunkt in einem Prozeß über einen Bordellkauf aus § 817 BGB. folgendermaßen:

„Die sachenrechtlichen Erfüllungsgeschäfte (z. B. Übergabe, Auflassung) sind nach dem Systeme des Bürgerlichen Gesetzbuchs als Rechtsgeschäfte konstruiert, die die Macht, eine sachenrechtliche Wirkung hervorzubringen (z. B. Eigentum zu übertragen), in sich selbst tragen. Man bezeichnet sie deshalb als losgelöst von dem Kausalgeschäft, oder man spricht von einem dinglichen Vertrage, der ihr eigentliches Wesen sei, und der, weil sich bei ihm der beiderseitige Wille nur auf die Herbeiführung der sachenrechtlichen Wirkung (z. B. auf Übertragung und Erwerb des Eigentums) richte, nichts von dem Kausalgeschäft in sich aufgenommen habe. Man nennt die sachenrechtlichen Erfüllungsgeschäfte daher auch abstrakte Rechtsgeschäfte, abstrakt insofern, als sie auf sich selbst gestellt sind und in dem Kausalgeschäfte, das ihnen zugrunde liegt, zwar ihre Veranlassung finden, aus ihm aber keinen ihre Wirksamkeit bedingenden Faktor herübernehmen. Hält man diesen selbständigen Charakter der sachenrechtlichen Erfüllungsgeschäfte fest, so ist die von Dernburg auch für das heute geltende Recht vertretene Annahme abzulehnen,

vgl. Dernburg, Bürgerl. Recht Bd. 1 § 127 Nr. 2, Bd. 2 Abs. 2 § 379, Bd. 3 § 64a E.

daß die Unsittlichkeit des Kausalgeschäfts und die an sie gesetzlich geknüpfte Folge der Nichtigkeit dieses Geschäfts auch die sachenrechtlichen Erfüllungsgeschäfte (Übergabe, Auflassung) nichtig mache. Gerade im Gegensatz hierzu ist andererseits die Meinung aufgestellt worden, vgl. Enneccerus-Lehmann, das Bürgerliche Recht, Bd. 1 § 98 Nr. 2, § 158 Nr. 4, § 355 Anm. 1 und Eccius, in der Deutschen Juristenzeitung 1903 S. 41,

daß die abstrakten Erfüllungsgeschäfte von der dem zugrunde liegenden Kausalgeschäft anhaftenden Unsittlichkeit überhaupt nicht ergriffen werden könnten, weil die Elemente, aus denen sie sich zusammensetzen und aus denen sie ihre Wirksamkeit entnehmen, mit dem Zwecke des Kausalgeschäfts, der dieses zu einem unsittlichen stempele, nichts zu tun hätten. Ob man so weit gehen soll, oder ob man nicht vielmehr mit Förster (im Recht 1905, S. 356) anzunehmen haben wird, daß in der Regel die Unsittlichkeit, die dem Kausalgeschäft anhaftet, auch dem Erfüllungsgeschäft anhaftet, kann dahingestellt bleiben. Denn das, worauf es ankommt, ist die Frage, ob auch das Erfüllungsgeschäft, wofern ihm eine Unsittlichkeit anhaftet, vom Gesetz als nichtig behandelt wird, und diese Frage ist zu verneinen. Die Nichtigkeit des Erfüllungsgeschäfts wäre unvereinbar mit dem § 817 BGB. Denn wäre das Erfüllungsgeschäft nichtig, so könnte davon keine Rede sein, daß aus der Leistung zu unsittlichem Zwecke nur eine Rückforderung (Kondiktion) stattfände. Die Nichtigkeit des Erfüllungsgeschäfts, z. B. der Auflassung, müßte zur Folge haben, daß eine Vermögensverschiebung überhaupt nicht eingetreten, das Eigentum vielmehr bei demjenigen, der die Auflassung erteilt hat, verblieben wäre und von ihm mit der Eigentumsklage (Vindikation) geltend gemacht werden könnte. Dies ist nun aber ersichtlich nicht der Standpunkt, den das Bürgerliche Gesetzbuch im § 817 annimmt. Denn wenn dort darüber Bestimmung getroffen wird, wann die Rückforderung zulässig, und wann sie ausgeschlossen sein soll, so ist damit anerkannt, daß die Vermögensverschiebung stattgefunden hat; das abstrakte Erfüllungsgeschäft (die Auflassung usw.) kann also nicht nichtig gewesen sein denn sonst hätte es die Wirkung, eine Vermögensverschiebung herbeizuführen (Eigentum zu übertragen), nicht haben können" (RG. 63 S. 184—6).

Dieser Ansicht von der grundsätzlichen Selbständigkeit des dinglichen Erfüllungsgeschäftes folgt auch fast die gesamte Literatur, so Oertmann, Eccius, Endemann, Goldmann-Lilienthal, Hölder Kohler, Planck, Schollmeyer, Stammler, Staudinger, Staub, Matthiaß, v. Tuhr, Windscheid-Kipp.

Nun nimmt aber das Reichsgericht gerade bei wucherischen Geschäften eine Abhängigkeit des dinglichen Geschäfts in Gestalt der Bedingtheit desselben von der rechtlichen Wirksamkeit des obligatorischen Rechtsgeschäfts an, so daß hierbei das obligatorische und dingliche Geschäft in ihrem Zusammenhang den im § 138 BGB. vorgesehenen Sachverhalt erfüllten. So RG. 57 S. 96/7:

„In diesem Paragraphen (§ 138) ist ausdrücklich neben der Entgegennahme des Versprechens von Vermögensvorteilen auch die der Gewährung solcher genannt. In letzterer Richtung aber kann nicht wieder unterschieden werden zwischen dem dinglichen Geschäft als solchem, d. h. als ausschließlicher Grundlage dinglicher Rechtsveränderungen, einerseits und der ihm gewiesenen Funktion, zur Erfüllung der Verpflichtungen aus dem obligatorischen Geschäfte zu dienen, andererseits; sondern nichtig ist der Erfüllungsakt einschließlich des dinglichen Geschäfts, in welchem er sich verkörpert."

Folgt man dieser Ansicht — und es besteht kein Grund, es nicht zu tun —, so war hier nicht nur der Kaufvertrag, sondern auch die Übereignung der Truhe an Sonderberg nichtig (§ 138 BGB.).

V. Nun hat aber der Trödler die Truhe an die Museumsverwaltung weiter veräußert. Sonderberg verfügte als Nichtberechtigter weiter über den Gegenstand. Diese Verfügung ist aber nach § 932 BGB. wirksam, da der gute Glaube der Museumsverwaltung zu unterstellen ist und die Truhe dem Normann nicht abhanden gekommen ist, da er den Besitz an derselben freiwillig aufgegeben hat. Mithin hat die Museumsverwaltung — d. h. die Stadt oder der Staat — das Eigentum an der Truhe erworben.

VI. Welche Rechte hat nun der Erbe des Normann gegen die Vertretung des Museums oder genauer gegen den Eigentümer des Museums?

Da die Organe der juristischen Person beim Erwerb der Truhe gutgläubig waren, gibt es gegen die juristische Person keinerlei Ansprüche.

Wohl aber stehen dem Erben des Normann, auf den nach § 1922 BGB. alle Rechte des Erblassers übergingen, folgende Rechte zu:

1. Nach §§ 816, 818 Abs. 3, 819 BGB. kann er von Sonderberg Auszahlung der erhaltenen 1000 M. verlangen, ohne daß es dabei darauf ankommt, ob S. noch um dieselben bereichert ist, da er den Mangel des Rechtsgrundes beim Empfang der Leistung kannte, mithin § 819 Abs. 1 BGB. vorliegt. Zinsen von dieser Summe können erst vom Verzuge des S. ab verlangt werden (§ 288 BGB.).

2. Ferner kann aber auch ein Schadensersatzanspruch geltend gemacht werden, und zwar nach §§ 989, 992 BGB. (denn es gelten die Vorschriften des Rechtsverhältnisses zwischen Eigentümer und Besitzer wegen Verletzung des Eigentumsanspruchs), welche auf die §§ 823 ff. BGB.

verweisen[1]). § 823 Abs. 1 BGB. ist wegen Verletzung des Eigentums durch Entziehung ebenso anwendbar wie § 823 Abs. 2 BGB., da § 138 BGB. ein Schutzgesetz ist.

Den Umfang des Schadensersatzanspruchs regeln die §§ 249 ff. BGB. Insbesondere würde der Erbe dann den zweiten Klagegrund wählen, wenn etwa die Truhe einen noch höheren Wert gehabt haben sollte, da aus § 816 BGB. nur die tatsächlich an S. gezahlten 1000 M. gefordert werden können.

Zu prüfen bleibt schließlich noch für beide Fälle (a und b), ob der Trödler die an den Erblasser gezahlten 5 M. zur Aufrechnung stellen kann.

Soweit die Klage auf § 816 BGB. gestützt wird, hängt die Entscheidung davon ab, ob der Wucherer das seinerseits Geleistete kondizieren kann. Das Reichsgericht hat diese Frage im 70. Bande S. 4 unter Bezugnahme auf § 817 Satz 2 BGB. verneint, weil diese Bestimmung selbständiger Natur sei, die Rückforderung also auch dann schon ausgeschlossen sei, wenn nur dem Leistenden, also dem Wucherer, ein Verstoß gegen die guten Sitten zur Last fiele. Diese Entscheidung kann nicht als richtig erachtet werden. Man wird vielmehr mit Eccius (in D. J.-Z. Bd. 8 S. 40, 13 S. 1102) dahin entscheiden, daß § 817 Satz 2 BGB. nach seinem klaren Wortlaut („gleichfalls!") nur dann Anwendung finden kann, wenn beiderseitige Unsittlichkeit vorliegt. Da aber der Bewucherte durch den Empfang der Gegenleistung des Wucherers nicht gegen die guten Sitten verstößt, kann der Wucherer wenigstens das von ihm Geleistete zurückfordern und demgemäß auch zur Aufrechnung stellen.

Soweit jedoch die Klage auf §§ 992, 823 BGB. gestützt wird, dürfte die Aufrechnung nach § 393 BGB. ausgeschlossen sein, weil seitens des Wucherers eine vorsätzlich begangene unerlaubte Handlung vorliegt. Es kann aber dafür sehr wohl bei der Berechnung des Gesamtschadens der vom Wucherer an den Erblasser tatsächlich gezahlte Betrag von 5 M. mitberücksichtigt werden, da der Schaden dadurch doch tatsächlich um diese Summe verringert worden ist.

Die Lösung des vorstehenden, sehr lehrreichen Rechtsfalles war recht ungleich. Die Frage der Rechtswirksamkeit der Volljährigkeitserklärung wurde zumeist richtig gelöst, während die Ansicht des Reichsgerichts

[1]) Es sei hier — was wenigen Kandidaten bekannt ist — daran erinnert, daß die §§ 989 ff. die Verletzung des Eigentumsanspruchs besonders und eingehend regeln und daß insoweit die Vorschriften über unerlaubte Handlungen nur in den von § 992 ausdrücklich bestimmten beiden Fällen Anwendung finden können (vgl. auch RG. 56 S. 316).

über das Wuchergeschäft vielfach unbekannt war. An die Möglichkeit des Abzugs der 5 M. hat merkwürdigerweise keiner der zahlreichen Bearbeiter gedacht. Der Schadensersatzanspruch wurde ferner durchweg auf § 823 BGB. gestützt, ohne § 992 BGB. heranzuziehen, ein immer wieder zu Tage tretender Fehler.

Was die Anordnung des Stoffes betrifft, so mußte zuerst die Frage nach der Wirksamkeit der Volljährigkeitserklärung erörtert werden; dies ergibt sich nicht nur aus der Fragestellung („vor allem“!), sondern auch aus logischen Gründen. Sodann war die Frage nach der Anfechtbarkeit des Betruges zu erörtern, die besonders aufgeworfen ist. Ohne letzteren Umstand war sie natürlich hinfällig, sofern man zu dem Ergebnis gelangt, daß § 138 BGB. vorliegt, da nichtige Rechtsgeschäfte nicht noch anfechtbar sind.

Gerade bei diesem Fall zeigt sich auch die Notwendigkeit und Zweckmäßigkeit einer äußerlich nach Buchstaben und Ziffern sichtbaren Einteilung des ganzen Stoffes, bei welchem am ehesten ein zielbewußtes Vorgehen und das Vermeiden unnützer Wiederholungen ermöglicht wird.

21.

(Rechtsfall aus dem Dezember 1909.)

Studiosus A., 19 Jahre alt, studiert in Bonn und ist mit Wunsch seines Vaters Korpsstudent. Als Geschenk für seinen Leibburschen kauft er ein Rauchservice für 50 M. bei der Firma V., und zwar im Anfang des Monats. Die Rechnung schickt er seinem Vater, der die Bezahlung weigert.

1. Muß der Vater sie bezahlen?

Rechte der Firma V.?

2. Wie ist die Sachlage zu beurteilen, wenn der Sohn inzwischen volljährig geworden ist und die Bezahlung der Firma V. zusichert?

Macht es einen Unterschied, ob der Vater die Genehmigung verweigert hat oder nicht?

3. Wie liegt die Sache, wenn A. das Rauchservice für sich behalten hätte?

I. Wenn ein Vater seinen minderjährigen Sohn in eine fremde Universitätsstadt schickt und ihn daselbst Korpsstudent werden läßt, so ist die väterliche Einwilligung zum Abschluß aller Rechtsgeschäfte im Einzelfalle zu unterstellen, die in den Rahmen des Lebens eines Korpsstudenten nach Maßgabe des ihm zur Verfügung gestellten Monatswechsels fallen. Die von dem Studenten abgeschlossenen Geschäfte verpflichten lediglich ihn nach § 107 BGB. und sind von Anfang an wirksam. Der sog. Taschengeldparagraph (§ 110 BGB.) kommt wohl nur hinsichtlich des seltenen Falles in Frage, daß der Sohn am Ende des Monats noch einen Überschuß zur Verfügung hat. Da angenommen werden darf, daß dieser Überschuß dem Sohn vom Vater zur freien Verfügung überlassen ist, würden demnach in diesem Umfang auch nach § 107 BGB. nicht rechtswirksame Geschäfte bei voller Erfüllung nach § 110 BGB. wirksam werden.

II. Fällt nun der Kauf und die „Dedikation" eines Rauchservices für 50 M. seitens eines Studenten für seinen Leibburschen in den Rahmen derjenigen Geschäfte, zu denen die Einwilligung des Vaters kraft seiner Zustimmung zum Eintritt seines Sohnes in ein Korps als erteilt anzusehen ist? Die Entscheidung kann zweifelhaft sein und ist von einer Reihe von Kandidaten, die einem Korps angehört haben, in verschiedener Weise gelöst worden. Ein Teil nahm an, daß ein Geschenk im Werte von 20—25 M. üblich sei, während andere auch ein Geschenk von 50 M. für diesen Zweck noch für zulässig hielten. Es wird hierbei wohl auf die Höhe des Monatswechsels sowie auf die Gepflogenheiten bei dem betreffenden Korps ankommen. Bei einem Zuschuß von monatlich 300 M. dürfte das Geschenk zu wertvoll sein, bei höherem Zuschuß dagegen vielleicht nicht, wenn — was Tatfrage ist — derartig wertvolle Dedikationen bei dem betreffenden Korps unter Berücksichtigung der pekuniären Lage der Studenten üblich sind. Mit Rücksicht auf die Möglichkeit der Bejahung wie Verneinung der an die Spitze des Absatzes gestellten Frage muß der Rechtsfall unter Zugrundelegung beider Ansichten gelöst werden.

a) Geht man davon aus, daß nach Lage der Sache der Kauf und die Dedikation eines Rauchservices im Werte von 50 M. nicht zu kostspielig und die Einwilligung des Vaters hierzu als erteilt anzusehen ist, so ist der Kaufvertrag sowohl wie die Schenkung nach § 107 BGB. wirksam. Der Sohn ist hiernach der Firma V. gegenüber zur Zahlung verpflichtet. Seine Zahlungspflicht erfüllt er aber nicht, schickt vielmehr die Rechnung seinem Vater, der die Begleichung verweigert. Mit oder ohne Recht?

Dies führt zur Entscheidung der Frage, ob der Vater die Schulden seines Sohnes zu bezahlen verpflichtet ist. Grundsätzlich ist die Frage dann zu verneinen, wenn und soweit der Vater dem Sohne gegenüber der Erfüllung seiner Unterhaltspflicht nachgekommen ist, d. h. soweit er dem Sohne den ausreichenden Betrag zum Leben nach Maßgabe des väterlichen Willens für einen Monat oder höchstens ein Vierteljahr (vgl. §§ 1614 Abs. 2, 760 Abs. 2 BGB.) vorausgezahlt hat. Der Umfang dieser Verpflichtung ergibt sich aus den wirtschaftlichen Verhältnissen des Vaters und seinen etwaigen Weisungen an den Sohn, seiner etwa erteilten Zustimmung zum Eintritt in eine kostspielige Verbindung u. dgl. Hat er dies jedoch nicht oder nicht in dem erforderlichen Umfang getan, so kann für diejenigen, welche mit dem Sohne kontrahiert haben, unter Umständen ein Anspruch aus der auftraglosen Geschäftsführung oder aus der ungerechtfertigten Bereicherung in Verbindung mit den Vorschriften über die Unterhaltspflicht in Frage kommen, soweit nämlich das vom Sohn abgeschlossene Rechtsgeschäft als mit väterlicher Zustimmung geschlossen anzusehen ist. Nach der vom Reichsgericht vertretenen Theorie ist allerdings ein Anspruch aus §§ 812 ff. gegen den Vater in Ermangelung einer „unmittelbaren Vermögensverschiebung" deshalb ausgeschlossen, weil dem Vertragsgegner ein Vertragsanspruch gegen den Sohn gegeben ist. (Vgl. Fall 14 II b.)

Die Entscheidung der Frage hängt also im vorliegenden Falle davon ab, ob der Vater seine Unterhaltspflicht gegenüber in dem oben entwickelten Sinne erfüllt hat oder nicht und ist dementsprechend zu verneinen oder zu bejahen, soweit gegebenenfalls die Vorschriften über auftraglose Geschäftsführung bzw. ungerechtfertigte Bereicherung anwendbar sind oder nicht.

b) Verneint man dagegen die Frage nach der Zulässigkeit des Kaufes und der Dedikation des Rauchservices, da es zu kostspielig ist, so sind sowohl der Kaufvertrag wie die Schenkung an den Leibburschen nach § 108 BGB. unwirksam, da der Vater seine Genehmigung versagt. Der Sohn ist infolgedessen nicht verpflichtet, den Kaufpreis zu zahlen, und auch gegen den Vater kommt in Ermangelung einer Bereicherung ein Anspruch aus § 812 BGB. nicht in Frage, auch kein Anspruch aus § 667 BGB., weil ein der Geschäftsführung der Firma V. entgegenstehender Wille des Vaters vorliegt und § 679 BGB. nicht anwendbar ist.

III. Wenn der Sohn inzwischen, d. h. nach Abschluß des Kaufvertrages, volljährig geworden ist und darauf die Begleichung der Rechnung der Firma zusichert, so kommt es darauf an, ob der Vater die Genehmigung zum Abschluß des Kaufvertrages bereits vorher verweigert hatte oder nicht, wobei zu bemerken ist, daß die Verweigerung der Bezahlung der

Rechnung als Versagung der Genehmigung i. S. des § 108 Abs. 1 BGB. anzusehen ist. Ist diese Genehmigung verweigert, so ist der Kaufvertrag endgültig unwirksam geworden und kann auch nicht mehr vom Sohne „genehmigt" werden. Da eine Verpflichtung des Sohnes zur Bezahlung des Kaufpreises nicht besteht, kann die Zusicherung der Zahlung nur als mangels Wahrung der Form unwirksames Schenkungsversprechen aufgefaßt werden. Allerdings läßt sich hier auch folgende Erwägung anstellen: § 518 BGB. erfordert ein schenkweises Versprechen einer Leistung und es kann fraglich sein, ob die „schenkweise" Erteilung eines Schuldversprechens mit einer „unentgeltlichen" Verpflichtungsübernahme zu identifizieren ist. In dieser Beziehung mögen hier die Ausführungen Schröders in seinen Vorträgen über bürgerlich-rechtliche Fälle aus der Sammlung Rechtsfälle, Band V (Neue Folge), erschienen bei C. J. E. Volckmann Nachfolger (E. Wette), Rostock 1909, S. 70/1 zur Entscheidung der Frage, ob ein Schuldner, der nach Erlaß seiner Schuld durch den Gläubiger zu guten Vermögensverhältnissen gelangt und infolgedessen dem Gläubiger die nachträgliche Zahlung seiner Schuld in Aussicht stellt, hierdurch auch bei formlosem Versprechen verpflichtet wird, wiedergegeben werden:

„Es kann sich verlohnen, nach dieser Richtung hin eine genauere Untersuchung anzustellen und zu prüfen, ob eine ‚schenkweise' Erteilung des Schuldversprechens mit einer ‚unentgeltlichen' Verpflichtungsübernahme zu identifizieren ist. In dieser Beziehung werden wir erwägen, daß das Merkmal der Unentgeltlichkeit der Vermögensverschiebung nicht ausreicht, um einer Zuwendung den Charakter der Schenkung zu verleihen, daß vielmehr eine Bereicherung hinzukommen muß, um die Einigung der Kontrahenten zur Schenkung zu stempeln. Wie nun eine Bereicherung in diesem Sinne stets dann zu verneinen ist, wenn ein rechtlich begründeter Ansprrunguf die Bewirkung der Leistung besteht, so ist nach dem im § 814 zum Ausdruck gelangten Willen des Gesetzes auch dann die Zuwendung nicht als ungerechtfertigt zu erachten, wenn ‚die Leistung einer sittlichen Pflicht oder einer auf den Anstand zu nehmenden Rücksicht entsprach'. So führt das Gesetz, wie Stammler zutreffend sagt, ‚die Norm der sittlichen Pflicht für die Feststellung einer naturalis obligatio' ein und erkennt in diesem Umfange an, daß ‚die Schenkungsnatur bei jeder Erfüllung entfällt, die sittliche Pflicht und Anstand gebieten'." . . . .

— — — — — — — — — — — — — — — — — — — —

„Es erübrigt sich, dazu Stellung zu nehmen, ob die Bewirkung einer früher geschuldeten Leistung nach Abschluß eines freiwilligen Akkordes ebenso als eine sittliche und soziale Verpflichtung erscheint, wie dies bezüglich der durch Zwangsvergleich untergegangenen Verbindlichkeiten fast allgemein anerkannt wird. In dieser Hinsicht will ich mich darauf beschränken, Sie auf die zutreffenden Worte Oertmanns zu verweisen, der es mit Recht „für traurig und dem sozialen Ideal schnurstracks zuwiderlaufend" erklärt, „wenn man die moralische Verbindlichkeit der Schuldner, ihre Gläubiger nach Kräften voll auszuzahlen, von Rechts wegen verleugnen wollte".

Der gleiche Gedanke läßt sich auch hier anwenden, wo zwar eine Schuldverbindlichkeit des Studenten nicht bestanden hat, aber gleichwohl das Versprechen der Leistung für die erfolgte Gegenleistung als eine Anstandspflicht angesehen werden darf. Fraglich ist hierbei nur, ob das Versprechen des Studenten nach erreichter Volljährigkeit als Schuldversprechen i. S. des § 780 BGB. angesehen werden muß, das ja grundsätzlich auf seiten des Versprechenden der Schriftform bedarf, es sei denn, daß man hier den Abschluß eines Vergleiches (§ 782 BGB.) konstruiert, da ja die Firma in diesem Fall der Zusicherung der Zahlung des Kaufpreises auf den ihr zustehenden Anspruch aus § 812 BGB. auf Herausgabe des Rauchservices bzw. auf Wertersatz verzichtet, oder ob man einen nachträglich abgeschlossenen Kaufvertrag annehmen will. Jedenfalls steht das Reichsgericht im 76. Bande S. 59—61 auf dem Standpunkt, daß ein einmal erloschenes Schuldverhältnis nur durch Neubegründung wieder ins Leben treten könne, daß z. B. nach dem Erlaß einer Darlehnsschuld das Versprechen des Darlehnsschuldners zur neuerlichen Zahlung der gerichtlichen oder notariellen Beurkundung nach §§ 516, 518 BGB. bedürfe, „sofern der frühere Gläubiger dadurch bereichert worden ist und die Parteien darüber einig waren, daß es unentgeltlich erteilt wurde".

Letztere Frage läßt das Reichsgericht allerdings unentschieden. Auch hier kommt der gleiche Gedanke für das nicht rechtswirksam entstandene Schuldverhältnis in Frage.

Wenn der Sohn seine Zusicherung bezüglich der Bezahlung des Rauchservices erteilt hatte, bevor die Genehmigung des Vaters der Firma gegenüber verweigert war, tritt die Genehmigung des Sohnes an die Stelle derjenigen des Vaters (§ 108 Abs. 3 BGB.), der Kaufvertrag wird also mit der Zusicherung wirksam.

IV. Wenn der Sohn das Rauchservice für sich behalten hätte, so ist das für die Frage nach der Wirksamkeit des Kaufvertrages höchstens insofern von Bedeutung, als es dann recht zweifelhaft ist, ob das Service zu Dedikationszwecken angeschafft wurde. Es wird daher angenommen werden können, daß der Vater seine Einwilligung zum Kauf eines so kostspieligen Gegenstandes für den Sohn selbst nicht erteilt hatte. Soll die Dedikation aber später, etwa am Geburtstage des Leibburschen, am Stiftungsfest usw. erfolgen, so verbleibt es natürlich bei dem vorstehend Ausgeführten. Soweit hiernach ein wirksamer Kaufvertrag vorliegt, steht der Firma kein Recht auf die Rückgabe des Kaufgegenstandes zu, da sie einen Anspruch auf Zahlung des Kaufpreises hat. Soweit dagegen der Kaufvertrag unwirksam ist, hat die Firma V. gegen den Studenten A. einen Anspruch auf Rückübertragung des Eigentums am Rauchservice gemäß § 812 BGB. Das Eigentum an demselben erwarb der Student nach § 107 BGB., da er hierbei lediglich einen rechtlichen Vorteil erwarb[1]). Das Urteil auf Übereignung hat einen doppelten Inhalt, es geht auf Abgabe der Eigentumsübertragungserklärung nach § 894 ZPO., welche mit der Rechtskraft als abgegeben gilt, vorausgesetzt, daß auch der Vater nicht nur als gesetzlicher Vertreter des minderjährigen Studenten, sondern zugleich auch persönlich zur Zustimmung zu der Erklärung seines Sohnes verurteilt ist, und nach § 897 ZPO. auf Herausgabe des Gegenstandes.

Fall 21 bereitete vielen Kandidaten erhebliche Schwierigkeiten. Bei der Zweifelhaftigkeit der Frage, ob die Zustimmung des Vaters als erteilt angesehen werden kann, bedurfte es des Eingehens auf beide möglichen Lösungen. Falsch ist natürlich das lediglich Operieren mit dem Taschengeldparagraphen. Daß die Frage, ob der Vater die Schulden seines Sohnes bezahlen muß, verschiedene Lösungen möglich macht, wurde nur selten herausgefunden. An die Möglichkeit einer Ablehnung des Schenkungsversprechens bei III auf Grund von § 814 BGB. kam keiner der Kandidaten.

---

[1]) Lediglich einen rechtlichen Vorteil erwirbt der Minderjährige gemäß § 107 BGB. beim Eigentumserwerb, bei Entgegennahme eines Schulderlasses, Annahme einer Schenkungsofferte; die Annahme eines unbelasteten Vermächtnisses oder der Annahme einer geschuldeten Leistung fallen aber nicht hierunter, weil hierdurch die Forderung untergeht (a. A. Staudinger § 107 Ziff. 3), ebenso nicht der Abschluß eines Verlöbnisses, auf welches im übrigen die allgemeinen Vorschriften über Verträge Anwendung finden (RG. 61 S. 272/3).

Das Kammergericht in der Rsp. d. OLG. 22 S. 126 steht auf dem Standpunkte, daß bei gegenseitigen Verträgen nach der Natur und dem Zwecke eines solchen Vertrages die an ihn sich knüpfenden rechtlichen Folgen als ein Ganzes zu behandeln seien, daß keine Partei die durch den Vertrag bestimmten Rechte haben solle, wenn nicht auch der andere Teil die für ihn bedungenen Rechte erhalte. Demgemäß könne auch im Falle des § 108 BGB. der Minderjährige kein Eigentum an dem Kaufgegenstand erwerben, wenn der Kaufvertrag nicht zustande käme. Dem steht aber der Wortlaut und Sinn des § 107 BGB. entgegen.

22.

Adolf Plack hat im Geschäft von X. & Co. verschiedene Waren eingekauft und um Zusendung mit quittierter Rechnung gebeten. Durch ein Versehen eines Angestellten von X. & Co. wurde die Rechnung auf den Namen „August Plack" ausgestellt. In Abwesenheit des August Plack bezahlte sein Prokurist die Rechnung, die von einem Geschäftsdiener von X. & Co. präsentiert wurde, gegen Empfang der Ware.

Wie ist die Rechtslage?

Wer ist jetzt Eigentümer der Ware?

Ist Adolf Plack befreit?

Kann August Plack das Gezahlte zurückfordern?

I. Die Firma X. & Co. hat gegen Adolf Plack als Käufer einen Anspruch auf Zahlung des Kaufpreises. Da letzterem die Ware jedoch noch nicht übergeben wurde, hat dieser die Einrede des nicht erfüllten Vertrages (§ 320 BGB.), deren Geltendmachung die Verurteilung zur Zahlung Zug um Zug gegen Empfang der Kaufgegenstände hat (§ 322 BGB.).

II. Infolge eines Irrtums übermittelte ein Angestellter des Verkäufers durch einen Boten der Firma dem Prokurist des August Plack die dingliche Einigungsofferte. Der Prokurist als Vertreter des August Plack nahm infolge Irrtums die dingliche Offerte an, erwarb an den ihm übergebenen Waren das Eigentum für seinen Geschäftsherrn und bezahlte die quittierte Rechnung.

Da sich der Stellvertreter der Firma X. & Co. bei der Übereignung durch den Boten hinsichtlich der Person des Empfängers geirrt hat, kann die Firma die Übereignung der Waren an August Plack nach §§ 166 Abs. 1, 119 BGB. anfechten und die Waren mit dem Eigentumsanspruch (§ 985 BGB.) zurückfordern.

Eine Anfechtung der Übereignung seitens des August Plack kommt nicht in Frage, weil der Prokurist sich nicht bei der Übereignung geirrt hatte, denn er wollte das Eigentum an diesen Waren für seinen Chef erwerben. Sein Irrtum erstreckte sich vielmehr nur auf das Bestehen eines zugrunde liegenden Kaufvertrages.

III. Adolf Plack ist von seiner Zahlungspflicht gegenüber der Firma X. & Co. nicht frei, weil der Kaufvertrag fortbesteht. Der Verkäuferin ist die Leistung auch nicht unmöglich geworden, weil sie die Übereignung der Kaufgegenstände an August Plack — wie zu II ausgeführt wurde — anfechten kann und nach § 985 BGB. die Waren zurückfordern kann.

IV. Eine Anfechtung der Zahlung — die praktisch kaum von Bedeutung ist[1]) — seitens des August Plack kommt nicht in Frage, weil sein Prokurist sich bei der Zahlung, d. h. der Eigentumsübertragung an Geld, gleichfalls nicht geirrt hatte: er wollte vielmehr dem Boten, oder richtiger durch den Boten der Firma X. & Co. das Eigentum an den Geldstücken übertragen. Sein Irrtum bezog sich lediglich auf den Rechtsgrund der Zahlung. Wohl aber kann August Plack die Zahlung nach § 812 BGB. kondizieren, weil sie ohne Rechtsgrund erfolgte.

---

[1]) Vgl. Fall 19 III.

Der einfache Fall wurde von den Kandidaten überwiegend richtig gelöst. Nur wenige kamen nicht auf die Anfechtbarkeit der Übereignung. Dafür ließen einige eine Anfechtung der Zahlung zu, ohne sich darüber klar zu werden, daß — abgesehen von der Unzulässigkeit derselben — eine solche nur geringen praktischen Wert hat (vom Fall des Konkurses des Zahlungsempfängers und der getrennten Aufbewahrung der empfangenen Geldstücke abgesehen[1]).

---

[1]) Vgl. Fall 19 III.

23.

A. will sich Kredit verschaffen; zu diesem Zweck bittet er am 1. Mai 1910 den B., er möchte ihm doch einen Schein ausstellen, in dem er bekennt, dem A. 5000 M. als Darlehen zu schulden. A. verspricht, er werde damit keinen Mißbrauch treiben, es sei lediglich zum Scheine. B. will darauf nicht eingehen. Nun droht A. dem B., er werde ihn bei der Staatsanwaltschaft anzeigen, weil B. ein Sittlichkeitsverbrechen begangen habe. B. weiß sich zwar nicht schuldig, um jedoch Unannehmlichkeiten aus dem Wege zu gehen, entschließt er sich, den gewünschten Schein auszustellen.

A. zediert dann am 1. November 1911 entgeltlich die in dem Schein verbriefte Forderung unter Vorlegung der Urkunde dem gutgläubigen C.; dieser verlangt am 5. November von B. Zahlung. B. weigert sich zu zahlen. Mit Recht?

I. Ein gültiges Schuldanerkenntnis i. S. des § 781 BGB. liegt nicht vor, weil A. und B. darin übereinstimmten, daß die Erklärung des A. nur zum Schein abgegeben wurde. Mithin ist das Anerkenntnis nach § 117 Abs. 1 BGB. nichtig.

Nun liegt aber über das Schuldanerkenntnis eine Urkunde vor und § 405 BGB. bestimmt, daß der Schuldner bei Abtretung einer Forderung unter Vorlegung der Urkunde sich dem neuen Gläubiger gegenüber nicht darauf berufen kann, daß die Eingehung oder Anerkennung des Schuldverhältnisses nur zum Schein erfolgt sei. Andrerseits ist B. zur Ausstellung der Urkunde durch eine Drohung veranlaßt worden, die zur Anfechtung eines Rechtsgeschäfts nach § 123 BGB. selbst dann berechtigen würde, wenn ein Dritter unmittelbar Rechte aus der Erklärung erworben hätte. Die Ausstellung einer Urkunde ist aber kein Rechtsgeschäft, denn die Wirkungen, die sich nach § 405 BGB. an die Ausstellung der Urkunde knüpfen, sind gerade vom Aussteller hier nicht gewollt. Es fragt sich, ob auf derartige Rechtshandlungen — bei denen der rechtliche Erfolg im Gegensatz zu den Rechtsgeschäften auch ohne den darauf gerichteten Willen eintritt — die Vorschriften über Rechtsgeschäfte, insbesondere über Anfechtung, entsprechende Anwendung finden. Die Frage wird allgemein bejaht. Gilt dies aber auch angesichts der Vorschrift des § 405 BGB.? § 405 stellt eine Schutzvorschrift für gutgläubige Dritte dar, denen eine genauere Prüfung, unter welchen Umständen die Ausstellung einer Schuldurkunde zustande kam, nach Möglichkeit erspart werden soll. Andrerseits ist es unbillig, den Schutz des § 405 BGB. in jedem Fall zur Anwendung zu bringen, wenn z. B. ein Geschäftsunfähiger eine Urkunde ausgestellt hat. Nun ist es ein im Gesetz, z. B. im Falle des § 935 BGB. vertretenes Prinzip, den Schutz des guten Glaubens bei unfreiwilligem Besitzverlust zu versagen [1]). Eine analoge Anwendung dieses Gedankens ergibt, daß der Schutz des § 405 dann zessieren muß, wenn Ausstellung und Aushändigung eines Schuldscheines unfreiwillig erfolgten. Nimmt man mit Staudinger [2]) an, daß eine Handlung auch dann freiwillig ist, wenn der Handelnde zu ihr gezwungen wurde, so wäre die Ausstellung der Urkunde hier unanfechtbar und B. könnte die Zahlung der 5000 M. nicht verweigern.

II. Nun läßt sich aber hiergegen folgendes einwenden. Wenn auch die Einrede des Scheingeschäftes nach der ausdrücklichen Vorschrift des § 405

---

[1]) Vgl. hierüber Wellspacher, Das Vertrauen auf äußere Tatbestände im bürgerlichen Recht, 1906 S. 60—69 und Klein in den „Blättern für Rechtsanwendung", 1909 S. 729/730.

[2]) Staudinger, BGB. III § 935, I 2 b β.

BGB. ausgeschlossen ist, so können doch nach § 404 BGB. dem neuen Gläubiger alle anderen Einwendungen entgegengehalten werden, die zur Zeit der Abtretung der Forderung gegen den bisherigen Gläubiger begründet waren. Folglich muß auch der Einwand der Drohung — der rechtlich die Anfechtung der Erklärung wegen Drohung ist — zulässig sein. Vorfrage ist hierbei allerdings, ob die Anfechtung einer an sich nichtigen Erklärung überhaupt zulässig ist. Dies wird man mit Rücksicht auf einen Fall wie den vorliegenden dann bejahen können, wenn sie im Interesse des Anfechtenden liegt und besondere Rechtswirkungen hervorzubringen geeignet ist. Stellt man sich auf diesen Standpunkt, so ist eine Anfechtung der Erklärung hier zulässig. Auch dem neuen Gläubiger C. gegenüber?

Anfechtungsgegner ist nach § 143 Abs. 2 BGB. der Anfechtungsgegner, d. h. der „andere Teil". Der im § 143 BGB. für den Fall des Vorliegens des § 123 Abs. 2 Satz 2 BGB. bezeichnete Dritte, welcher aus dem Vertrag unmittelbar ein Recht erworben hat, kommt hier nicht in Frage, da dies nur für den Fall der Anfechtung wegen Täuschung und nicht wegen Drohung gilt. Der andere Teil wäre demnach A. Nun hat aber A. seine Rechte an C. abgetreten, so daß dieser an seine Stelle trat. Mithin kann auch B. die Einrede der Anfechtung wegen Drohung aus § 123 Abs. 1 BGB. nach § 404 BGB. den neuen Gläubiger entgegenhalten[1]. Mit der geltend gemachten Anfechtung ist die Erklärung in der Urkunde nichtig und B. weigert die Zahlung mit Recht.

An diesem nicht einfachen Rechtsfall scheiterte die weitaus größte Anzahl der Kandidaten völlig und wußte mit ihm meist gar nichts anzufangen. Meist wurde unter Bezugnahme auf § 405 BGB. jede Anfechtungsmöglichkeit versagt. § 404 BGB. wurde nur ganz vereinzelt zitiert. Die Frage nach den Regreßrechten des B. gegen A. ist nicht gestellt und durfte daher auch nicht erörtert werden.

---

[1]) Nach RG. 65 S. 88 genügt zur Anfechtung der erkennbare Wille des Anfechtenden, das Rechtsgeschäft nicht bestehen lassen zu wollen. Wendungen wie: Bestreiten der Verpflichtung, Nichtanerkennen, Rückfordern sind daher in der Regel als ausreichend anzusehen. Der Grund der Anfechtung braucht ebensowenig wie die konkreten Tatsachen, worauf die Anfechtung gegründet werden soll, angegeben zu werden.

24.

(Rechtsfall aus dem Jahre 1913.)

A. in Berlin schreibt am 1. Oktober 1912 einen Brief, in dem er dem B. in München eine Herrenzimmereinrichtung, über deren Verkauf beide schon verhandelt hatten, zum Preise von 1500 M. anbot. A. gab diesen Brief seinem Freunde F., der ihn am Abend des 1. Oktober besuchte, zur postalischen Beförderung mit. F. steckte den Brief in die Tasche seines Überrocks, und als er diesen am 10. Oktober bei einem Besuch wieder anzog, entdeckte er zu seinem Schrecken den vergessenen Brief. Er warf ihn sofort in den Briefkasten. B. erhielt den Brief am 12. Oktober und schrieb dem A. umgehend:

„Empfange soeben am 12. Oktober mittags 1 Uhr Ihren vom 1. Oktober datierten Brief, in dem Sie mir Ihre Herrenzimmereinrichtung für 1500 M. offerieren, und teile Ihnen ergebenst mit, daß ich Ihr Angebot annehme."

Diesen Brief schickt B. eingeschrieben und gegen Rückschein. A. erhielt ihn am Abend des 13. Oktober. Da er bereits am 10. Oktober die Zimmereinrichtung mangels einer Nachricht des B. an H. verkauft und übereignet hatte, hielt er die Angelegenheit, über die er nicht weiter nachdachte, für erledigt, und da er rasch verreisen mußte, vergaß er die Ausführung seiner Absicht, dem B. sofort Nachricht zukommen zu lassen.

Am 1. November schrieb B., er habe den Spediteur S. beauftragt, die Möbel abzuholen und ihm zuzusenden; er bitte, sie diesem übergeben zu wollen. Zugleich meldeten sich die Leute des S., der einen Möbelwagen zur Abholung geschickt hatte. A. schickte sie wieder weg.

Hat B. Ansprüche gegen A.?

Hat A. eventuell Ansprüche gegen F.?

I. Der Brief des A. vom 1. Oktober enthält die Offerte zum Abschluß eines Kaufvertrages. Die Offerte ist an sich nach § 145 BGB. bindend. Der Antrag ist einem Abwesenden gemacht. Nach § 147 Abs. 2 BGB. kann der einem Abwesenden gemachte Antrag nur bis zu dem Zeitpunkt angenommen werden, in welchem der Antragende den Eingang der Antwort unter regelmäßigen Umständen erwarten darf. A. mußte erwarten, daß B. die Offerte spätestens bis zum 4. oder 5. Oktober annehmen würde. Daß die Offerte vom 1. Oktober datierte, mußte B. aus der Datierung ersehen und hat dies auch ersehen, wie aus seinem Antwortschreiben hervorgeht. Die bindende Kraft der Offerte war daher nach § 147 Abs. 2 BGB. erloschen und die verspätete Annahme durch B. stellt sich lediglich als eine neue Kaufofferte des B. dar, die indessen von A. nicht angenommen wurde (§ 150 Abs. 1 BGB.). § 149 BGB. kommt nicht zur Anwendung, da er nur für die verspätet zugegangene Annahmeerklärung gilt, die bei regelmäßiger Beförderung dem Antragenden rechtzeitig zugegangen wäre. Hier ist aber die Annahmeerklärung rechtzeitig abgesandt und zugegangen, jedoch erst dann, als die bindende Kraft der Offerte nach § 147 Abs. 2 BGB. erloschen war.

II. Der Kaufvertrag und die Veräußerung der Zimmereinrichtung an H. war wirksam, wäre es übrigens auch dann gewesen, wenn die Offerte ihre Kraft noch nicht verloren hätte, da B. infolge des Zustandekommens des Kaufvertrages nur einen obligatorischen Anspruch auf Übereignung der Möbeleinrichtung erworben hätte.

III. Aus dem zu I Ausgeführten ergibt sich, daß dem B. irgendwelche Ansprüche gegen A. nicht zustehen, auch nicht auf Ersatz der an S. zu zahlenden Kosten.

IV. Hat A. Ansprüche gegen F.?

Fraglich ist es, ob F., wenn er sich zur Einsteckung des Briefes in den Postkasten erbot oder die Bitte des A., den Brief in den Kasten zu legen, erfüllte, zu A. in ein Rechtsverhältnis trat. Im allgemeinen kann man davon ausgehen, daß es sich hier um ein bloßes „Gefälligkeitsverhältnis" handelt, das als solches kein Schuldverhältnis begründet und höchstens eine Haftung nach den Grundsätzen über unerlaubte Handlungen erzeugt. Die Ansichten hierüber sind geteilt. Enneccerus führt in seinem Lehrbuch (1. Band. 2. Abt. § 252 I, 3. 5) hierüber folgendes aus:

„Man muß sich übrigens hüten, in jeder aus Gefälligkeit erfolgenden Gestattung oder Zusage, auch wenn sie von der anderen Seite angenommen wird, ohne weiteres einen obligatorischen Vertrag zu finden. Oft handelt es sich vielmehr nur um Erklärungen gesellschaftlicher

Natur, die ohne Verpflichtungswillen abgegeben werden. Mit meinem Gaste schließe ich keine Leihe über Zimmer, Möbel, Eßgeräte ab, keinen Verwahrungsvertrag über seinen Koffer, keinen Auftrag, wenn ich ihn in meinem Wagen abhole, kein Schenkungsversprechen, wenn ich ihm mitteile, daß um 2 Uhr zu Mittag gegessen werde. Vielmehr handelt es sich um nur gesellschaftliche Gestattungen und Zusagen, welche die gestatteten Handlungen zu nicht widerrechtlichen und gerechtfertigten machen, aber der verpflichtenden Wirkung für den einen oder anderen Teil entbehren."

Auch das Reichsgericht führt im 65. Bande S. 18/9 aus, daß ein bloßes Gewährenlassen, z. B. die bloße Einräumung eines Platzes auf einem ohnehin fahrenden Wagen kein Schuldverhältnis begründe. Ein Auftragsverhältnis könne nur dann angenommen werden, wenn es sich um eine Handlung im engeren Sinne — wie bei den früheren preußischrechtlichen „Verträgen über Handlungen" — handele. Letzteres würde hier allerdings der Fall sein. Blume im Recht 1908, S. 649 ff. nimmt das Vorliegen eines „Gefälligkeitsvertrages" an, durch den man eine Leistung übernehme, ohne sich dazu zu verpflichten, durch die aber der andere Teil zur Wahrung der Interessen des Gegners vertragsmäßig verpflichtet werde.

Nun handelt es sich bei der Übergabe eines Briefes an einen andern um das Ersuchen um Vornahme einer „Handlung" in dem vom Reichsgericht angegangenen Sinne. Es kann daher hier tatsächlich von dem Vorliegen eines Auftragsverhältnisses i. S. des § 662 BGB. gesprochen werden, da auch rein tatsächliche Handlungen Gegenstand des Auftrages sein können. Und in der Tat erfordert auch das Rechtsbewußtsein, daß derjenige, der für einen anderen die Besorgung eines Briefes übernimmt, dieses Vertrauen auch durch ordnungsmäßige Erledigung rechtfertigt. Kann oder will der andere diese Verpflichtung nicht übernehmen, so steht ihm ja die Ablehnung des Antrags offen. Hiernach würde F. dem A. gegenüber nach § 276 BGB. für den adäquaten Schaden einzustehen haben. Daß gerade hierbei § 254 Abs. 2 BGB. eine Rolle spielt, muß besonders erwähnt werden. Vielleicht kann man auch in allen derartigen Fällen mindestens von einem mitwirkenden Verschulden des anderen Teiles reden, wenn er es unterlassen hat, auf die Gefahr eines bevorstehenden Schadens aufmerksam zu machen, der durch die nicht ordnungsmäßige Erledigung des Auftrages entstehen könnte. Dies würde zu einer Ausgleichung einer vielleicht sonst bestehenden Härte führen.

Ist aber im vorliegenden Falle dem A. ein Schaden erwachsen? Dies hängt davon ab, ob der Kaufpreis für die Zimmereinrichtung, den H.

an A. zu zahlen hat, geringer als 1500 M. ist, welche Summe B. für dieselbe zu zahlen sich bereit erklärte.

Die Frage ist also dahin zu beantworten, daß A. gegen F. einen Anspruch auf Schadensersatz hat, wenn man das Vorliegen eines Auftragsverhältnisses oder eines „Gefälligkeitsvertrages" bejaht. Andrerseits wird es für die Anwendbarkeit des § 254 Abs. 2 BGB. davon abhängen, ob bei einem ungewöhnlich hohen Schaden der A. es unterlassen hatte, den F. auf diese Gefahr durch irgendwelche Bemerkung aufmerksam zu machen.

Zu bemerken ist noch, daß F. nicht etwa als „Bote" des A. anzusehen ist. Dies ist jedenfalls dann ausgeschlossen, wenn ein Auftragsverhältnis oder ein Gefälligkeitsvertrag zwischen A. und F. vorliegt. Keinesfalls ist die Erklärung des A. durch F. als Boten abgegeben, da F. nicht eine „zur Übermittlung verwendete Person" i. S. des § 120 BGB. ist, denn er übermittelt nicht die Erklärung des A., sondern nur die Möglichkeit der Übermittlung durch die Post. Andernfalls müßten auch die Bürogehilfen eines Anwalts, welche alltäglich zahlreiche Briefe des Anwalts zur Post geben, als Übermittler der in den Briefen enthaltenen Erklärungen des Anwalts angesehen werden, was die Unhaltbarkeit der Annahme der Boteneigenschaft ergibt.

Der vorstehende Fall wurde vielfach durch Anwendung des § 120 BGB. mit darauffolgender Anwendung des § 119 BGB. entschieden, was nach dem vorstehend Ausgeführten gänzlich unhaltbar ist. F. ist kein „Bote". Letzteres wurde allerdings auch bei der mündlichen Besprechung von einigen Kandidaten mit aller Energie festgehalten, dürfte aber nicht nur nicht zweifelhaft, sondern unhaltbar sein. Auf § 254 BGB. kamen die wenigsten. Vielfach wurde auch der Fehler gemacht, die Ansprüche des S. zu erörtern. Das war insofern unrichtig, als danach mit keinem Worte gefragt war. Auch das Zuviel ist mitunter ein Fehler. Zur Sache selbst sei bemerkt, daß der Frachtführer S. natürlich einen Vertragsanspruch gegen B. hat. Schließlich war es durchaus geboten, auf das eventuelle Vorliegen eines Gefälligkeitsverhältnisses einzugehen.

25.

(Rechtsfall aus dem Juli 1910.)

Der Baumeister G. ist Eigentümer eines großen Mietshauses. Er hält in ihm einen Hausverwalter. In dem für diesen bestimmten Zimmer hängt ein von G. unterschriebener Anschlag, in dem es heißt, die Mietgelder seien an den Hausverwalter zu zahlen. Zum 1. April 1909 hat G. an Stelle des bisherigen Verwalters den Z. angenommen. Dieser kassierte die im voraus zu zahlenden Mietgelder für das 2. Quartal ein und lieferte sie an G. ab. Am 1. Juli 1909 nahm er 5000 M. Mietgelder ein und wurde damit flüchtig. Jetzt stellt sich heraus, daß die Zeugnisse des Z. gefälscht sind und daß er bereits mehrfach schwere Strafen wegen Unterschlagung und Betrug erlitten hat.

Ein Jurist hat dem G. gesagt, er erleide keinen Schaden, weil er die dem Z. erteilte Vollmacht und dessen Anstellung wegen arglistiger Täuschung anfechten könne und die Mieter nochmals zahlen müßten.

Ist das richtig?

I. a) Der Hauseigentümer G. hat dem Z. Vollmacht zur Einziehung der Mietszinsen erteilt, und zwar zunächst durch Erklärung gegenüber dem Z.

Es kann unterstellt werden, daß G. dem Z. bei der Anstellung ausdrücklich erklärt hat, daß er die Mietszinsen einzukassieren habe. Aber selbst wenn eine ausdrückliche Vollmachterteilung nicht erfolgt ist, so ergibt sie sich doch aus den Umständen, nämlich aus der Anstellung des Z. als Hausverwalter in Verbindung mit dem Anschlag, daß die Mietszinsen an Z. zu zahlen seien. Wenn auch der Anschlag sich in erster Linie an die Mieter richtete, so enthält er doch auch zugleich, da er in der Portierstube hing, die Erklärung gegenüber dem jeweiligen Hausverwalter, daß er zur Einziehung der Mietszinsen bevollmächtigt sei.

b) Diese Vollmachterteilung ist den Mietern aber auch durch besondere Mitteilung nach § 171 BGB. kundgegeben worden. Diese Kundgebung ist eine Rechtshandlung i. e. S., keine Willenserklärung, aber in der Hauptsache — wie alle Rechtshandlungen — den Rechtsgeschäften analog zu behandeln, insbesondere bezüglich der Erfordernisse des Zugehens und der Anfechtbarkeit.

Die Kundgebung der Bevollmächtigung liegt einmal in dem Anschlag in der Portierstube. Daß sich letzterer an alle Mieter gleichzeitig richtet, nimmt ihm den Charakter einer „besonderen Mitteilung" i. S. des § 171 BGB. nicht. Doch kann von einem unmittelbaren Zugehen dieser Mitteilung wohl nur bezüglich derjenigen Mieter gesprochen werden, welche die Portierstube selbst betreten haben, da sie erst dann tatsächlich in der Lage waren, von der Kundgebung Kenntnis zu erlangen. Soweit lediglich die Dienstboten der einzelnen Mieter in der Portierstube die Mietszinsen zahlten, ist die Erklärung den betreffenden Mietern erst dann zugegangen, wenn ihnen die Dienstboten von dem Anschlag Mitteilung gemacht haben, da ein Bote — wie Hellwig das einmal treffend ausgedrückt hat[1]) — „ein Sprachrohr, kein Hörrohr" ist. Da letzteres nicht immer geschehen sein wird, kann man immerhin dahin entscheiden, daß auch denjenigen Mietern, denen der Inhalt des Anschlags weder durch eigene Anschauung noch durch Mitteilung ihrer Dienstboten zugegangen ist, eine „besondere Mitteilung" der Bevollmächtigung durch die konkludenten Handlungen des G., der den Z. in die Portierstube setzte und die Einziehung der Miete für das zweite Quartal geduldet hat, gemacht worden ist, so daß letztere ersteren gleichzustellen sind.

---

[1]) Vgl. Hellwig, Lehrbuch des Deutschen Zivilprozeßrechts, 2. Band (1907) S. 356 Anm. 12.

Enthält der Anschlag die Kundgebung, daß gerade Z. zur Einziehung der Mieten bevollmächtigt sei?

Der Name des Z. wird in dem Anschlag nicht erwähnt. Es bedurfte also noch der weiteren Kundgebung, daß gerade Z. zum Hausverwalter bestellt worden sei, damit § 171 BGB. angewendet werden kann. Diese ist aber auch erfolgt, denn die Mitteilung des § 171 braucht keine ausdrückliche zu sein und kann auch durch konkludente Handlungen erfolgen. — Vgl. v. Seeler im Archiv für bürgerliches Recht, Bd. 28 S. 48/9. Letztere sind darin zu sehen, daß G. den Z. in der Portierstube die Mieten einkassieren läßt. Darin liegt die den Mietern des Hauses abgegebene Erklärung: „Z. ist mein Hausverwalter."

Daß schließlich durch diese eine Handlung gleichzeitig allen Mietern mitgeteilt wird, daß Z. Hausverwalter sei, nimmt dieser Kundgebung den Charakter einer „besonderen Mitteilung" i. S. des § 171 Abs. 1 BGB. zweifellos nicht.

II. Welche Folgen hat nun die nachträglich festgestellte Tatsache, daß die Zeugnisse des Z. gefälscht waren und daß er bereits mehrfach wegen Unterschlagung und Betruges schwer vorbestraft war? Kann insbesondere infolgedessen der Baumeister G. den Anstellungsvertrag und die Vollmachterteilung anfechten?

a) Zunächst ist die Anfechtbarkeit des Dienstvertrages nach § 123 BGB. zweifellos. Die Anfechtung erfolgt durch Erklärung gegenüber Z. Da letzterer flüchtig ist, müßte die Anfechtungserklärung durch Vermittlung des Gerichtsvollziehers nach den Vorschriften der Zivilprozeßordnung zugestellt werden (§ 132 Abs. 1 BGB.). Die Anfechtung bewirkt die Nichtigkeit des Dienstvertrages mit Wirkung ex tunc (§ 142 Abs. 1 BGB.).

Welchen Einfluß hat aber nun die Nichtigkeit des Dienstvertrages auf die auf Grund desselben erteilte Vollmacht?

Die Mehrzahl der Schriftsteller und auch das Reichsgericht halten die Vollmachterteilung für ein abstraktes Rechtsgeschäft, das also unabhängig von dem ihm zugrunde liegenden Kausalgeschäft (hier Dienstvertrag) ist. Das Reichsgericht begründet im 69. Bande S. 234/5 diese Ansicht folgendermaßen:

„Die Ungültigkeit des der Vollmacht zugrunde liegenden Vertrages, sei es wegen eines Willensfehlers, oder wegen eines Formmangels, hat jedenfalls gegenüber dem gutgläubigen Dritten, der auf Grund formell ordnungsmäßig erscheinender Vollmacht mit dem Bevollmächtigten kontrahiert hat, die Nichtigkeit der Vollmacht nicht zur Folge. Der selbständige Charakter der Vollmacht kommt schon durch die Fassung des § 167 BGB. zum Ausdruck, wonach die Erteilung der Vollmacht schlechthin und ohne jede Rücksicht auf ein ihr zugrunde liegendes Rechtsverhältnis durch Erklärung gegenüber dem zu Bevollmächtigenden oder dem Dritten erfolgt, dem gegenüber die Vertretung stattfinden soll. Auch spricht hierfür der Umstand, daß nach § 167 Abs. 2 die Vollmacht nicht der Form bedarf, welche für das Rechtsgeschäft bestimmt ist. Jedenfalls verbietet die Sicherheit des Rechtsverkehrs, daß dem gutgläubigen Dritten, der mit dem Bevollmächtigten auf Grund einer ordnungsmäßig erscheinenden Vollmacht kontrahiert, die manchmal schwierige, oft kaum mögliche Prüfung der Gültigkeit des der Vollmacht zugrunde liegenden Rechtsverhältnisses zugemutet wird; vielmehr muß es in solchem Falle zur Rechtswirksamkeit der Vollmacht genügen, daß der Bevollmächtigungsakt selbst von einer in der Geschäftsfähigkeit nicht beschränkten Person mängelfrei und in gesetzlicher Form erfolgt ist."

Dieser Ansicht muß beigetreten werden, da sie in der Tat der Sicherheit des Rechtsverkehrs allein entspricht. Demgegenüber muß die Ausnahmevorschrift des § 168 BGB., wonach sich das Erlöschen der Vollmacht nach dem ihrer Erteilung zugrunde liegenden Rechtsverhältnisse bestimmt, zurücktreten. Hiernach würde die Nichtigkeit des Dienstvertrages an sich keinen Einfluß auf die auf Grund desselben erteilte Vollmacht haben.

b) Nun ist aber jedenfalls auch die Vollmachterteilung selbst anfechtbar, denn auch sie ist ein Rechtsgeschäft. Auch sie kann daher nach § 123 BGB. durch Erklärung gegenüber dem Z. — hier nach Maßgabe des § 132 Abs. 1 BGB. — angefochten werden, so daß Z., da die Anfechtung rückwirkende Kraft hat, niemals als Bevollmächtigter anzusehen ist. Fraglich ist allerdings, ob in diesem Falle die für den Fall des Erlöschens der Vollmacht für Dritte bestehenden Schutzvorschriften der §§ 170/171 BGB. nicht entsprechende Anwendung finden müssen, da der Schutzgrund bei nichtiger Vollmacht der gleiche ist. Staudinger bejaht die Frage (BGB. I § 172 Ziff. 3).

Hier kommt aber noch folgender Umstand hinzu. Wie zu Ib ausgeführt wurde, ist die Vollmacht hier nicht nur durch Erklärung gegenüber dem Z. erteilt, sondern auch durch „besondere Mitteilung an einen Dritten" nach § 171 BGB. Die Anfechtung der Vollmachterteilung nach § 167 Abs. 1 BGB. berührt aber nicht die auf Grund des § 171 BGB. erteilte Vollmacht, so daß also Dritten gegenüber die Vollmacht fortwirkt. Es bedarf daher der Entscheidung der weiteren Frage, ob die Kundgebung nach § 171 BGB. gleichfalls anfechtbar ist. Wie bereits ausgeführt, ist die Kundgebung eine Rechtshandlung. Da für Rechtshandlungen auch die Vorschriften über Anfechtung gelten, ist die Frage mit der herrschenden Ansicht zu bejahen[1]).

Da jedoch im Rechtsverhältnis zwischen G. und den Mietern die arglistige Täuschung durch einen Dritten verübt ist, so ist die Kundgebung der Bevollmächtigung gegenüber den Mietern nur dann anfechtbar, wenn diese die Täuschung kannten oder kennen mußten (§ 123 Abs. 2 BGB.), was kaum der Fall sein wird. Soweit aber eine Anfechtung hiernach Platz greifen würde, würde bezüglich der ersten Zahlungsempfangnahme des Z. §§ 185, 362 BGB. gelten, weil die von dem Nichtberechtigten Z. eingezogenen Mietszinsen für das zweite Quartal tatsächlich dem G. abgeliefert wurden.

Wie steht es aber mit der Anfechtbarkeit der nach § 171 BGB. erfolgten Kundgebung wegen Irrtums (§ 119)?

Diese Frage dürfte mit Rücksicht darauf, daß ein Irrtum über Eigenschaften der Person hinsichtlich der Kundgebung der Bevollmächtigung nur ein Irrtum im Motiv darstellt, zu verneinen sein, während der Anstellungsvertrag natürlich auch nach § 119 BGB. anfechtbar wäre. Teilt man diese Ansicht nicht, so wäre an sich auch eine Anfechtung nach § 119 BGB. zulässig, ohne Rücksicht darauf, daß der Grund der Anfechtung im Verhalten eines Dritten liegt. Die Anfechtung hätte aber für G. die Verpflichtung zum Ersatze des negativen Vertragsinteresses zur Folge (§ 122 BGB.). Die an sich zur nochmaligen Mietszahlung verpflichteten Mieter — soweit nicht §§ 362, 185 BGB. vorliegt — könnten also der Klage eine Einrede aus § 122 BGB. entgegenhalten, da sie Befreiung von der infolge der Irrtumsanfechtung wiederaufgelebten Verpflichtung zur Mietzinszahlung verlangen können.

Fall 25 machte den Kandidaten meist erhebliche Schwierigkeiten. Von dreißig Kandidaten lieferten zwei Kandidaten eine gute Arbeit (sie bestanden die Prüfung mit „gut“ und „mit Auszeichnung“), nur sieben eine ausreichende Arbeit, der Rest versagte mehr oder weniger. Allgemein war der Fehler, daß — augenscheinlich im Hinblick auf die ungenaue Ausdrucksweise im Rechtsfall selbst — von einer Anfechtung der „Vollmacht“ gesprochen wurde. Das ist falsch. Die Vollmacht selbst ist kein Rechtsgeschäft und daher nicht anfechtbar. Sie ist vielmehr die Rechtswirkung eines Rechtsgeschäfts, nämlich der Vollmachtertei-

[1]) So auch Staudinger, Planck, Endemann, Crome, Enneccerus, Neumann. Rehbein (I S. 265) will die Anfechtung nur ex nunc gelten lassen, sie würde also wie ein Widerruf wirken. Wellspacher in „Das Verharren auf äußeren Tatbestand im BGB.“ S. 83/4 u. 75/6 verneint die Anfechtungsmöglichkeit.

lung. Und nur letztere ist anfechtbar mit der Folge, daß natürlich auch die Wirkung des Rechtsgeschäfts, die Vollmacht selbst, nichtig wird. Ein Teil kam nicht darauf, daß auch eine Vollmachterteilung nach § 167 BGB., ein anderer, daß auch eine solche aus § 171 BGB. vorliegt. Erörterungen über das Zugehen der Bevollmächtigung an die Mieter im zweiten Falle waren geboten und fehlten durchweg. Vielfach wurde auch eine Bevollmächtigung durch „öffentliche Bekanntmachung" angenommen, was irrig ist. Auch die Frage der Einwirkung der Nichtigkeit des Dienstvertrages auf die Vollmachterteilung wurde mitunter nicht berührt. Auch kamen manche nicht darauf, daß hier § 123 Abs. 2 Satz 1 BGB. vorliegt. Allgemein wurde auch die Anwendbarkeit der §§ 362, 185 BGB. für die Zahlung der Mietszinsen des zweiten Quartals übersehen. Dies bedurfte aber natürlich der ausdrücklichen Erwähnung. Die Anfechtbarkeit nach § 119 BGB. wurde — soweit überhaupt erwähnt — durchweg bejaht, obwohl sie doch zweifelhaft ist und der Erörterung bedurfte. Schließlich fehlte es vielfach an einer genauen Präzisierung des Ersatzes des negativen Vertragsinteresses.

III. Klausurfälle aus dem Sachenrecht.

26.

(Rechtsfall aus dem Jahre 1910.)

K. hat von V. ein Fabrikgrundstück gekauft und eine Woche später aufgelassen und eingetragen erhalten. Zur Zeit des Verkaufs befanden sich auf dem Grundstück zwei im Fabrikbetrieb verwendete, dem V. gehörige Pferde nebst Wagen und ein Personenauto, das zur Benutzung für den Fabrikleiter angeschafft war. Letzteres war auf Abzahlung gekauft und noch nicht voll bezahlt. Der Verkäufer hatte sich das Eigentum am Auto bis zur Vollzahlung vorbehalten. K. wußte davon nichts.

E. hat unter Kenntnis aller obigen Umstände die Pferde und das Auto von V. gekauft und übergeben erhalten und den Wagen auf einen Monat geliehen erhalten, und zwar die Pferde und den Wagen vor der Auflassung des Grundstücks an K., das Auto nachher.

E. hält sich zu der von K. geforderten Herausgabe aller Gegenstände nicht verpflichtet.

Wie ist die Sachlage zu beurteilen?

I. Pferde, Wagen und Personenauto sind als „Zubehör" des Fabrikgrundstücks anzusehen, da sie bewegliche Sachen sind, die, ohne Bestandteile der Hauptsache zu sein, dem wirtschaftlichen Zwecke der Hauptsache zu dienen bestimmt sind und zu ihr in einem dieser Bestimmung entsprechenden räumlichen Verhältnisse stehen und auch im Verkehr als Zubehör angesehen werden (§ 97 Abs. 1 BGB.). Auch bezüglich des Autos ist dies anzunehmen, da es „zur Benutzung für den Fabrikleiter" angeschafft war; unterstellt werden darf, daß diese Benutzung zu geschäftlichen Zwecken erfolgen sollte [1]). Daß das Auto noch nicht im Eigentum des Eigentümers des Fabrikgrundstücks stand, ist für die Zubehörseigenschaft unerheblich, was sich auch aus § 926 Abs. 2 BGB. ergibt. Nach § 314 BGB. erstreckt sich demnach der Kaufvertrag über das Fabrikgrundstück auch auf diese Zubehörstücke, soweit sie beim Abschluß des Vertrages noch Zubehör waren.

II. Was zunächst die Pferde betrifft, so standen sie ursprünglich im Eigentum des V. Von diesem wurden sie vor der Auflassung des Grundstücks an K. dem E. in Kenntnis des obligatorischen Rechts des K. auf dieselben verkauft und übergeben. Infolge der Veräußerung wurde E. Eigentümer der Pferde, da das Bestehen eines obligatorischen Rechts den Eigentumserwerb nicht hindert. Da ferner die Pferde vor der Auflassung des Grundstücks von diesem dauernd entfernt wurden, verloren sie damit ihre Zubehöreigenschaft.

E. ist daher zur Herausgabe der Pferde an K. nicht verpflichtet. Nur wenn man den auch vom Reichsgericht vertretenen Standpunkt annimmt, daß in solchem Falle § 826 Platz greift, würde E. nach §§ 826, 249 BGB. zur Herausgabe der Pferde verpflichtet sein, da der Normalzustand, der von dem Schadensersatzpflichtigen hier herzustellen ist, der ist, daß K. nach § 926 BGB. Eigentümer auch der Pferde geworden wäre [2]).

III. Auch der Wagen stand im Eigentum des V. Da er vor der Auflassung des Grundstücks an E. nur verliehen wurde, verlor er infolge nur vorübergehender Trennung vom Grundstück die Zubehöreigenschaft

[1]) Das OLG. Dresden in Rsp. d. OLG. 13 S. 314 Anm. 1 hat die Zubehöreigenschaft eines Wagens und Schlittens, die in einer Fabrik zu dem Zwecke gehalten wurden, um dem auswärts wohnenden Eigentümer und Fabrikleiter den Zugang zur Fabrik von der nächsten Bahnstation ab zu erleichtern, verneint, weil sie nicht zum Betrieb der Fabrik, sondern persönlichen Zwecken dienen. — Hier liegt die Sache insofern anders, als das Auto — wie unterstellt werden darf — zur Benutzung für den Fabrikleiter zu Geschäftszwecken angeschafft war.

[2]) Vgl. die eingehende Begründung des Reichsgerichts sowie die Bemerkung darüber in Fall 6 III.

nicht (§ 97 Abs. 2 BGB.). Mithin erwarb auch K. mit der Auflassung und Eintragung das Eigentum am Wagen, sofern D. und K. darüber einig waren, daß sich die Veräußerung auf das Zubehör erstrecken soll, was im Zweifel anzunehmen ist (§ 926 Abs. 1 BGB.). K. hat daher einen Eigentumsanspruch (§ 985 BGB.) gegen E. auf Herausgabe des Besitzes des Wagens.

Kann ihm aber nicht vielleicht E. entgegenhalten, daß er noch zum Besitze des Wagens berechtigt sei, da ihm der derzeitige Eigentümer des Wagens denselben auf einen Monat geliehen habe und dieser Monat noch nicht abgelaufen sei? Die Frage ist zu verneinen, denn § 986 Abs. 2 BGB. kommt nicht zur Anwendung, weil der Wagen nicht nach §§ 929, 931 BGB. durch Einigung und Abtretung des dinglichen Herausgabeanspruchs, sondern nach § 926 BGB. als Rechtsfolge des Eigentumserwerbs am Grundstück veräußert worden ist.

IV. Das Auto gehörte, wie bereits erwähnt, dem D. nicht, da sich der Verkäufer desselben das Eigentum daran bis zur Vollzahlung des Kaufpreises vorbehalten hatte. D. verkaufte und übergab das Auto nach der Auflassung (und Eintragung? Letzteres ist anscheinend gemeint!) an E. Da dieser aber schlechtgläubig war, konnte er das Eigentum am Auto nicht erwerben (§ 932 Abs. 2 BGB.).

Erwarb aber K. das Eigentum am Auto? Das hängt nach § 926 Abs. 2 BGB. davon ab, ob K. auf Grund der Veräußerung (also Auflassung und Eintragung) den Besitz am Auto erlangte und zur Zeit dieser Besitzerlangung im guten Glauben war. Je nachdem dies der Fall war, steht dem K. gegen E. ein Anspruch auf Herausgabe des Autos zu oder nicht.

Mit Rücksicht darauf, daß in dem Rechtsfall lediglich die Frage aufgeworfen worden ist, ob K. die Herausgabe der genannten Gegenstände an E. verlangen kann, bedarf es keines Eingehens auf die Frage, welche Rechte dem K. gegen D. wegen des Nichtempfangs der Pferde und ev. des Autos zustehen[1]).

Fall 26 fiel im allgemeinen besser aus. Bemerkenswert war die Unbekanntheit der großen Mehrzahl der Kandidaten mit § 314 BGB. Bezüglich des Autos wurde vielfach die Zubehöreigenschaft verneint, was unrichtig ist. Die Anwendbarkeit der §§ 826, 249 BGB. für den Fall

[1]) Sachlich sei auf § 440 BGB. verwiesen. Demgemäß mindert sich der Anspruch des D. auf den Kaufpreis nach Maßgabe der §§ 472, 473 (§ 323 Abs. 1 Halbsatz 2) BGB.

der Verletzung obligatorischer Ansprüche war gänzlich unbekannt. Recht fehlerhaft war auch das häufige Hineinfallen auf § 986 Abs. 2 BGB. Bezüglich des Autos wurde vielfach übersehen, daß die Entscheidung von dem gutgläubigen Besitzerwerb des K. am Auto abhängt. Fehlerhaft war ferner die häufig zutage tretende Ansicht, daß Eigentumserwerb und Besitzerwerb an Grundstücken stets zusammenfallen, obwohl doch aus § 926 Abs. 2 BGB. klar das Gegenteil hervorgeht.

Von siebzehn Kandidaten bearbeiteten zwei den Fall „gut", zehn „ausreichend" bis „noch ausreichend" und zwei „nicht ausreichend". Die beiden ersten bestanden in der Folge die Prüfung gleichfalls mit „gut", von den nicht ausreichenden Bearbeitern bestand einer die Prüfung nicht.

27.

(Rechtsfall aus dem März 1912.)

Der X. schuldet seinem Schneidermeister B. aus dem Kauf von Anzügen 400 M., die zu erlangen sich der Schneidermeister B. vergeblich bemüht.

Der X. erklärt dem B., er sei jetzt Inhaber der Firma E. Hoffmann und bittet den B., seinen Bedarf an Tuch bei ihm zu decken. Die Ansprüche könnten sie gegeneinander verrechnen. B. kommt darauf in den Laden der Firma E. Hoffmann, wo er nur den X. antrifft. B. sucht fünf Tuchballen à 80 M. aus und schafft sie sofort in seine Werkstatt. Es stellt sich alsbald heraus, daß X. nicht der Inhaber der Firma E. Hoffmann ist; der wirkliche Inhaber ist K.

Drei Tuchballen hat B., ehe er die Wahrheit erfuhr, zu Anzügen verarbeitet. Ein Ballen ist durch die Schuld eines Angestellten des B. verbrannt, ein Tuchballen ist noch vorhanden.

Welche Rechte hat K. gegen B.?

I. Die Kernfrage ist: Ist der Schneidermeister B. Eigentümer der fünf Tuchballen geworden, welche ihm der zur Verfügung über dieselben nicht berechtigte X. veräußert hatte?

Zunächst ist zu bemerken, daß § 56 HGB., inhalts dessen der in einem Laden oder offenen Warenlager Angestellte zu daselbst gewöhnlichen Verkäufen (und Empfangnahme) ermächtigt ist, ausscheidet, auch wenn X. — was nicht feststeht — Handlungsgehilfe bei der Firma E. Hoffmann sein sollte, denn § 56 HGB. statuiert nur eine gesetzliche Vollmacht gewisser Angestellter, ermächtigt also zum Handeln im Namen des Geschäftsinhabers, während hier X. im *eigenen* Namen handelt, wie aus seinen Vorspiegelungen gegenüber B. hervorgeht, da er sich als *Inhaber* der Firma E. Hoffmann ausgibt.

Auch § 366 HGB. scheidet aus, da X. die Veräußerung der ihm nicht gehörenden Tuchballen nicht als „*Kaufmann*" im Betriebe *seines* Handelsgewerbes vornimmt und die Ballen — mit Ausnahme eines später zu besprechenden Falles — dem Eigentümer abhanden gekommen sind. § 366 gilt aber nicht für Veräußerungen durch Handlungsgehilfen.

Es verbleibt hiernach bei der Anwendung der allgemeinen Vorschriften des bürgerlichen Rechtes über die Verfügungen Nichtberechtigter (§§ 932ff. BGB.). Im übrigen hängt die Entscheidung der an die Spitze des Abschnitts gestellten Frage von der Stellung des X. zu der Firma E. Hoffmann ab.

a) Wenn X. im Laden des K. (Inhabers der Firma E. Hoffmann) überhaupt nichts zu tun hatte und sich nur zufällig in demselben befand, so kann B. schon deshalb kein Eigentum an den Tuchballen erworben haben, weil eine „Übergabe" derselben nicht stattgefunden hat. Diese setzt auf seiten des Übergebenden *Besitz* am Traditionsobjekt voraus, den jedoch X. nicht hatte[1]). Nach dem Wortlaut des Klausurfalles sucht B. selbst die fünf Ballen aus und schafft sie *sofort* in seine Werkstatt. Hiernach scheint es, als ob X. die Ballen nicht einmal körperlich angefaßt hat. Selbst wenn er es aber tat, also z. B. die Ballen dem Regal entnahm, würde er doch selbst keinen Besitz an ihnen erworben haben, da eben ein „fester" Besitzstand" fehlte[2]).

Dazu kommt ferner, daß die Ballen dem Eigentümer wider dessen Willen abhanden gekommen waren.

---

[1]) Vgl. die zu b) zitierte Entscheidung des Reichsgerichts.

[2]) Vgl. Dernburg, Sachenrecht (1910 S. 62): „Die einseitige Besitzergreifung muß sich greifbar oder doch sichtbar vollziehen, damit ein fester Besitzstand hergestellt werde."

Infolge der **Übergabe** der Ballen ist hiernach das Eigentum auf B. nicht übergegangen.

b) X. kann aber auch — und das ist das Wahrscheinlichste — im Laden des K. als Handlungsgehilfe angestellt gewesen sein. Dann ist er hinsichtlich des Warenlagers als „Besitzdiener" anzusehen, denn er übt die tatsächliche Gewalt über die Waren für K. in dessen Erwerbsgeschäft dergestalt aus, daß er den sich auf die Sachen beziehenden Weisungen des K. Folge zu leisten verpflichtet ist (§ 855 BGB.). Auch bei dieser Unterstellung ist wie in dem zu a) behandelten Falle eine „Übergabe" an den Ballen nicht möglich, weil X. an ihnen keinen Besitz hatte. Außerdem sind die Ballen dem K. „abhanden gekommen" (§ 935 BGB.).

So auch das Reichsgericht in Band 71 S. 253:

„Abhanden gekommen ist eine Sache im Sinne des § 935 BGB., wenn der **unmittelbare Besitzer** ohne seinen Willen den Besitz verloren hat. Daraus folgt, daß bei einem Besitzdienerverhältnis für die Frage, ob unfreiwilliger Besitzverlust vorliegt, nur der Wille des Besitzherrn, nicht der des Besitzdieners in Betracht kommt. Der Besitzdiener ist allerdings **tatsächlich** in der Lage, die tatsächliche Gewalt und damit den Besitz einem anderen einzuräumen; er **überträgt** damit aber weder eigenen Besitz, da er solchen nicht hat, noch den unmittelbaren Besitz des Besitzherren, da er hierzu nicht berechtigt ist, sondern er entzieht dem Besitzherrn gegen dessen Willen den unmittelbaren Besitz, er bringt ihm die Sache abhanden."

Mithin ist auch dann, wenn X. Handlungsgehilfe bei K. war, eine wirksame Veräußerung der Tuchballen an B. infolge der **Übergabe** nicht erfolgt.

c) Schließlich ist es auch denkbar, daß X. als wirklicher Besitzer der Tuchballen in Frage kommen kann. Man denke an den Fall, daß X. selbständiger Filialleiter des K. war oder letzteren während einer größeren Geschäftsreise selbständig zu vertreten hatte.

In diesem Falle würde X. tatsächlich zu einer „Übergabe" i. S. der §§ 929, 932 BGB. imstande gewesen sein und das Eigentum an den Tuchballen auf den gutgläubigen B. übertragen haben. Auch dann, wenn X. dem B. die Ballen nicht in die Hand gegeben hätte, sondern nur deren Wegnahme durch B. gestattete würde letzterer nach §§ 932, 929, 854 Abs. 2 BGB. Eigentum erworben haben[1]).

[1]) So wird z. B. auch das Eigentum an Zeitungen durch Wegnahme einer Zeitung von dem Auslegetisch eines Zeitungskioskes gegen gleichzeitige Niederlegung des Kaufpreises nach § 929 und § 854 Abs. 2 BGB. erworben, da auch die im § 854 Abs. 2 BGB. bezeichnete Einigung ein Surrogat der Besitzübertragung ist. § 929 Satz 2 (brevi manu traditio) BGB. liegt **nicht** vor, weil der Erwerber bei der Einigung nicht im Besitz der Sache ist.

II. Aus den vorstehenden Ausführungen ergibt sich folgendes:

a) In dem zu I c entwickelten Fall hat B. Eigentum an den Tuchballen erworben und demgemäß K. — da B. gutgläubig war — keine Rechte gegen B.

b) In den beiden ersten Fällen (I a und b) ist die Rechtslage folgende:

1. Den noch vorhandenen Tuchballen kann K. mit dem Eigentumsanspruch nach § 985 BGB. herausverlangen.

2. Bezüglich des durch die Schuld eines Angestellten von B. verbrannten Ballens hat K. keinen Ersatzanspruch gegen B. Es handelt sich auch hier wieder um das Rechtsverhältnis zwischen Eigentümer und Besitzer, das in den §§ 985 ff. BGB. erschöpfend geregelt ist, so daß — soweit nicht § 992 vorliegt — eine Anwendung der Vorschriften über unerlaubte Handlungen ausgeschlossen ist, mithin auch § 831 BGB. nicht anwendbar ist. Da B. beim Besitzerwerb im guten Glauben war, scheidet § 990 BGB. aus und es kommt lediglich § 989 BGB. zur Anwendung. Derselbe besagt:

„Der Besitzer ist von dem Eintritt der Rechtshängigkeit (zu ergänzen ist: des Eigentumsanspruchs) an dem Eigentümer für den Schaden verantwortlich, der dadurch entsteht, daß infolge seines Verschuldens die Sache verschlechtert wird, untergeht oder aus einem anderen Grunde von ihm nicht herausgegeben werden kann."

§ 989 BGB. spricht nur von einem Verschulden des Besitzers selbst. Da es sich aber um ein gesetzliches Schuldverhältnis zwischen Eigentümer und Besitzer handelt, dürfte ein Verschulden eines Erfüllungsgehilfen i. S. des § 278 BGB. gleichfalls zur Anwendbarkeit des § 989 BGB. genügen.

§ 989 BGB. kommt hiernach nur dann zur Anwendung, wenn der Ballen verbrannt ist, nachdem B. Kenntnis von dem Mangel seines Besitzrechts hatte.

3. Was schließlich die drei anderen von B. zu Anzügen verarbeiteten Tuchballen betrifft, so hat B. an ihnen durch Verarbeitung Eigentum an denselben nach § 950 Abs. 1 BGB. erworben, sofern nicht der Wert der Verarbeitung erheblich geringer ist als der Wert des Stoffes, was nicht anzunehmen ist[1]).

---

[1]) Auch wenn nicht B. selbst, sondern ein Angestellter von ihm den Stoff zu Anzügen verarbeitet haben sollte, würde doch B. das Eigentum am Stoff erworben haben. Zwar handelt es sich bei der Spezifikation des § 950 BGB. um einen Realakt, sodaß die Vorschriften über Stellvertretung hier keine Anwendung finden können. Gleichwohl gilt aber nach der Verkehrsauffassung auch derjenige als Verarbeiter usw., welcher zur Ausführung fremde Hilfe — etwa eines Gesellen

Nach § 951 Abs. 1 BGB. kann daher K. von B. Ersatz für diese drei Tuchballen nach den Vorschriften über die Herausgabe einer ungerechtfertigten Bereicherung verlangen, ohne die Wiederherstellung des früheren Zustandes verlangen zu können. Nach § 818 Abs. 2 BGB. hat daher B. dem K. den Wert dieser drei Ballen zu ersetzen, sofern B. um diesen Wert tatsächlich bereichert ist.

Ist B. aber tatsächlich um den Wert der Tuchballen bereichert?

B. hatte von X. 400 M. zu fordern. Wenn er nun hierfür Waren in Empfang nahm, so lag entweder ein Kaufvertrag mit vorangegangener Aufrechnungsvereinbarung vor oder — was richtiger ist — die Annahme der Ballen an Erfüllungsstatt (§ 364 BGB.). In beiden Fällen hat X. nach §§ 365, 440 BGB. wegen des Rechtsmangels Gewähr zu leisten. Diese Gewährleistungspflicht ist dadurch nicht weggefallen, daß B. Eigentümer durch Verarbeitung wurde; im Gegenteil wurde der Schadensersatzanspruch des K. nach §§ 440 Abs. 2 und 3 BGB. hierdurch erst fällig. Da B. diesen Gewährleistungsanspruch gegen X. hat, ist er in der Tat um den Wert der drei Tuchballen bereichert.

Mithin kann K. von B. Werterſatz für die drei verarbeiteten Tuchballen verlangen.

Fall 27 wurde im allgemeinen ausreichend gelöst. Meist fehlte eine Bemerkung über § 56 und § 366 des HGB., die wohl am Platze war. Ferner wurde ausnahmslos unterstellt, daß X. Handlungsgehilfe des K. war. Das durfte nicht geschehen, da tatsächlich die drei erwähnten Möglichkeiten in Frage kommen konnten und sicher zu erörtern waren, da in der Aufgabe selbst nichts über das Rechtsverhältnis des X. zu K. erwähnt ist.

Natürlich wurde auch hier wieder bezüglich des verbrannten Tuchballens fast ausnahmslos mit § 831 BGB. operiert, was gänzlich verfehlt ist. Bei der Anwendbarkeit des § 951 BGB. fehlte jedes Eingehen darauf, ob tatsächlich eine Bereicherung des B. um die drei verarbeiteten Tuchballen vorlag. Dies war aber durchaus geboten, zumal die Frage streitig ist (vgl. Fall 28).

---

oder Dienstboten — in Anspruch nimmt, besonders bei deren Tätigkeit im Erwerbsgeschäft oder Haus des Herstellers. Die Neuherstellung gilt schließlich dann als Rechtsgeschäft mit der direkten Anwendbarkeit der Vorschriften über die Stellvertretung, wenn erstere in Erfüllung einer vertragsmäßigen Verbindlichkeit, z. B. eines Werkvertrages, erfolgt. Vgl. auch Staudinger BGB. III zu § 950.

28.

(Rechtsfall aus dem April 1912.)

A. in Potsdam besaß ein Villengrundstück.

Eine Mauer auf dem Grundstück war baufällig und A. schloß im Mai 1911 mit X. einen Vertrag ab, durch den sich X. verpflichtete, zum Preise von 1200 M. die Mauer zu reparieren. Die Arbeit wurde im Juni 1911 ausgeführt. Zur Reparatur der Mauer wurden teils Steine des X., teils Steine des K. verwendet, letzteres infolge des Umstandes, daß Fuhrleute des X. mehrere Fuhren Steine aus Versehen aus dem Baumaterialienlager des K., das sich neben dem Lager des X. befand, entnahmen.

Im August 1911 übereignete A. das Villengrundstück schenkungsweise seiner Schwester B., nachdem er es unmittelbar zuvor mit einem Nießbrauch zugunsten seiner alten Mutter C. unentgeltlich belastet hatte. Im September 1911 erfuhr K., was aus seinen Steinen (im Werte von 400 M.) geworden war.

Welche Rechte hat K. gegen A. oder gegen B. oder gegen C., sei es insgesamt, sei es im einzelnen?

I. Die Steine des K. sind zunächst wesentliche Bestandteile des Grundstücks des A. und damit dessen Eigentum geworden (§§ 94 Abs. 1, 946 BGB.).

Kann nun K. von A. Werterſatz nach Maßgabe des § 951 Abs. 1 BGB. verlangen?

Bei der Beantwortung dieser Frage bedarf es des Eingehens auf das Verhältnis des § 951 BGB. zu den §§ 812ff. BGB. Fraglich ist, ob § 951 lediglich über die Person des Schuldners und Gläubigers Bestimmungen trifft und nur bezüglich der Höhe der Entschädigung auf §§ 812ff. verweist, so daß im einzelnen die Frage der Bereicherung nicht zu prüfen ist (so Planck, BGB. Note 6 zu § 951), oder ob in jedem Falle zu prüfen ist, ob auch wirklich eine Bereicherung vorliegt. Hierüber läßt sich folgendes sagen:

Die Ansprüche aus § 951 und § 812 sind ihrer Natur nach gleichartig und bezwecken beide die Ausgleichung eines Vorteils. Es liegt daher zweifellos im Sinne des Gesetzes, die beiden Ansprüche durchaus gleichartig zu behandeln. So wird auch für § 951 anzunehmen sein, daß erste Voraussetzung des dort geregelten Anspruchs der Umstand sein muß, daß derjenige, zu dessen Gunsten die Rechtsänderung eingetreten ist, hierdurch auch wirklich bereichert sein muß, was in jedem Einzelfall besonders zu prüfen ist.

(Vgl. auch RG. 51 S. 80—83, wo die Frage der tatsächlichen Bereicherung im Falle der §§ 94, 946, 951 erörtert wird.)

Nun ist aber im vorliegenden Falle A. durch die Einfügung der Steine des K. auf seinem Grundstück gar nicht bereichert, denn er muß ja die ganze Mauerarbeit einschließlich der von X. verwendeten Mauersteine bezahlen.

(Ebenso Tobias, Eigentumserwerb durch Verbindung im Archiv für zivilistische Praxis Bd. 94 S. 454, Wolff in Fischers Abhandlungen Bd. 6 S. 65: „Der Berechnung der Bereicherung (beim Bau auf fremdem Grund und Boden) ist die objektive Wertsteigerung des Grundstücks zu Grunde zu legen.")

Einen Gewährleistunasanspruch wegen rechtlicher x) Mängel kann A. dem X. gegenüber nicht geltend machen. Es liegt hier ein Werkvertrag vor, bei dessen Regelung das Bürgerliche Gesetzbuch keine besonderen Vorschriften über Gewährleistungspflicht bei Rechtsmängeln und über Eigentumsverschaffung aufgestellt hat. Sollte aber § 445 an sich für anwendbar erklärt werden, so würde er hier nicht angewendet werden können, weil A. tatsächlich das Eigentum an den Steinen des K. erlangt hat.

Da mithin A. nicht um den Wert der Steine des K. bereichert ist, so kann K. von ihm auch nicht auf Grund des § 951 BGB. Ersatz verlangen.

Damit scheiden aber auch etwaige Ersatzansprüche gegen B. und C aus § 822 BGB. —, der an sich auch im Falle des § 951 BGB. anwendbar ist (vgl. Staudinger III § 951 Ziff. 1 f.) aus, denn erste Voraussetzung für die Anwendung des § 822 BGB. ist, daß eine condictio gegen den Veräußerer bestand, was sich aus den Worten ergibt: „soweit nicht infolgedessen die Verpflichtung des Empfängers (d. h. des Erstempfängers der ungerechtfertigten Bereicherung) zur Herausgabe ausgeschlossen ist".

II. a) Steht man dagegen auf dem Standpunkt, daß im Falle des § 951 BGB. eine Bereicherung kraft Gesetzes schon infolge der Rechtsverschiebung, des Eigentumsverlustes, als vorhanden anzusehen ist, ohne daß die Frage, ob wirklich eine Bereicherung dessen, zu dessen Gunsten eine Rechtsänderung eingetreten ist, vorliegt, zu erörtern ist, so ergibt sich folgendes:

A. haftet an sich dem K. auf Zahlung desjenigen Betrages, um welchen der Wert des Grundstücks infolge des Einmauerns der Steine des K. gestiegen ist. Da aber das Grundstück schenkungsweise an B. veräußert ist, ist A. nicht mehr bereichert. Wohl aber besteht eine Haftung der B. nach § 822 BGB., da infolge der Zuwendung des A. an B. die Verpflichtung des A. zur Herausgabe der Bereicherung ausgeschlossen ist[1]).

(Vgl. auch Staudinger, BGB. III § 950 Ziff. 1 f.)

Da die B. nur haftet, „soweit infolge der Zuwendung die Verpflichtung des A. zur Herausgabe der Bereicherung ausgeschlossen ist", haftet B. niemals kumulativ mit A. Nur dann haftet an Stelle der B. nach wie vor A., wenn er vor der Veräußerung des Grundstücks an B. den Mangel des rechtlichen Grundes, d. h. das ursprüngliche Eigentum des K. an gewissen Steinen erkannt hatte, da dann § 819 BGB. Platz greift, der eine Ausnahme von § 818 Abs. 3 BGB. darstellt.

b) Keinesfalls haftet aber C. infolge der unentgeltlichen Belastung des Grundstücks mit einem Nießbrauch, da sich nicht insoweit die Verpflichtung des Eigentümers vermindern und zum Teil auf den Nießbraucher abwälzen läßt. Es ließe sich auch zahlenmäßig kaum berechnen, in-

---

[1]) Ebenso Planck, BGB. Anm. 1 a zu § 951: „Der Anspruch (d. h. aus § 951) richtet sich gegen denjenigen, zu dessen Gunsten die Rechtsänderung eintritt, d. h. gegen den Eigentümer des Grundstücks oder der Hauptsache oder den Verarbeiter."

wieweit der Nießbraucher als solcher durch die Eigentumsveränderung des § 946 BGB. bereichert ist.

Zweifellos ist zudem, daß der Nießbraucher nicht in vollem Umfang an Stelle des Eigentümers haften kann, weil ihm ja nicht „das Erlangte" selbst — nämlich das Eigentum an den Mauersteinen des K. —, sondern nur ein qualitativer Teil desselben im Nießbrauch zugewendet worden ist. Da die Rechtsfolge des § 822 BGB. nur eintritt, wenn der Empfänger „das Erlangte" selbst einem Dritten unentgeltlich zugewendet hat, ist eine Haftung des nur dinglich Berechtigten nach § 822 BGB. bei unentgeltlicher Belastung ausgeschlossen.

III. Dem K. steht ferner auch A., B. oder C. gegenüber kein Wegnahmerecht auf Grund der Bestimmung des § 951 Abs. 2 Satz 2 BGB. in Verbindung mit § 997 BGB. zu. Denn Voraussetzung dieser Bestimmung ist, daß derjenige, welcher den Rechtsverlust erleidet, auch im Besitz der Hauptsache ist oder war, weil § 951 Abs. 2 Satz 2 BGB. den § 997 nur dahin erweitert, daß das Wegnahmerecht auch dann gegeben ist, wenn ein anderer als der Besitzer eine fremde Sache einfügte, während im übrigen die Vorschriften, daß nur dem (früheren oder jetzigen) Besitzer der Hauptsache das Wegnahmerecht zusteht, unberührt bleibt.

IV. Da neben § 951 Abs. 2 S. 1 BGB. die Vorschriften über die Verpflichtungen zum Schadensersatz wegen unerlaubter Handlungen unberührt bleiben, fragt es sich, ob K. nicht aus diesem Grunde einen Ersatzanspruch gegen A. hat. Allerdings haben die Arbeiter anscheinend fahrlässig das Eigentum des K. verletzt. Gleichwohl haftet A. nicht für das Verschulden der Arbeiter nach § 831 BGB., weil nicht er, sondern X. sie zu dieser Verrichtung bestellt hatte. Für ein Verschulden des X., das etwa in mangelhafter Beaufsichtigung oder Anweisung der Arbeiter liegen könnte, hat aber A. deshalb nicht einzustehen, weil X. ihm gegenüber eine selbständige Stellung einnimmt[1]).

---

[1]) Vgl. hierüber die Ausführung des RG. (Bd. 51 S. 200/1): „Besteller zu einer Verrichtung" ist nicht jeder, der in seinem Interesse einen anderen zu einem Tun auffordert. Der Wortlaut des 1. Satzes des § 831 könnte zwar zu dieser Auffassung führen. Denn unter dem Ausdruck „Verrichtung" kann jede tatsächliche oder Rechtshandlung verstanden werden, und es wird auch das Wort „bestellen" in Verkehr im weitesten Sinne für „beauftragen", „ersuchen", „Übertragung eines Werkes" gebraucht. Nach Satz 2 des § 831 soll indes die Ersatzpflicht nicht eintreten, wenn der Geschäftsherr bei der Auswahl der bestellten Person usw. und, sofern er die Verrichtung zu leiten hat, bei der Leitung die im Verkehr erforderliche Sorgfalt beobachtet hat usw. Es wird hiernach für die

Fall 28 bereitete den Kandidaten durchweg erhebliche Schwierigkeiten. Die Zweifelsfrage zu § 951 BGB. war niemals bekannt. Durchweg wurde § 951 BGB. ohne weiteres für anwendbar erklärt. Auf § 822 BGB. kamen nur wenige, wollten ihn aber teilweise auch für die Nießbrauchsbestellung anwenden, was gänzlich verfehlt ist. Ausführungen über das Wegnahmerecht fehlten gleichfalls, dafür wurden aber die Rechte des K. gegen X. häufiger behandelt, obwohl danach nicht gefragt ist. Der Fall galt allgemein als „schwer".

Haftung des Bestellers auf Grund des § 831 vorausgesetzt, daß er dem Bestellten gegenüber die Stellung des Geschäftsherrn einnimmt. Diese Stellung hat der Besteller aber nur dann, wenn er die erforderlichen Anordnungen für die Ausführung der Verrichtung zu erteilen hat, wenn diesen von dem Bestellten Folge zu leisten ist, letzterer also bei der Ausführung der ihm aufgetragenen Handlung von dem Willen des Bestellers abhängig ist. Ist dagegen von dem Bestellten eine Tätigkeit verlangt, bei deren Ausführung er nach eigenem Ermessen handeln und dasjenige vornehmen soll, was er auf Grund eigner Sachkunde und Erfahrung für zweckmäßig erachtet, so hat derjenige, der ihn zu seiner Tätigkeit veranlaßt hat, in Beziehung auf das auszuführende Geschäft nicht die Stellung des Geschäftsherrn."

29.

(Rechtsfall aus dem November 1912.)

Der Rentner Alexis hat zu Pfingsten 1911 im Grunewald eine Brieftasche mit 10000 M. Inhalt verloren.

Der $6^1/_2$jährige Knabe Konrad, der mit Verwandten einen Spaziergang im Grunewald macht, sieht die Tasche liegen, hebt sie auf und zeigt sie seinem Vetter, dem 22jährigen Bruno mit den Worten: „Die bringe ich meinem Vater nach Hause." Bruno aber entreißt ihm die Tasche und läuft damit fort.

Am nächsten Tage sieht Bruno an der Anschlagsäule eine Bekanntmachung, in der Alexis seinen Verlust anzeigt und dem ehrlichen Finder 500 M. aussetzt.

Sogleich geht er zu Alexis, händigt ihm die Tasche nebst Inhalt aus und empfängt von ihm 500 M.

Konrad hat inzwischen den Sachverhalt seinem Vater erzählt. Der fragt an, ob er namens seines Sohnes

1. von Alexis noch einmal 500 M. verlangen könne oder wenigstens den gesetzlichen Finderlohn oder gar 500 M. und den gesetzlichen Finderlohn,

2. oder ob er von Bruno die Herausgabe der diesem gezahlten 500 M. verlangen könne?

I. Wer ist als *Finder* der Brieftasche anzusehen?[1])

Konrad, denn er hat die verlorene Tasche gefunden und an sich genommen. Das „Finden" ist juristisch ein Realakt oder, wie Wolff (Sachenrecht S. 228 III) sagt, eine *Geschäftsbesorgung*, die sich nicht als rechtsgeschäftliche Tätigkeit darstellt. Daher sind auch Geschäftsunfähige hierzu imstande, sofern sie einen Besitzwillen haben können, was zwar Tatfrage, hier aber zu bejahen ist, da Konrad bereits 6½ Jahre alt und seinen Besitzwillen durch die Worte „Die bringe ich meinem Vater" zum Ausdruck bringt.

Wenn Bruno dem Konrad die Tasche entreißt, so begeht er dem letzteren gegenüber „verbotene Eigenmacht", da er dem Besitzer den Besitz widerrechtlich entzieht (§ 858 Abs. 1 BGB.).

II. Bedeutung der Auslobung und Verhältnis zu dem gesetzlichen Anspruch auf den Finderlohn.

a) Die Auslobung ist als Willenserklärung nach der Verkehrssitte so zu verstehen, daß Alexis für den Empfang der Brieftasche nebst Inhalt 500 M. mit Einschluß des gesetzlichen Finderlohnes (nicht also *neben* dem Finderlohn!) zahlen will und auch dann von seiner Verpflichtung befreit sein will, wenn ihm die verlorene Tasche von einem anderen als dem Finder gebracht werden sollte (§ 133 BGB.). Ein *Rechtsanspruch* aus der Auslobung steht natürlich nur dem wirklichen Finder zu, wenn die Tasche an den Verlierer zurückgelangt. Hiernach wird Alexis durch Zahlung des Finderlohns an Bruno bei Überbringung der Brieftasche frei.

b) Wird aber Alexis auch von der Verpflichtung zur Zahlung des gesetzlichen Finderlohnes frei? Dieser Anspruch konkurriert zweifellos mit dem Auslobungsanspruch und wird allerdings von dem höheren Auslobungsanspruch durch dessen Geltendmachung konsumiert, ist aber dann von praktischer Bedeutung, wenn der gesetzliche Fundlohn-Anspruch höher ist als die ausgelobte Summe. An sich besteht hier der Anspruch des Konrad auf Zahlung des gesetzlichen Fundlohnes fort. Gleichwohl ist aber Alexis infolge der Zahlung der höheren Auslobungssumme — der gesetzliche Fundlohnanspruch beträgt nur 102 M. (bis 300 M. 5%, darüber hinaus 1%) — an Bruno von der Zahlung des gesetzlichen Fundlohnes frei, was sich als argum. a maiore ad minus aus § 851 ergibt, welcher besagt:

[1]) *Finder* ist nach § 965 Abs. 1 BGB. nur derjenige, der eine verlorene Sache *findet und an sich nimmt*. Im Gegensatz hierzu genügt beim *Schatzfund* (§ 984 BGB.) das bloße Entdecken, während für die Schatzfindereigenschaft der Rechtserfolg der Entdeckung nicht davon abhängig ist, daß der Bloßleger des Schatzes derjenige ist, der ihn in Besitz genommen hat (RG. 70 S. 309).

„Leistet der wegen der Entziehung oder Beschädigung einer beweglichen Sache zum Schadensersatz Verpflichtete den Ersatz an denjenigen, in dessen Besitze sich die Sache zur Zeit der Entziehung oder der Beschädigung befunden hat, so wird er durch die Leistung auch dann befreit, wenn ein Dritter Eigentümer der Sache war, oder ein sonstiges Recht an der Sache hatte, es sei denn, daß ihm das Recht des Dritten bekannt oder infolge grober Fahrlässigkeit unbekannt ist."

Hierzu führt Wolff in seinem Sachenrecht (§ 82 VI 4 und Anm. 30) zutreffend aus:

„Zahlt der Verlierer den Fundlohn an einen Überbringer der Fundsache, der nicht der Finder ist (der sie z. B. beim Finder gestohlen oder von ihm zur Verwahrung erhalten hat), so wird er damit auch dem wahren Finder gegenüber befreit. — Das ergibt ein argumentum a maiore ad minus von § 851 aus: hält das Gesetz sogar einen Delinquenten für schutzwürdig, weil er dem Besitze vertraut, so muß auch ein Verlierer in gleichem Vertrauen geschützt werden."

Voraussetzung ist natürlich, daß der Verlierer bei der Bezahlung des Fundlohnes oder der ihn mit enthaltenden höheren Auslobungssumme gutgläubig den Überbringer der Fundsache für den Finder hielt. Nur dann spricht die Vermutung dafür, daß der Besitzer die verlorene Sache auch selbst gefunden hat.

c) Die Frage, ob Konrad 500 M. und den gesetzlichen Fundlohn verlangen könne, ist durch die Verneinung der beiden Einzelfragen bereits in verneinendem Sinne mitentschieden.

III. Kann Konrad von Bruno Herausgabe der diesem gezahlten 500 M. verlangen?

Die Frage ist nach §§ 816 Abs. 2, 818 Abs. 2, 819 BGB. auch für den Fall zu bejahen, daß Bruno um diese Summe durch sofortige Ausgabe infolge dieser Zuwendung nicht mehr als bereichert anzusehen ist, da er beim Empfang des Geldes den Mangel des Rechtsgrundes kannte. Denn die Leistung der 500 M. wurde an einen materiell Nichtberechtigten bewirkt, und diese Leistung ist dem Berechtigten gegenüber nach den vorstehenden Ausführungen wirksam; folglich ist Bruno dem Konrad gegenüber zur Herausgabe der erhaltenen 500 M. obligatorisch verpflichtet.

Die Verpflichtung des Bruno zur Auszahlung der 500 M. läßt sich auch auf §§ 687 Abs. 2, 681, 667 BGB. stützen, da die Einziehung der ausgelobten Geldsumme eine fremde Geschäftsbesorgung darstellt, obwohl Bruno weiß, daß er zur Besorgung dieses Geschäftes als eines eigenen nicht berechtigt ist.

Schließlich kann als Klagegrund auch § 823 Abs. 2 BGB. herangezogen werden, da seitens des Bruno Schutzgesetze verletzt sind, nämlich § 858 Abs. 1 BGB. und § 249 bzw. 240 sowie § 263 des Strafgesetzbuches.

Alle diese Ansprüche konkurrieren dergestalt, daß die erfolgreiche Geltendmachung des einen die anderen ausschließt.

Fall 29 wurde im allgemeinen ausreichend gelöst. Vielfach fehlte es aber an einer getrennten Behandlung der Bedeutung der Auslobung und des gesetzlichen Anspruchs auf den Fundlohn sowie ihr Rechtsverhältnis zueinander. Auch war das Heranziehen des § 851 BGB. vielfach zu vermissen. Übersehen wurde auch, daß die Rechte gegen Bruno in dreifacher Weise konkurrieren. Diese Konkurrenz durfte nicht unerwähnt bleiben, sie gehört zu einer erschöpfenden Behandlung des an sich recht einfachen Klausurfalles.

30.

G. hat gegen S. eine Darlehnsforderung in Höhe von 10000 M., wofür ihm S. eine Briefhypothek an seinem Grundstück bestellt hat.

G. tritt einen Teilbetrag der Forderung in Höhe von 3000 M. durch schriftlichen Vertrag an Z. ab mit der Abrede, daß nur die Forderung, nicht die Hypothek übergehen solle.

Als die Forderung fällig ist, verlangt Z. von S. Zahlung von 3000 M. unter Vorlegung der Abtretungsurkunde, die er auch erlangt.

Darauf verlangt G. von S. Zahlung von 10000 M. S. bezahlt an G. 7000 M., die restierenden 3000 M. zu zahlen weigert er sich, da er diese Schuld schon an Z. beglichen habe.

G. klagt nunmehr auf Grund der Hypothek die 3000 M. ein.

Ist der Klage stattzugeben?

I. Die rechtswirksame Abtretung eines Teiles einer Briefhypothek erfordert nach § 1154 BGB. die Abtretung der Teilforderung in der Weise, daß die Abtretungserklärung mindestens in schriftlicher Form erfolgen muß, während die Annahmeerklärung auch formlos gültig ist, sowie die Übergabe des Hypothekenbriefes (§ 1154 BGB.). An Stelle der Übergabe des ganzen Briefes genügt jedoch die Einräumung des Mitbesitzes an demselben (vgl. RG. 69 S. 39) oder die Herstellung und Übergabe eines Teilhypothekenbriefes nach § 1152 BGB., § 61 GBO. Die Abtretung der Forderung hat nun nach § 1153 BGB. stets zur Folge, daß die Hypothek auch dann auf den neuen Gläubiger mit übergeht, wenn sich der Parteiwille nicht darauf erstreckt. Letzteres ist bereits in § 401 Abs. 1 BGB. ausgesprochen, dort aber als jus dispositivum, im § 1153 BGB. aber als jus cogens. Dies muß auch für die teilweise Abtretung der Forderung gelten.

Welchen Einfluß hat nun die ausdrückliche Vereinbarung, daß bei der Abtretung der Forderung bzw. teilweisen Abtretung derselben der Übergang der ganzen bzw. Teilhypothek auf den neuen Gläubiger ausgeschlossen wird? Nach §§ 134, 1153 Abs. 2 BGB. ist die Abtretung bzw. teilweise Abtretung der Forderung nichtig, denn letztere Vorschrift besagt ausdrücklich, daß die Forderung nicht ohne die Hypothek übertragen werden kann, was auch für die Abtretung eines Teiles der Forderung zu gelten hat. (So auch Wolff, Sachenrecht, § 136 II.)

Es kommt noch dazu, daß im vorliegenden Fall von einer Übergabe des Hypothekenbriefes, der Einräumung des Mitbesitzes daran oder der Bildung und Übergabe eines Teilhypothekenbriefes an Z. nicht die Rede ist, weshalb die Abtretung der Forderung vermutlich schon wegen des Formmangels nach § 125 BGB. nichtig ist. Sollte aber die Form gewahrt sein, so würde die dem Verbot des § 1153 Abs. 2 BGB. zuwiderlaufende Vereinbarung die Abtretung nichtig machen.

II. Nun hat aber Z. durch Einziehung der Teilforderung von 3000 M. als Nichtberechtigter über die Forderung verfügt. Diese Verfügung erfolgte mit Zustimmung des berechtigt gebliebenen G., folglich war sie nach §§ 362 Abs. 2, 185 BGB. wirksam und die Schuld erlosch in dieser Höhe. Nach § 1163 Abs. 1 Satz 2 BGB. erwarb daher der Schuldner S. die Hypothek in Höhe von 3000 M. S. hat daher gegenüber der Klage des G. „aus der Hypothek" — also der dinglichen Hypothekenklage des § 1147 BGB.[1]) — eine Einrede gegen die Hypothek selbst, die ihm, dem

[1]) Bei der Klage „aus der Hypothek" wird kein Anspruch i. S. des § 194 BGB. geltend gemacht, da der beklagte Eigentümer nicht zu einer Leistung (Geldzahlung) an den Berechtigten verpflichtet ist. Der Hypothekengläubiger hat

Beklagten selbst, zusteht. Die Einrede deckt sich daher mit dem Bestreiten der Aktivlegitimation des Klägers.

Der Beklagte kann sich aber auch folgendermaßen verteidigen: Infolge der Zahlung der 3000 M. an Z. muß G. die unwirksame Abtretung der Forderung nach § 409 BGB. gegen sich gelten lassen, weil der Gläubiger G. eine Urkunde über die Abtretung dem in der Urkunde bezeichneten neuen Gläubiger Z. ausgestellt hat und dieser sie dem Schuldner vorlegt. Da G. die Abtretung gegen sich gelten lassen muß, muß auch in dieser Höhe die Schuld als erloschen angesehen werden mit der weiteren Folge, daß die Hypothek insoweit nach § 1163 BGB. auf den Grundstückseigentümer und Schuldner überging. Auch bei dieser Begründung kann S. dem G. eine Einrede gegen die Hypothek selbst entgegenhalten.

---

nur das Recht, im Wege der Zwangsvollstreckung des Grundstücks die Befriedigung aus dem Versteigerungserlöse zu erwirken. Korrekter Weise müßte daher Antrag und Urteil nicht „auf Zahlung von . . . M. bei Vermeidung der Zwangsvollstreckung in das Grundstück" oder auf „Verurteilung, die Zwangsvollstreckung in das Grundstück . . . wegen . . . M. zu dulden", sondern auf „Feststellung, daß Kläger befugt sei, sich wegen der Summe von . . . M. und der Kosten des Rechtsstreits aus dem Grundstück zu befriedigen". So mit Recht Wolff, Sachenrecht, § 139 I. Auch bei sofortigem Anerkemtnis durch den Beklagten muß letzterer die Kosten tragen, da Kläger aus dem Grunde Veranlassung zur Klage hatte, weil er eines Vollstreckungstitels bedarf (RVLG. 13 S. 102). — Zur Begründung der dinglichen Hypothekenklage gehört übrigens auch die Angabe der Forderung, für welche die Hypothek bestellt ist, da die Hypothek allein keine selbständige Forderung auf Zahlung einer Summe aus dem Grundstück begründet, vielmehr nur das Recht gibt, wegen einer Forderung Befriedigung aus dem Grundstück zu suchen (RVLG. 26 S. 153). Anderseits gehört — abgesehen vom Urkundenprozeß — die Vorlegung des Hypothekenbriefes nicht zur Begründung der Hypothekenklage (§ 1160). Letztere hat nur zu erfolgen, wenn Schuldner sie verlangt. So RG. 55 S. 228. „Der Gläubiger genügt seiner Vorlegungspflicht, wenn er den Brief dem Gegner zu einer Zeit vorlegt, wo dieser die Prüfung vornehmen und etwaige Einreden, die sich aus dem Briefe ergeben, noch im Rechtsstreit geltend machen kann. Danach ist aber nur eine Bereiterklärung zur Vorlegung, die erst nach dem Schlusse der mündlichen Verhandlung erfolgt, auf die das Urteil ergeht, nicht mehr rechtzeitig und daher nicht geeignet, die Abweisung der Klage zu verhindern. Erklärt Kläger in einer mündlichen Verhandlung, daß er bereit sei, den Brief vorzulegen, daß er ihn aber zurzeit nicht bei sich habe, so gibt der § 1160 dem Richter nicht die Befugnis, sofort auf Abweisung der Klage zu erkennen, noch auch hat der Beklagte ein berechtigtes Interesse an einer solchen Abweisung, die nur zur Folge haben würde, daß die Klage sofort aufs neue angestellt würde; vielmehr hat der Richter der Bitte des Klägers, ihm eine Frist zur Vorlegung zu bestimmen, stattzugeben, und erst dann darf er auf Abweisung erkennen, wenn die Annahme begründet erscheint, daß der Kläger den Brief nicht vorlegen könne oder wolle."

Fall 30 wurde gewöhnlich von der Hälfte der Kandidaten ausreichend gelöst. Nur ganz vereinzelt kamen wenige auf die Anwendbarkeit des § 185 BGB., meist wurde nur mit § 409 BGB. operiert. Vielfach wurden §§ 1137, 1138 BGB. herangezogen, obwohl beide hier nicht passen. § 1137 BGB. setzt die Verschiedenheit von Eigentümer und persönlichem Schuldner voraus, und § 1138 BGB. schützt nur die auf Grund einer unberechtigten Verfügung Erwerbenden, nicht aber den Verfügenden selbst, dem übrigens der ganze Sachverhalt stets bekannt sein wird.

31.

S. hat bei seinem Freunde F. ein Darlehn in Höhe von 150 M. aufgenommen und ihm dafür eine goldene Uhr im Werte von 500 M. verpfändet. Bei einem Besuche bei F. hat er diesem die Uhr heimlich weggenommen. Wenige Tage darauf hat er die Uhr dem G., dem er 600 M. schuldete, zum Pfande gegeben. Als die Forderung des G. fällig wurde, hat G. die Uhr frist- und formgerecht zur Versteigerung gebracht. Der Erlös in Höhe von 400 M. wurde dem G. ausgezahlt, der ihn mit seinen Kassenbeständen vermischte. X. hat die Uhr versteigert und übergeben bekommen.

1. F. glaubt, gegen G. oder X. Ansprüche zu haben.

2. Wie wäre es, wenn F. dem S. die Uhr auf eine Woche geliehen hätte und dieser sie dem G. unter Erzählung des ganzen Herganges verpfändet hätte?

I. a) F. hat durch Einigung und Übergabe nach § 1205 BGB. ein Pfandrecht an der Uhr des S. erworben. Wenn jetzt S. dem F. das Pfand heimlich wieder wegnimmt, erlischt das Pfandrecht an ihm nicht, da keine Rückgabe des verbotener vorliegt (§ 1253 Abs. 1 S. 1 BGB.). F. könnte also das Pfandstück von S. nach §§ 1227, 985 BGB. mit der dinglichen Pfandklage oder nach §§ 858, 861 BGB. wegen verbotener Eigenmacht zurückverlangen.

b) Nunmehr bestellt S. dem G. für dessen Forderung gegen ihn in Höhe von 600 M. an der Uhr ein Pfandrecht. Damit erwirbt auch G. ein Pfandrecht an derselben.

Gleichwohl geht aber das Pfandrecht des F. durch den Pfanderwerb des G. nicht unter, es bleibt vielmehr nach §§ 1208, 935 BGB. mit dem früheren Range bestehen, selbst wenn G. hinsichtlich des Pfandrechts des F. gutgläubig ist, weil das Pfandstück dem F. abhanden gekommen war, in welchem Falle nach § 1208 Satz 2 BGB. das grundsätzlich der Belastung mit dem Rechte eines Dritten vorgehende Pfandrecht — hier das des G. — zurücktreten muß. Das Pfandrecht des Vorbesitzers F. geht daher dem des G. vor, ohne daß allerdings F. dem Verkaufe durch den im Range nachstehenden, aber im Besitz befindlichen Pfandgläubiger widersprechen könnte, sofern er nicht selbst den Verkauf des Pfandes betreibt oder betreiben kann (§ 1232 BGB.). Letzteres kann F. aber dann nicht, wenn seine Forderung z. B. noch nicht fällig ist. Kann F. aber den Verkauf selbst betreiben, so kann er auf Grund seines vorgehenden Pfandrechts auch von G. die Herausgabe des Pfandes nach §§ 1227, 985 BGB. verlangen. Letzteres hat aber im vorliegenden Falle geh nicht getan.

c) Als die Forderung des G. fällig wurde, hat er die Uhr frist- und formgerecht zur Versteigerung gebracht[1]). Infolgedessen ist X. Eigentümer der Uhr nach § 1242 Abs. 1 BGB. geworden. Das Eigentum des S. sowie beide Pfandrechte erlöschen auch dann, wenn sie dem Erwerber bekannt waren (§ 1242 Abs. 2 BGB.). Nun hat aber F. an Stelle des Pfandrechts infolge des Surrogationsprinzips nach § 1247 BGB. ein Pfandrecht am Erlöse erworben. Diese Vorschrift besagt:

---

[1]) Die Voraussetzungen des rechtmäßigen Pfandverkaufs sind: 1. Fälligkeit der Geldforderung (§ 1228). 2. Verkauf nur so vieler Pfandstücke, als zu seiner Befriedigung erforderlich sind (§ 1230). 3. Wahrung der Vorschriften der §§ 1234 bis 1240 (Androhung der Versteigerung, Verkauf durch öffentliche Versteigerung, die im § 383 Abs. 3 definiert wird, öffentliche Bekanntmachung von Zeit und Ort der Versteigerung, Versteigerung nur gegen Barzahlung [§ 1238] usw.). Die Wirkung rechtmäßiger Versteigerung regelt § 1242 — der auch für die Zwangsvollstreckung gilt (RG. 61 S. 328—333), die der unrechtmäßigen §§ 1243, 1244.

„**Soweit** der Erlös aus dem Pfande dem Pfandgläubiger zu seiner Befriedigung gebührt, gilt die Forderung als von dem Eigentümer berichtigt. Im übrigen tritt der Erlös an die Stelle des Pfandes."

Von dem Erlöse in Höhe von 400 M. gebühren nun dem F. als vorgehenden Pfandgläubiger 150 M., und der Rest von 250 M. dem G. Mithin durfte G. sich nur 250 M. vom Erlöse aneignen, während er an dem Rest — 150 M. — Eigentum für den bisherigen Eigentümer S. erwarb, an welchem Betrage F. nach § 1247 Satz 2 BGB. ein **Pfandrecht** erwarb.

(Wurde der Erlös in **einer** Summe gezahlt, so entstand Miteigentum an derselben zwischen G. und S., und F. erwarb an dem Eigentumsanteil des S. ein Pfandrecht.)

Nun hat aber G. auch die Summe von 150 M. — die dem S. als Eigentümer, dem F. als Pfandgläubiger zustand — mit seinen eigenen Geldbeständen vermischt. Infolge dieser Vermischung entstand nach §§ 948, 947 Abs. 1 BGB. Miteigentum an diesen 150 M. zwischen S. und G.[1]). Nach § 949 Satz 2 BGB. erstreckt sich infolgedessen das Pfandrecht des F. auf den Miteigentumsanteil des S., der daher auch keinen Rechtsverlust erleidet, so daß § 951 BGB. ausscheiden muß.

Da F. ein Pfandrecht an dem Miteigentumsanteil des S. hat, kann er nach § 1258 Abs. 2 BGB. nach dem Eintritt der Verkaufsberechtigung die Aufhebung der Gemeinschaft ohne Zustimmung des Miteigentümers S. verlangen. Diese Teilung erfolgt, da bei Geldsummen eine „Teilung in Natur" möglich ist, nach § 752 BGB., d. h. durch Zahlung des Betrages von 150 M. an F. seitens des G., ohne daß S. seine Zustimmung hierzu erteilen brauchte.

II. Wenn F. dem S. die Uhr nach erfolgter Pfandbestellung auf eine Woche geliehen hatte, so ging nach § 1253 Abs. 1 BGB. — welcher zwingenden Rechtes ist — das Pfandrecht des F. unter. Die Vereinbarung der Rückgabe der Pfandsache hat daher nur **obligatorische** Wirkung und das Pfand müßte erst erneut bestellt werden mit Wirkung ex nunc. Wenn nun S. dem G. ein Pfandrecht an der Uhr bestellte, erwarb dieser — obwohl er von dem ganzen Hergang Kenntnis hatte — ein Pfand-

[1]) § 948 Abs. 1 i. V. mit § 947 Abs. 1 BGB. gilt auch für die Vermischung von Geld. Nicht aber gilt § 947 Abs. 2, da die einzelnen Geldstücke nicht im Verhältnis von Haupt- und Nebensache zu einander stehen. So mit Recht RG. i. Strafs. in DJZ. 1905 S. 459. Bei Vermischung von Geldstücken tritt also stets Miteigentum, niemals Alleineigentum ein. Anderer Ansicht ist Wolff (Sachenrecht, § 72 III 3), der § 947 Abs. 2 für anwendbar erklärt und demgemäß bei der Geldvermengung unterscheiden will, ob eine Geldmasse als Hauptsache anzusehen ist. Dem ist nicht beizutreten.

recht an der Uhr. Dieses Pfandrecht geht aber dem obligatorischen Anspruch des F. gegen S. auf Wiedereinräumung des Pfandrechts vor.

Gegen G. hätte F. nur dann einen Schadensersatzanspruch, wenn man der vom Reichsgericht vertretenen Ansicht folgt, daß der Erwerb eines Gegenstandes in Kenntnis des Bestehens des obligatorischen Anspruchs eines Dritten auf diesen Gegenstand gegen § 826 BGB. verstößt[1]).

Wohl aber wäre dem G. ein Schadensersatzanspruch aus § 280 Abs. 1 BGB. gegen S. gegeben, weil die Erfüllung des Anspruchs auf Rückgabe aus dem Leihverhältnis (§ 604 Abs. 1 BGB.) infolge eines vom Schuldner S. zu vertretenden Umstandes unmöglich geworden ist, weshalb der Schuldner dem F. den durch die Nichterfüllung entstehenden Schaden zu ersetzen hat. Da der Schaden hier darin besteht, daß dem F. ein Pfandobjekt entzogen ist, dürfte die Verpflichtung zum Schadensersatz nach § 249 BGB. in der Bestellung eines neuen Pfandobjektes im Werte von höchstens 500 M. bestehen.

Fall 31, der zweifellos zu den schwierigsten Klausurarbeiten gehört, wurde seinerzeit bei Teilnahme von zwanzig Kandidaten von fünf „gut", fünf „vollkommen ausreichend" oder „ausreichend", der anderen Hälfte nicht ausreichend gelöst. Vielfach zeigten die Kandidaten gänzliche Unbekanntheit mit den Vorschriften des Pfandrechts, zu dessen eingehenderem Studium mancher augenscheinlich nicht mehr gelangt. So war der Inhalt des § 1208 BGB. unbekannt, soweit § 935 BGB. in Frage kam. Dann wurde vielfach infolge der Versteigerung ein Miteigentum am Erlös zwischen G. und F. angenommen. Auch der Inhalt des § 1247 BGB. war vielen gänzlich verschlossen. Daß infolge der Vermischung § 949 Satz 2 BGB. Anwendung findet, war vielfach ebenso unbekannt wie die Existenz des § 1258 BGB. Die zweite Frage wurde im allgemeinen richtig gelöst, doch fehlte es an einer Erörterung der Rechte des geschädigten . — Bemerkenswert ist, daß sämtliche Kandidaten, welche den Rechtsfall „gut" oder „ausreichend" gelöst hatten, auch sämtlich die Prüfung bestanden haben, während von der anderen Hälfte nur einer die Prüfung nicht bestand. Allgemein wurde der Fall als „sehr schwer" bezeichnet.

---

[1]) Vgl. Fall 6 III.

IV. Klausurfälle aus dem Familienrecht.

32.

(Rechtsfall aus dem Jahre 1912.)

Die 22jährige Margarete Bolmer ist seit 1908 mit Bruno Walker verlobt. Nachdem sie ihm die Beiwohnung gestattet hat, tritt Walker aus nichtigen Gründen vom Verlöbnis zurück. Sie verlangt nunmehr von ihm eine Ehrenentschädigung von 2000 M. und Ersatz der Auslagen, die sie in Erwartung der Ehe gemacht hat, in Höhe von 200 M. Auch der Vater, der ein Verlobungsfest veranstaltet hat, verlangt Ersatz der Unkosten in Höhe von 150 M.

Bruno Walker erkennt die Ansprüche schriftlich als berechtigt an, nur bezüglich der Ehrenentschädigung beschränkt er sein Anerkenntnis auf den Betrag von 500 M.

Ein Gläubiger der Marg. B., der Kaufmann Seeger, läßt wegen einer Forderung von 300 M. den Anspruch seiner Schuldnerin auf Zahlung der Ehrenentschädigung in Höhe von 300 M. pfänden und sich an Zahlungsstatt zum Nennwert überweisen.

Bald darauf verloben sich Bruno Walker und Margarete Bolmer von neuem miteinander trotz der Abmahnung der Brauteltern. Auf die Frage, ob seine Braut ihm nunmehr den Schuldanerkennungsschein wiedergeben wolle, erklärt sie, daß sie sich das noch überlegen müsse. Bevor sie sich entscheidet, stirbt Bruno Walker.

Welche Rechte haben Marg. B., ihr Vater, der Kaufmann Seeger gegen den Erben Walkers?

I. a) Die Pfändung und Überweisung der Ehrenentschädigung seitens des Gläubigers der Margarete Bolmer ist wirksam, denn letztere konnte eine solche nach § 1300 Abs. 1 BGB. verlangen und ihr Anspruch ist auch von Walker schriftlich anerkannt worden (§ 1300 Abs. 2 BGB.). Die Voraussetzungen des § 781 BGB. sind damit erfüllt.

b) Margarete Bolmer kann auch Ersatz der Auslagen in Höhe von 200 M. von Walker verlangen, weil sie diese Auslagen in Erwartung der Ehe gemacht hat, da der Verlobte grundlos vom Verlöbnis zurückgetreten ist (§ 1298 Abs. 1 BGB.).

Desgleichen steht ihrem Vater ein Anspruch auf Ersatz der Kosten für das Verlobungsfest nach § 1298 BGB. zu, weil diese einen Aufwand darstellen, der in Erwartung der Ehe von dem Vater der Braut gemacht wurde [1]).

Auch die Ansprüche des Vater Bolmer haben durch das schriftliche Anerkenntnis des Walker einen abstrakten Charakter erhalten, sofern — was aus der Aufgabe nicht klar ersichtlich ist — Bruno Walker auch mit dem Vater einen abstrakten Anerkenntnisvertrag i. S. des § 780 BGB. schloß [2]).

II. Welchen Einfluß hat nun die Wiederverlobung des Walker mit Fräulein Bolmer auf die bereits entstandenen Ansprüche?

Das Bürgerliche Gesetzbuch schweigt.

1. Auf denSchikaneparagraph (§ 226 BGB.) können sich die Erben des Walker — die Ansprüche sind passiv vererblich — nicht berufen, da die Geltendmachung der Ansprüche nicht nur den Zweck haben kann, den Erben Schaden zuzufügen.

2. Auch eine exceptio doli generalis — die in §§ 826, 249 BGB. enthalten ist (RG. 58 S. 356/7) — kann nicht den Ansprüchen entgegengesetzt werden, weil zur Geltendmachung dieser Einrede stets ein doloses Verhalten des Gläubigers erforderlich ist, das zur Entstehung der Forderung beigetragen hatte. Hiervon kann aber bei der Sachlage keine Rede sein.

---

1) Vgl. Wolff, Familienrecht, 1. Hälfte § 6 II a) S. 25.

2) Das Anerkenntnis des § 780 BGB. erfordert den Willen der Parteien, eine abstrakte Verpflichtung des Versprechenden zu begründen. Dies liegt dann nicht vor, wenn lediglich das Bestehen einer bereits vorliegenden Schuld bestätigt wird. Die Angabe des ursprünglichen Schuldgrundes schließt die Annahme eines konstitutiven Schuldanerkenntnisses nicht aus, wohl kann aber in derartigem Falle ein Anhaltspunkt für die Annahme des Willens, keine abstrakte Verbindlichkeit zu begründen, gefunden werden. Andererseits kann auch trotz Fehlens einer causa im Anerkenntnis des Versprechenden kein abstraktes Versprechen vorliegen. Maßgebend ist also lediglich der Parteiwille.

3. Wohl aber können sich die Erben des Walker der Margarete Bolmer gegenüber auf § 157 BGB. stützen, und zwar aus folgenden Gründen.

Die Ansprüche aus § 1298 und § 1300 BGB. haben den Charakter von Schadensersatzansprüchen wegen Nichterfüllung, sie sind nicht etwa deliktischer Natur.

Vgl. auch Staudinger IV I § 1298 Ziff. 4 u. § 1300 Ziff. 5.

Wenn sich nun die entlobte Braut von neuem mit dem früheren Bräutigam verlobt, verzichtet sie damit gleichzeitig auf die Schadensersatzansprüche wegen Nichterfüllung, und ihr Bräutigam nimmt diesen Verzicht an, so daß also nach § 157 BGB. ein Erlaßvertrag (§ 398 BGB.) bezüglich der Ansprüche der früheren Braut vorliegt. Dieser stillschweigende Erlaß liegt bereits in der Wiederverlobung, weshalb es gleichgültig ist, daß Bruno Walker nach der zweiten Verlobung um Rückgabe des Schuldanerkenntnisscheines bittet und seine Braut sich darauf noch nicht entscheidet. Der Erlaßvertrag ist formlos gültig, weshalb es auch nicht der Rückgabe des Schuldscheines bedarf. Es ist auch anzunehmen, daß sich der Erlaß auf das abstrakte Schuldanerkenntnis erstreckt. Nimmt man an, daß er nur die kausalen Ansprüche ergreift, so können die Erben des Walker den Ansprüchen nur eine Einrede aus § 812 Abs. 1 Satz 2 BGB. entgegenhalten.

III. Können sich die Erben Walkers dem Seeger gegenüber, welcher die Ansprüche der Margarete Bolmer auf Zahlung der Ehrenentschädigung in Höhe von 300 M. pfänden und sich an Zahlungsstatt zum Nennwert überweisen ließ, auf § 157 BGB. berufen? Die Frage ist deshalb zu verneinen, weil die Forderung auf die Ehrenentschädigung in dieser Höhe auf Seeger übergegangen war und die ursprüngliche Gläubigerin keine Vereinbarungen bezüglich der Forderung in dieser Höhe mit Wirksamkeit gegenüber dem Seeger treffen konnte[1]). § 404 BGB. — der auch für die Zwangsvollstreckung gelten muß[2]) — kommt dem Seeger gegenüber nicht zur Anwendung, weil der Einwand zur Zeit

[1]) Dies übersieht Woff, Familienrecht, § 6 Anm. 10, welcher der Ansicht ist, daß durch die Wiederverlobung die Ansprüche aus § 1298 BGB. — und damit auch aus § 1300 BGB. — „zerstört" werden, was an sich richtig ist, aber nicht für vorliegende Frage eingewendet werden kann.

[2]) So auch RG. 8 S. 278/279: „Der auf Grund der Überweisung zur Einziehung erhobenen Klage gegenüber können daher die Einwendungen, welche dem Beklagten gegen seinen bisherigen Gläubiger bis zur Überweisung zustanden, auch ferner entgegengesetzt werden." Diese für das gemeine Recht ergangene Entscheidung dürfte auch für das BGB. aufrecht zu erhalten sein.

der Abtretung der Forderung gegen die bisherige Gläubigerin nicht begründet war.

IV. Der Anspruch des Vaters dagegen wird durch die Wiederverlobung nicht berührt, da er mit derselben nicht einverstanden war. Folglich kann hier auch von einem stillschweigenden Erlaß zwischen Walker und dem Vater der Margarete nicht gesprochen werden. Andrerseits konnte auch die Tochter keinen Erlaßvertrag bezüglich ihres Vaters schließen[1]). Der Anspruch gegen die Erben Walker besteht daher trotz der Wiederverlobung fort.

Fall 31 machte den Kandidaten meist größere Schwierigkeiten. Das Eingehen auf den Rechtscharakter der Ansprüche aus § 1298 und § 1300 BGB. war fast durchweg zu vermissen. Auch auf das Vorliegen eines stillschweigenden Erlaßvertrages kamen nur wenige. Meist wurde auch übersehen, daß dem Seeger ein Einwand nicht entgegengehalten werden kann. Bezüglich der Ansprüche des Vaters der Margarete wurde zumeist im Wolffschen Sinne entschieden, was ich nicht für richtig halte.

---

[1]) Das übersieht Wolff, Familienrecht, § 6 Anm. 10, welcher durch die Wiederverlobung auch den Anspruch der Eltern untergehen läßt. Der von ihm zitierte § 328 BGB. kann als ganz singuläre Vorschrift hier nicht herangezogen werden und ist gerade etwas ganz Seltenes!

33.

(Rechtsfall aus dem April 1912.)

Der Kaufmann Berger hatte von Fräulein Meier ein Darlehn von 300 M. erhalten. Im Jahre 1909 verheiratete sich Frl. Meier mit dem Rechtsanwalt Reich. Im Jahre 1910 starb Reich und wurde von seiner Frau als Universalerbin beerbt. Darauf klagte die Witwe Reich gegen Berger auf Rückzahlung des Darlehns. Beklagter wendete ein, der Ehemann der Klägerin habe ihn bereits im Jahre 1909 belangt. Der Prozeß sei durch einen Vergleich beendet worden. Er habe darauf 200 M. gezahlt und dafür von dem Ehemann eine Quittung über die gesamte Summe erhalten. Die Quittung legte er vor.

Die Klägerin entgegnete, allerdings habe sich in den Büchern ihres Mannes der Eintrag von 200 M. gefunden, jedoch habe ihr Mann offenbar das Geld für sich verwendet und ihr den ganzen Vorgang verschwiegen.

Beklagter erwiderte, das Vorbringen der Klägerin sei unerheblich, da sie ja Universalerbin ihres Mannes geworden sei, dadurch habe der Vergleich Rechtswirksamkeit erlangt, wenn er solche, was aber bestritten werde, nicht gehabt habe. Jedenfalls brauche er die 200 M. nicht nochmals zu zahlen.

Wie hat das Amtsgericht auf Grund dieses Prozeßergebnisses zu entscheiden?

I. Da es sich im vorliegenden Fall um die Entscheidung eines Zivilprozesses handelt, sind nach § 288 ZPO., da die beiderseitigen tatsächlichen Behauptungen der Parteien nicht bestritten sind, die vorgetragenen Tatsachen als feststehend zu berücksichtigen.

II. Die Darlehnsforderung von 300 M. hat Fräulein Meier als eingebrachtes Gut in die Ehe eingebracht, da zu unterstellen ist, daß sie ihrem Ehemann Reich im gesetzlichen Güterrechte lebt (§ 1363 Abs. 1 BGB.).

Über diese Forderung der Frau hat der Ehemann verfügt, indem er

1. die Forderung in Höhe von 100 M. durch einen Erlaßvertrag zum Erlöschen brachte;

2. die Restforderung von 200 M. durch Annahme der geschuldeten Leistung zum Erlöschen brachte.

Diese Verfügungen hat der Ehemann in einem Prozeß getroffen. Zwar war er nach § 1380 BGB. befugt, die Forderung seiner Ehefrau im eigenen Namen einzuklagen. Dieses Klagerecht gibt ihm aber nicht die Befugnis zu Verfügungen über die eingeklagte Forderung ohne Zustimmung der Frau (§ 1375 BGB.[1]). Beide Verfügungen sind daher der Frau gegenüber unwirksam.

Nun heißt es im Thema, daß der Ehemann Reich mit dem Kaufmann Berger einen „Vergleich" geschlossen habe. Auch der Prozeßvergleich

[1]) So auch RG. 77 S. 34—36. Daraus folgt auch, daß der Mann bei Leistungsklagen klagen muß entweder

a) auf Leistung an beide Ehegatten, denn beide zusammen können über die zum eingebrachten Gut gehörende, vom Mann geltend gemachte Forderung verfügen; oder

b) auf Leistung an die Frau, denn darin liegt zugleich seine Zustimmung zur Verfügung der Frau über den geltend gemachten Anspruch, der durch Annahme der geschuldeten Leistung untergeht (§ 362 BGB.); oder

c) auf Leistung an sich unter Zustimmung der Frau; oder schließlich

d) auf Leistung an sich ohne besondere Zustimmung der Frau, wenn der Mann über den fraglichen Gegenstand selbst frei verfügen kann, z. B. bei der Klage auf Herausgabe einer verbrauchbaren Sache (§ 1376 Ziff. 1 BGB.).

Das rechtskräftige Urteil im Prozeß des Mannes wirkt aber nur dann für und gegen die Frau, wenn der Mann über den geltend gemachten Gegenstand frei verfügen kann (vgl. d) oder wenn — wie RG. 77 S. 35 ausführt — die Frau der Prozeßführung durch den Mann zugestimmt hat. Soweit das Urteil nicht gegen die Frau wirkt, kann diese also selbständig nach § 1400 Abs. 2 BGB. oder nach Auflösung der Ehe noch einmal klagen.

Auch die Frau selbst ist nach § 1400 Abs. 2 BGB. zur gerichtlichen Geltendmachung eines zum eingebrachten Gute gehörenden Rechtes befugt, wenn der Mann seine Zustimmung hierzu erteilt hat. Diese Zustimmung gehört aber zur Begründung ihrer Aktivlegitimation. Wird die behauptete Zustimmung nicht vom Beklagten bestritten oder gilt sie im Versäumnisverfahren als zugestanden, so ist ihre Aktivlegitimation vom Gericht als begründet zu unterstellen. Diese Zustimmung des Mannes kann auch durch konkludente Handlungen oder durch formlose Erklärung erfolgen (Vgl. RG. 60 S. 86/7). Klagt die Frau mit dem Zusatze „im Beistande ihres Ehemannes", so besagt das lediglich, daß der Mann steht nach herrschender Ansicht unter den Voraussetzungen des § 779 BGB.[1]). Er erfordert demnach, abgesehen von dem Streit über ein Rechtsverhältnis — der hier vorliegt — die Beseitigung desselben durch einen Vertrag im Wege gegenseitigen Nachgebens. Es genügt also nicht, daß der eine Teil allein nachgiebig ist, auch der andere muß „nachgeben".

Dieses Nachgeben erfordert nur, daß jeder dem andern von seinem persönlichen Standpunkt aus ein Opfer bringt, und es genügt jedes tatsächliche Nachgeben. (So mit Recht RGK. Ziff. 4 zu § 779.) Ob nun auf seiten des Berger ein solches Nachgeben vorliegt, kann aus dem Fall nicht ersehen werden. Es könnte aber sehr wohl in dem Verzicht auf etwa begründete Einreden liegen. Die bloße Zahlung der Schuldsumme oder gar nur eines Teiles seitens des unbedingt verpflichteten Schuldners genügt aber nicht zur Annahme eines Vergleiches. Es mag aber unterstellt werden, daß Berger tatsächlich auf Einwendungen verzichtet hat.

Dieser Vergleich ist aber materiell unwirksam, weil in demselben ein Erlaßvertrag geschlossen wurde, der, wie bereits erwähnt, ohne Zustimmung der Ehefrau unwirksam ist. Da aber nach herrschender Ansicht nur ein materiell und formell wirksamer Vergleich die Wirkung der Beendigung eines schwebenden Prozesses hat, folgt hieraus zunächst, daß die Rechtshängigkeit des vom Ehemann geltend gemachten Anspruchs im ersten Prozeß nicht erloschen ist[2]).

---

mit der Prozeßführung seiner Frau einverstanden ist, er wird dadurch nicht etwa Partei und kann daher im Prozeß der Frau als Zeuge vernommen werden (RG. 60 S. 85—87). Über die etwaigen Verfügungen der Frau im Prozesse und die Form ihres Klagantrages gilt das zu a) bis c) für die Verfügungen des Mannes im Prozeß Ausgeführte.

Für Passivprozesse in Bezug auf das eingebrachte Gut ist nur die Frau passivlegitimiert. Doch wirkt das gegen die Frau ergangene Urteil dem Manne gegenüber in Ansehung des eingebrachten Gutes nur dann, wenn der Mann der Prozeßführung der Frau zugestimmt hat (§ 1400 Abs. 1 BGB.), es sei denn, daß die Zustimmung nach § 1407 BGB. nicht erforderlich ist. Hat der Mann die erforderliche Zustimmung zur Prozeßführung der Frau nicht erteilt, so wirkt das Urteil gegen die Frau, nicht gegen ihn. Aus der erteilten Zustimmung folgt aber nicht, daß das gegen die Frau ergangene Urteil auch in das eingebrachte Gut der Frau vollstreckbar wäre. Dies ist vielmehr nach § 739 ZPO. erst dann zulässig, wenn der Mann zur Duldung der Zwangsvollstreckung verurteilt ist. Eine notwendige Streitgenossenschaft liegt bei gleichzeitiger Klage gegen Mann und Frau nicht vor, denn die Leistungspflicht der Frau kann bestehen, die Duldungspflicht des Mannes aber fehlen (RG. 59 S. 234). Ob der Mann zur Duldung zu verurteilen ist, hängt davon ab, ob der Gläubiger der Frau nach §§ 1411 bis 1414 BGB. Befriedigung aus dem eingebrachten Gut verlangen kann.

[1]) So auch RG. 48 S. 183.

[2]) Wegen der großen praktischen Bedeutung der Ansicht des Reichsgerichts auch für Klausurarbeiten mag hier der Standpunkt des Reichsgerichts näher begründet

III. Nun fragt sich aber, ob die an sich unwirksamen Verfügungen des Reich nachträglich wirksam geworden sind, weil Reich verstorben ist und seine Ehefrau als Universalerbin hinterlassen hat. Nach § 185 Abs. 2 BGB. wird die Verfügung eines Nichtberechtigten über einen Gegenstand wirksam, wenn er von dem Berechtigten beerbt wird und dieser für die Nachlaßverbindlichkeiten unbeschränkt haftet.

Die Konvaleszenz der unwirksamen Verfügungen des Mannes tritt also — da ihre Genehmigung nicht behauptet wird — nur dann ein, wenn die unbeschränkte Haftung der Frau feststeht.

---

werden. Nach RG. 65 S. 420 kann ein durch einen unwirksamen Vergleich abgeschlossener Prozeß fortgesetzt werden. Nach RG. 78 S. 289/290 hat das aber in folgender Weise zu geschehen:

a) Der frühere Rechtsstreit ist ohne weiteres fortzusetzen, wenn die Frage streitig wird, ob der angebliche Prozeßvergleich nach seiner äußeren Form und mit Rücksicht auf den Inhalt der darin abgegebenen Parteierklärungen wesentliche Mängel zeigt und ob hiernach der Urkunde die Eigenschaft eines vollstreckbaren Vergleichs i. S. der §§ 160 Nr. 1, 794 Nr. 1 ZPO. abzusprechen ist.

„Dieser Fall wäre z. B. gegeben, wenn das den Vergleich enthaltende gerichtliche Protokoll wesentliche Mängel aufweist, wenn eine Partei beim Vergleichsabschlusse nicht gehörig vertreten war oder wenn die abgegebenen Erklärungen nach Wortlaut und Sinn den Rechtsbegriff eines Vergleichs offenbar nicht erfüllen. Hier kann der Richter des früheren Prozesses ohne weiteres auf Grund des Inhalts seiner Akten erkennen, ob der Versuch der Beseitigung des Prozeßvergleichs gerechtfertigt ist; es hätte daher keinen Sinn und Zweck, den Anfechtenden auf den Weg eines besonderen Prozesses zu verweisen. Dasselbe muß gelten, wenn beide Parteien übereinstimmend erklären, der Prozeßvergleich soll keine Wirkung haben, als ob der Prozeßvergleich nicht geschlossen worden wäre."

b) Es ist dagegen zunächst ein neuer Prozeß anzustrengen, in welchem über die Frage entschieden wird, ob der alte Prozeß durch einen wirksamen Vergleich beendigt wurde. Wird in dem neuen Prozeß entschieden, daß der Vergleich rechtsunwirksam ist, so kann nunmehr der alte Prozeß fortgesetzt werden, als sei der Vergleich nicht erfolgt; wird dagegen die Wirksamkeit des Vergleichs durch das Feststellungsurteil bejaht, so ist der alte Prozeß durch den Vergleich definitiv rechtswirksam beendet.

Ein neuer Prozeß ist erforderlich in den Fällen, in denen

„vom Anfechtenden die Ungültigkeit des Prozeßvergleichs nicht aus bloßen Rechtsgründen gefolgert, sondern auf die tatsächlichen und bestrittenen Behauptungen gegründet wird, daß es an einer auf den Vergleichsabschluß gerichteten Willensübereinstimmung der Parteien gefehlt habe, daß der Beklagte auch den Vergleich durch arglistige Täuschung zustande gebracht und der Kläger sich bei der Annahme des Vergleichsvorschlages über den Inhalt eines Teiles der Abmachungen in einem wesentlichen Irrtum befunden habe. Es bedarf hiernach zu der Feststellung, ob der Vergleich ungültig ist, noch eines weiteren, hinsichtlich seiner Ausdehnung ungewissen Verfahrens. In einem solchen Falle muß angenommen werden, daß nach Abschluß des Vergleichs eine Fortsetzung des dadurch erledigten Rechtsstreits so lange unstatthaft ist, bis die Ungültigkeit des Vergleichs in besonderem Prozesse festgestellt ist.

Dieses Ergebnis entspricht auch am besten den Bedürfnissen der Praxis."

Liegt nun im Prozeß die Behauptungslast für den Eintritt der unbeschränkten Haftung hier dem Beklagten ob oder der Klägerin für das Gegenteil?

Man wird der ersten Ansicht beitreten müssen, weil der Beklagte einen rechtsvernichtenden Einwand geltend macht, dessen Voraussetzungen er zu behaupten und zu beweisen hat. Zu diesen Voraussetzungen gehört aber auch der Eintritt der unbeschränkten Haftung der Klägerin, wie der Wortlaut des § 185 Abs. 2 BGB. klar ergibt. Der Beklagte hat hier das Vorliegen dieser Voraussetzungen nicht behauptet. In der Praxis würde in dieser Richtung das richterliche Fragerecht auszuüben sein. Da jedoch auf Grund des bisherigen Prozeßergebnisses entschieden werden soll, ist nach dem Parteivorbringen eine Konvaleszenz der beiden Verfügungen des Mannes nach § 185 Abs. 2 BGB. nicht eingetreten. Mithin ist auch der Prozeßvergleich auch nicht nachträglich wirksam geworden.

IV. Welche Folge hat aber die Zahlung von 200 M. seitens des Schuldners an den Mann der Gläubigerin? Der Beklagte behauptet, jedenfalls diese zweihundert Mark nicht zahlen zu brauchen.

Materiellrechtlich erfolgte die Zahlung des Berger an Reich aus dem Grunde, sich von seiner Schuldverbindlichkeit gegenüber der Frau Reich zu befreien. Da diese Wirkung infolge des Fehlens der Zustimmung der Frau nicht eingetreten ist, kann Berger diese Summe mit der condictio causa data causa non secuta (§ 812 Abs. 1 Satz 2 BGB. zurückverlangen. Die Verpflichtung hierzu geht nach §§ 1922, 1967 BGB. auf die Ehefrau Reich als Universalerbin ihres Mannes über. Der Beklagte könnte daher in dieser Höhe mit seiner Forderung gegen die Klageforderung aufrechnen. Daß etwa Nachlaßverwaltung oder Nachlaßkonkurs eröffnet worden und aus diesem Grunde eine Aufrechnung unzulässig sei (§ 1977 BGB.), ist von der Klägerin nicht behauptet worden.

Prozessual liegt aber eine Aufrechnungserklärung nicht vor, denn diese erfordert eine rechtsgeschäftliche Erklärung der Aufrechnung. Wenn der Beklagte meint: „jedenfalls brauche er die 200 M. nicht nochmals zu zahlen", so ist dies eine Rechtsansicht, aber keine Willenserklärung. In der Praxis würde der Richter auch hier das Fragerecht ausüben müssen und demgemäß den Beklagten fragen, ob er nicht wenigstens mit dem Kondiktionsanspruch aufrechnen wolle.

Da aber hier auf das bisherige Prozeßergebnis hin eine Entscheidung gefällt werden soll, so muß davon ausgegangen werden, daß eine Aufrechnung nicht erfolgt ist.

V. Schließlich fragt sich noch, ob nicht vielleicht eine Abweisung der

Klage schon aus dem Grunde der Rechtshängigkeit des Anspruchs im ersten Prozesse zu erfolgen hat[1]). Die Frage ist zu verneinen, weil die Rechtshängigkeit nur eine Einrede erzeugt — vgl. § 263 Ziff. 1 ZPO. — die hier vom Beklagten nicht erhoben ist. Im Gegenteil vertritt letzterer sogar die Ansicht, daß der Prozeßvergleich wirksam und der erste Prozeß mithin beendigt sei.

Nach vorstehenden Ausführungen ergibt sich, daß das Gericht die Verfügungen des Mannes als unwirksam behandeln und demgemäß den Beklagten zur Zahlung von 300 M. verurteilen muß, weil die Darlehnsforderung der Frau noch fortbesteht.

Fall 33 wurde im allgemeinen ausreichend gelöst. Hauptfehler der ganz überwiegenden Mehrheit der Kandidaten war die lediglich materiellrechtliche Behandlung des Falles, ohne auf die prozessuale Seite einzugehen. Bedenken gegen die Annahme eines Vergleiches wurden von keiner Seite erhoben, obwohl sie doch zweifellos bestehen. Daß die Annahme der geschuldeten Leistung eine Verfügung über eine Forderung ist, ist keineswegs allgemein bekannt, ebenso wie die Tatsache, daß ein materiell unwirksamer Vergleich kein Prozeßbeendigungsgrund ist. Bei Anwendung des § 185 BGB. gingen die meisten Kandidaten von dem Grundsatz der unbeschränkten Erbenhaftung aus und nahmen demgemäß eine Konvaleszenz der unwirksamen Verfügungen des Mannes an. Das halte ich nicht für richtig, scheint auch der Steller der Aufgabe nicht gemeint zu haben, weil er des weiteren die Frage nach der Bedeutung der Zahlung der 200 M. erörtert wissen will. Bejaht man die Konvaleszenz der Verfügungen, so sind beide Verfügungen des Mannes wirksam geworden. Bei nur beschränkter Haftung der Frau würde allerdings eine Konvaleszenz nicht eingetreten sein, gleichwohl aber eine Aufrechnung aus § 812 Abs. 1 S. 2 BGB. wegen der 200 M. von praktischer Bedeutung sein. Schließlich fehlte durchweg ein Eingehen auf die Rechtshängigkeit des im ersten Prozeß geltend gemachten Anspruchs.

---

[1]) Zu beachten ist, daß bei Beendigung eines vom Ehemann in Bezug auf ein zum eingebrachten Gut der Frau gehörendes Recht angestrengten Prozesses durch den Tod des Mannes § 239 ZPO. keine Anwendung finden kann, weil die Frau nicht Rechtsnachfolgerin ihres Mannes bezüglich des geltend gemachten Rechtes wird, da es ja ihr eigenes Recht verbleibt. Hier findet also keine Unterbrechung des Rechtsstreits, vielmehr eine Sukzession der Frau in das Prozeßrechtsverhältnis statt, so daß der Prozeß ohne weiteres auf die Ehefrau als Partei übergeht. Gleiches gilt übrigens bei Beendigung des Amtes der Parteien kraft Amtes, z. B. bei der Konkurs-, Zwangs- und Nachlaßverwaltung bezüglich schwebender Prozesse. Vgl. Stein ZPO. § 241 III.

34.

(Rechtsfall aus dem Jahre 1913.)

Die Witwe V. leiht ein ihr gehöriges Buch über den Erwerb der politischen Rechte durch die Frau der im ordentlichen gesetzlichen Güterstande lebenden Ehefrau L. auf drei Monate, wobei sie der L. dringend ans Herz legt, das Buch in ihrem persönlichen Besitz zu erhalten und es weder ihrem Manne noch sonst jemand zugänglich zu machen.

Der Ehemann L., der das Buch bei seiner Frau liegen sieht, nimmt es trotz ihres Widerspruches an sich mit der Begründung, daß er sich über die in dem Buch behandelten Fragen unterrichten wolle.

Nun kümmert sich Frau L. nicht mehr um das Buch, obwohl sie weiß, daß ihr Mann sehr nachlässig ist.

Als Frau V. nach drei Monaten das Buch zurückverlangt, ist es stark beschädigt und infolgedessen um 2 M. entwertet. Jetzt klagt Frau V. gegen die beiden Eheleute L. mit dem Antrage

1. sie als Gesamtschuldner zur Zahlung von 2 M. zu verurteilen,
2. den Ehemann zu verurteilen, wegen der zu 1. bezeichneten Schuld auch die Zwangsvollstreckung in das eingebrachte Gut der L. zu dulden.

Wie ist zu entscheiden?

Zwischen Frau L. und der Witwe liegt ein Leihvertrag bezüglich des Buches vor, der auch ohne Zustimmung des Mannes der Frau L. nach § 1399 Abs. 1 BGB. wirksam ist. Als Entleiherin haftet Frau L. nach § 276 BGB. für Vorsatz und Fahrlässigkeit. Sie mußte daher das Buch, das ihr der Mann widerrechtlich entzogen hatte, von letzterem zurückfordern. Ihr bloßer Widerspruch gegen die Wegnahme nützte nichts, abgesehen davon, daß sich ein Recht des Mannes zur bloßen Einsichtnahme des Buches vielleicht aus §§ 1353, 1354 BGB. rechtfertigen ließe. Zum Behalten des Buches war er aber nicht berechtigt und die Frau mußte daher — eventuell im Klagewege — auf Herausgabe des Besitzes wegen verbotener Eigenmacht gegen ihren Mann vorgehen, zumal sie wußte, daß ihr Mann sehr nachlässig sei. Tat sie dies nicht, so verletzt sie auch die Bestimmung des § 603 Satz 2 BGB., derzufolge der Entleiher ohne Erlaubnis des Verleihers nicht berechtigt ist, den Gebrauch einem Dritten zu überlassen.

Frau L. haftet daher aus §§ 276, 249 BGB. auf Schadensersatz wegen der schuldhaften Unterlassung und des infolgedessen entstandenen Schadens. § 276 BGB. spricht allerdings nur von einer Vertretungspflicht des Schuldners. Nach herrschender Ansicht kann aber diese Vertretungspflicht nicht anders verwirklicht werden als dadurch, daß der Schuldner dem anderen Teil den Schaden ersetzt, der demselben durch sein vorsätzliches oder fahrlässiges Handeln entstanden ist. (Vgl. RG. 66 S. 291.)

a) Haftet nun Frau L. auch mit ihrem eingebrachten Gut für den Ersatz des Schadens? Nach § 1412 Abs. 1 BGB. haftet das eingebrachte Gut für eine Verbindlichkeit der Frau, die aus einem nach der Eingehung der Ehe vorgenommenen R e c h t s g e s c h ä f t entsteht nur dann, wenn der Mann seine Zustimmung zu dem Rechtsgeschäft erteilt oder wenn das Rechtsgeschäft ohne seine Zustimmung ihm gegenüber wirksam ist. Nun hat aber der Mann im vorliegenden Falle seine Zustimmung durch konkludente Handlung erteilt, weil er das Buch an sich genommen, es gelesen und behalten hat. Darin liegt die Zustimmung zum Abschluß des Leihvertrages.

b) Haftet aber auch der Mann?

Auch hier ist wieder davon auszugehen, daß das Rechtsverhältnis zwischen dem Ehemann L. und der Witwe V. das des Eigentümers einer Sache zu deren Besitzer ist. Es gelten also die Vorschriften der §§ 989 ff. BGB. Nach § 992 haftet der Besitzer, wenn er sich den Besitz durch verbotene Eigenmacht verschafft hat, dem Eigentümer nach den Vorschriften über den Schadensersatz wegen unerlaubter Handlungen. Da dem Mann eine fahrlässige Sachbeschädigung zur Last fällt, haftet er also nach § 823 Abs. 1 BGB. gleichfalls auf Ersatz der 2 M., um welche das Buch entwertet wurde.

c) Haften Frau L. und ihr Ehemann aber als Gesamtschuldner? Die Frage ist deshalb zu verneinen, weil der eine Teil aus Delikt, der andere unabhängig davon aus einer Vertragsverletzung haftet, ohne daß beide infolge eines inneren Zusammenhanges Schuldner geworden sind.

Vgl. RG. 61 S. 61:

„Die erwähnte Gesetzesvorschrift (d. h. § 426) beruht auf der Anschauung, daß zwischen den mehreren Gesamtschuldnern ein inneres Schuldverhältnis, ein Gemeinschaftsverhältnis besteht, kraft dessen sie ‚einander zu der erforderlichen Mitwirkung und Beitragung bei der Leistung verpflichtet sind, sofern nicht nach dem inneren Verhältnisse die Leistung nur von einem oder einigen Genossen zu bewirken ist‘. (Motive zum BGB. Bd. 2 S. 169 ff.; Mugdan, Materialien S. 93 ff.) Daraus ergibt sich dann die gegenseitige Ausgleichungs- und Regreßpflicht. Ein solches Gemeinschaftsverhältnis besteht aber nur, soweit ein Gesamtschuldverhältnis im Sinne des Gesetzes (§ 421) zugrunde liegt, und nicht auch in Fällen, in denen ohne das rechtliche Band der Solidarität nur zufällig, aus verschiedenen, voneinander völlig unabhängigen Schuldgründen die Verpflichtung mehrerer auf einen gleichen Leistungsinhalt oder mit demselben Obligationszwecke begründet ist; also namentlich nicht in den Fällen, die von der neueren Theorie als solche der ‚unechten Solidarität‘ bezeichnet werden. — — —

Als Beispiele hierfür pflegt man wohl anzuführen die Verpflichtung des Brandstifters und diejenige des Versicherers gegenüber dem Brandbeschädigten, den Fall, wenn ein Mieter oder Entleiher die Sache verliert oder vernachlässigt, und infolgedessen ein Dritter die Sache beschädigt oder stiehlt. Letzterenfalls ist der eine aus Delikt, der andere unabhängig davon durch Vertrag zum Ersatze desselben Schadens verpflichtet.“

Und ferner RG. 79 S. 290/1:

„Eine solche Rechtsgemeinschaft (d. h. wie sie §§ 421, 426 erfordern) besteht allerdings nicht in den Fällen der sog. unechten Solidarität, wo mehrere Personen lediglich zufällig und ohne inneren Zusammenhang gleichartige Leistungen einem und demselben Gläubiger in der Weise schulden, daß der wirtschaftliche Zweck der Schuldverpflichtungen durch einmalige Leistung an den Gläubiger erreicht wird und deshalb der Gläubiger nur einmal Zahlung verlangen kann.“

Etwas abgeschwächt ist die erstgenannte Entscheidung durch RG. 82 S. 439:

„Zur Annahme eines Gesamtschuldverhältnisses im Sinne von § 421 bedarf es nicht eines gemeinschaftlichen oder gleichen Entstehungsgrundes; auch wenn der eine nur aus unerlaubter Handlung oder nur kraft besonderer gesetzlicher Bestimmung, und der andere nur auf Grund eines Vertrages auf Schadenserſatz haftet, kann ein Gesamtschuldverhältnis vorliegen. Erforderlich ist nur, daß sie nicht ohne jeden inneren Zusammenhang Schuldner geworden sind. — — — — Ein solcher Zusammenhang ist hier gegeben, weil die beiderseitigen Schuldgründe nur formell verschieden sind, materiell aber demselben Tatbestande — dem Zusammenstoß der beiden Fahrzeuge — entspringen und daher zusammengehören."

Da hiernach nur ein unechtes Gesamtschuldverhältnis vorliegt, kann eine Verurteilung beider Ehegatten nur zur Zahlung als „unechte Gesamtschuldner" erfolgen. Nun ist aber von der Klägerin der Antrag auf Verurteilung des Ehepaares „als Gesamtschuldner" gestellt. Zweifellos kann der Kläger diesen Antrag berichtigen, da es sich hierbei um eine Beschränkung des Klageantrags in der Hauptsache handelt (§ 268 Ziff. 2 ZPO.), während im übrigen der Klagegrund derselbe bleibt. Wenn die Klägerin aber auf ihrem ursprünglichen Antrage beharren sollte, so müßte ihre Klage abgewiesen werden, da die „Gesamtschuld" im Vergleich zur „unechten Gesamtschuld" ein aliud darstellt. Der Richter darf aber nicht einfach die Worte „als Gesamtschuldner" streichen und „als unechte Gesamtschuldner" dafür setzen oder einen der Beklagten herausgreifen und ihn verurteilen, die Klage gegen den anderen aber abweisen, was ganz willkürlich wäre[1]).

d) Wird der Antrag in dem zu c erörterten Sinne von der Klägerin berichtigt, so hat schließlich auch eine Verurteilung des Ehemannes zur Duldung der Zwangsvollstreckung in das eingebrachte Gut zu erfolgen, ohne welche nur eine Zwangsvollstreckung in das Vorbehaltsgut der Frau möglich wäre. Wie zu a ausgeführt wurde, haftet das eingebrachte Gut, weshalb die Klägerin Befriedigung aus demselben nach § 1411 Abs. 1 BGB. verlangen kann. Nach § 739 ZPO. muß aber zur Verurteilung der Frau zur Leistung noch die Verurteilung des Mannes zur Duldung der Zwangsvollstreckung in das eingebrachte Gut hinzutreten, um letztere zu ermöglichen[2]).

[1]) Das Gleiche gilt, wenn Hauptschuldner und Bürge als „Gesamtschuldner" belangt sind, da auch hier keine Gesamtschuld vorliegt, weil die Verpflichtung des Gesamtschuldners keineswegs alle Schicksale der ursprünglichen Verpflichtung des andern Gesamtschuldners trägt im Gegensatz zu der Verpflichtung des Bürgen (vgl. auch RG. 65 S. 139). Vgl. Fall 37.

[2]) Das Urteil gegen den Mann ist ein Leistungsurteil und kann nach § 708 ff.

Fall 34 wurde fast allgemein richtig gelöst. Mitunter wurde die Haftung der Frau auf § 286 BGB. gestützt. Doch ist der Schaden im vorliegenden Falle nicht durch den Verzug entstanden. Daß der Mann nach §§ 989, 992, 823 BGB. haftet, wurde nur selten festgestellt, meist wurde die Haftung allein auf § 823 BGB. gestützt, was falsch ist. Auch wurde vielfach übersehen, daß eine Haftung der Eheleute als Gesamtschuldner nicht in Frage kommt, obwohl in fast allen Examensfällen, in denen von „Gesamtschuld" die Rede ist, eine solche gerade nicht vorliegt, es sich also um eine sog. „Falle" handelt, in welche leider viele immer wieder hineingeraten.

ZPO. für vorläufig vollstreckbar erklärt werden. Die Kosten trägt der Mann nicht nur dann, wenn er die Forderung des Gläubigers der Frau oder die Haftung des eingebrachten Gutes bestritten hat, sondern auch dann, wenn er bei fälligen Schulden der Frau nichts zur Befriedigung des Gläubigers getan hat (Vgl. Gaupp-Stein, ZPO. II § 739 II 6).

35.

(Rechtsfall aus dem Mai 1910.)

Die unverehelichte N. hat drei uneheliche Kinder. A. von X, C. von Y, bezüglich des B. ist es streitig, ob es von X. oder von Y. ist, da beide in der kritischen Zeit der N. beigewohnt haben. Y. heiratet darauf die N. und legt dem Kinde A. seinen Namen bei. Vom Kinde B. nimmt er an, daß er der alleinige Vater sei. Als er erfährt, daß die N. auch in der kritischen Zeit (Empfängnis der B.) mit X. und auch früher mit mehreren anderen Männern verkehrt hat, erhebt er die Eheanfechtungsklage.

Im Verlauf derselben erscheint die N. bei Y und erschießt Y, C. und sich selbst. Alle drei sterben kurz hintereinander.

Wie sind die Erbrechte?

I. Rechtsfolgen der Eheschließung der N. mit Y.

Infolge der Eheschließung der N. mit Y. gilt bezüglich ihrer unehelichen Kinder folgendes:

1. C. ist nach §§ 1719, 1720 BGB. durch nachfolgende Ehe legitimiert worden, hat also die rechtliche Stellung eines ehelichen Kindes erworben.

2. B. ist gleichfalls nach §§ 1719, 1720 BGB. durch nachfolgende Ehe legitimiert, obwohl es streitig ist, ob Y. sein Vater ist, weil außer Y. auch X. in der Empfängniszeit der N. beigewohnt hat, da keinerlei Anhaltspunkte dafür vorliegen, daß es den Umständen nach offenbar unmöglich ist, daß die Mutter das Kind aus der Beiwohnung mit Y. empfangen hat.

3. A. dagegen hat die Stellung eines unehelichen Kindes beibehalten, da X. unzweifelhaft als sein Vater bezeichnet wird. Die Beilegung des Zunamens des Ehemannes der N. nach § 1706 Abs. 2 Satz 2 BGB. hat nicht zur Folge, daß das uneheliche Kind die Rechtsstellung eines ehelichen erhält.

II. Die Rechtsfolge der Eheanfechtungsklage.

Als Y. nach der Eheschließung von dem Vorleben seiner Frau erfährt, erhebt er nach § 1333 BGB. die Eheanfechtungsklage, da er sich bei der Eheschließung über solche persönliche Eigenschaften des anderen Ehegatten geirrt hatte, die ihn bei Kenntnis der Sachlage und bei verständiger Würdigung des Wesens der Ehe von der Eingehung der Ehe abgehalten hätte. Dazu gehört aber auch ein Irrtum über die Virginität der Frau.

Im Verlauf des Prozesses wird zunächst Y. von der N. erschossen. Dies hat nach § 628 ZPO. zur Folge, daß der Rechtsstreit in der Hauptsache als erledigt anzusehen ist, es also zu keiner Entscheidung in der Hauptsache kommen kann. Nur wegen der Kosten findet die Unterbrechung oder Aussetzung des Prozesses und die Aufnahme durch die Rechtsnachfolger statt. Über die Kosten wird durch Endurteil nach § 99 Abs. 3 ZPO. — mit dem Rechtsmittel der sofortigen Beschwerde — entschieden und sie werden derjenigen Partei auferlegt, welche den Prozeß im Augenblick des Todes der einen Partei verloren hätte, so daß es also indirekt in den Gründen des Urteils zu einer Entscheidung über die Hauptsache kommt, die aber im Urteilstenor selbst nicht zum Ausdruck gebracht werden darf [1]).

Ist die Ehe nun nichtig, weil ein Urteil in der Hauptsache nicht mehr ergehen kann? § 1343 BGB. besagt folgendes:

---

[1]) Vgl. Gaupp-Stein, ZPO. I § 91 III, S. 271/2.

„Wird eine anfechtbare Ehe angefochten, so ist sie als von Anfang an nichtig anzusehen. Die Vorschrift des § 142 Abs. 2 findet Anwendung.

Die Nichtigkeit einer anfechtbaren Ehe, die im Wege der Klage angefochten worden ist, kann, solange nicht die Ehe für nichtig erklärt oder aufgelöst ist, nicht anderweit geltend gemacht werden."

Daraus folgt, daß die Nichtigkeit der im Wege der Klage angefochtenen Ehe erst dann geltend gemacht werden kann, wenn die Ehe für nichtig erklärt oder durch Tod oder Scheidung aufgelöst worden ist. Obwohl eine Nichtigkeitserklärung nicht erfolgt ist und nicht mehr erfolgen kann (§ 628 ZPO.), ist aber die Ehe gleichfalls als nichtig anzusehen — wenn ein Anfechtungsgrund bestanden hat — sofern sie durch den Tod eines der Ehegatten aufgelöst worden ist. Diese Nichtigkeit kann nicht mehr im Wege der Anfechtungs- oder Nichtigkeitsklage geltend gemacht werden, sondern nur im Wege einer besonderen Feststellungsklage, die jeder dritte Interessent hat (§ 256 ZPO.), oder auch gelegentlich eines anderen Prozesses, z. B. eines Erbschaftsprozesses, incidenter festgestellt werden[1]. Da im vorliegenden Fall ein Anfechtungsgrund bestanden hat, ist die Ehe der Parteien demnach als nichtig anzusehen.

Nach §§ 1721, 1699 BGB. hat die Nichtigkeit der Ehe gleichwohl keinen Einfluß auf die Rechtsstellung der Kinder C. und B., sofern nicht beide Ehegatten die Anfechtbarkeit der Ehe gekannt haben (§§ 1699 Abs. 1, 1343 Abs. 1 Satz 2, § 142 Abs. 2 BGB.), was nicht der Fall ist, da Y. die Anfechtbarkeit der Ehe erst nach der Eheschließung erfahren hat. Die Kinder C. und B. bleiben daher eheliche Kinder der N.

III. Die Erbrechte.

1. Gesetzliche Erben des Y. sind bei dessen Tode die beiden Kinder B. und C. nach § 1925 Abs. 1 und 4 BGB., und zwar zu gleichen Teilen. Die Ehefrau hat nicht das Erbrecht des § 1931 BGB., weil die Ehe im Augenblick des Todes des Y. nichtig war, die N. also nicht als „überlebender Ehegatte des Erblassers" anzusehen ist.

2. Gesetzliche Erben des C. sind an sich nach § 1925 Abs. 1 und 2 BGB. dessen Eltern, also Y. und Frau N., je zur Hälfte. Da aber zur Zeit des Erbfalles der Vater Y. nicht mehr lebt, so treten seine Abkömmlinge nach den für die Beerbung in der ersten Ordnung geltenden Vorschriften (§ 1925 Abs. 3 Satz 1 BGB.) an seine Stelle. Hier kommt also nur B. in Frage, welcher mit Frau N. je zur Hälfte Erbe des C. ist. Zu beachten ist aber § 2339 Ziff. 1 BGB., demzufolge Frau N. wegen vor-

[1]) Vgl. Staudinger, BGB. IV 1 § 1343 Ziff. 2 u. 3.

sätzlicher und widerrechtlicher Tötung des C. erbunwürdig ist. Mit der Rechtskraft des auf die Anfechtungsklage des § 2342 BGB. ergehenden Urteils auf Feststellung der Erbunwürdigkeit der N. gilt der Anfall an sie als nicht erfolgt und ihre Erbschaft fällt denjenigen an, die berufen sein würden, wenn die Erbunwürdige zur Zeit des Erbfalls nicht gelebt hätte, wobei der Anfall als mit dem Eintritt des Erbfalls als erfolgt gilt (§ 2344 BGB.). Das sind hier A. und B., da Frau N. auch von ihrem unehelichen Kinde beerbt wird (§ 1705 BGB.). Jedes der Kinder bekommt also nach Geltendmachung der Erbunwürdigkeit ihrer Mutter ein Viertel des Nachlasses des C. dazu.

3. Gesetzliche Erben der Frau N. sind schließlich deren drei Kinder. Da C. aber bereits tot ist, kommen nur A. und B. in Frage, die je zur Hälfte Erben der Mutter werden (§§ 1924, 1705 BGB.).

Fall 35 wurde vielfach auch von sonst tüchtigen Kandidaten verfehlt. Zunächst war häufig § 1706 Abs. 2 Satz 2 BGB. unbekannt. Auch die Rechtsfolgen der Anfechtungsklage und die Bedeutung des § 1343 BGB. in Verbindung mit § 628 ZPO. waren vielfach nicht bekannt, wobei § 628 ZPO. überhaupt häufig übersehen wurde. Vielfach wurde auch unter Übersehung der §§ 1761, 1699 BGB. als Folge der Ehe-Anfechtungsklage angenommen, daß C. und B. wieder als uneheliche Kinder zu gelten hätten! Die meisten Fehler wurden bei der Feststellung der Erbrechte gemacht, wobei zudem die Erbunwürdigkeit der Mutter zumeist übersehen wurde. So wurde der Frau N. ein Ehegattenerbrecht gegeben (ein schlechter Gedankenfehler!), die Personen verwechselt und schließlich auch in einem Falle alle Erbteile zusammengezählt, ohne daß bedacht wurde, daß es sich doch um drei ganz verschiedene Erbmassen handelt, die niemals zusammengezählt werden können.

V. Klausurfälle aus dem Erbrecht.

36.

A. gibt seinem Vater ein Darlehn von 1000 M. B., der Bruder des A., übernimmt hierfür die selbstschuldnerische Bürgschaft; kurz nach Fälligkeit des Darlehns stirbt der Vater und wird von A. und B. je zur Hälfte beerbt.

Vor der Erbauseinandersetzung klagt A. gegen B. auf Zahlung von 1000 M.

Mit Recht?

B. meint, er brauche höchstens auf 500 M. zu haften.

I. Durch die Hingabe des Darlehns von 1000 M. an seinen Vater erwarb A. gegen ihn eine Darlehnsforderung auf Rückzahlung (§ 607 BGB.). Diese Forderung ging mit dem Tode des Vaters gegen die Miterben, die als Gesamtschuldner hierfür haften (§§ 1922, 2058 BGB.). Nun gehört aber A. selbst zu dieser Miterbengemeinschaft, die aus A. und B. besteht. Wie haften nun die Miterben untereinander? Man könnte denken, daß sie untereinander nach § 426 BGB. nur zu gleichen Anteilen — hier also jeder zur Hälfte — haften.

Nun bestimmt aber der von der Auseinandersetzung der Miterben handelnde § 2042 Abs. 2 BGB., daß die §§ 749 Abs. 2 und 3 und §§ 750 bis 758 BGB. der Gemeinschaft Anwendung finden sollen. Der hiernach in bezug genommene § 756, welche von der Aufhebung der Gemeinschaft spricht, besteht:

„Hat ein Teilhaber gegen einen anderen Teilhaber eine Forderung, die sich auf die Gemeinschaft gründet, so kann er bei der Aufhebung der Gemeinschaft die Berichtigung seiner Forderung aus dem auf den Schuldner entfallenden Teile des gemeinschaftlichen Gegenstandes verlangen. Die Vorschriften des § 755 Abs. 2, 3 finden Anwendung."

Es kann nun keinen Unterschied machen, ob dem schuldenden Teilhaber nur ein einzelner Teilhaber als Gläubiger gegenübersteht oder eine Mehrheit von Teilhabern. So auch nach RG. 78 S. 274—5:

„Erforderlich ist aber, daß sich die einem oder mehreren Teilhabern zustehende Forderung gegen einen anderen Teilhaber, wie das Gesetz sagt, auf die Gemeinschaft gründet. Mit diesem Ausdruck begreift das Gesetz alle Forderungen, die einem oder mehreren Teilhabern in ihrer Eigenschaft als Teilhaber, also vermöge ihrer Zugehörigkeit zur Gemeinschaft, zustehen, im Gegensatz zu solchen Forderungen, die ihnen unabhängig von der Gemeinschaft zustehen. Keineswegs wird verlangt, daß die Gemeinschaft die alleinige und ausschließliche Grundlage der Forderung bildet. Wäre das der Fall, so würden regelmäßig nur Forderungen zur Anrechnung gelangen können, die sich auf unmittelbare Beziehungen zur Gemeinschaft, z. B. auf deren Verwaltung oder Sicherstellung, beschränken. Damit wäre aber die in den Motiven Bd. 2 S. 886 ausgesprochene Absicht des Gesetzes, die gesamten schuldrechtlichen Ansprüche der Gemeinschaft mit zu berücksichtigen, unvereinbar (vgl. RG. 65 S. 10).

Wendet man diese für die Gemeinschaft überhaupt geltenden Grundsätze auf die besondere Erbengemeinschaft an, so ist klar, daß zu den anrechnungspflichtigen Forderungen auch solche gehören, die ihren Entstehungsgrund zwar nicht in der Gemeinschaft selbst, sondern schon in einem bei Lebzeiten des Erblassers zwischen ihm und den Miterben errichteten Schuldverhältnisse haben, aber infolge Erbganges gemeinschaftliche Forderungen dieser Erben geworden sind. Von ihnen gilt, daß sie sich mit auf die Gemeinschaft gründen. Ohne das Bindeglied der Gemeinschaft würden sie dem Gemeinschafter nicht zustehen. Diese Auffassung teilen Müller im Recht 1905 S. 579 und Hamm in der Deutsch. Jur.-Ztg. 1905 S. 946. Ebenso Seuff. Archiv Bd. 64 S. 25. Abweichend Planck, BGB. § 2042 Anm. 4g und § 2377 Anm. 4. Die gegenteiligen Ausführungen der Revision, daß unter Forderungen, die sich auf die Gemeinschaft gründen, nur Forderungen zu verstehen seien, die durch die Gemeinschaft begründet werden, können nicht gebilligt werden. Sie stehen weder mit den Vorschriften des Bürgerlichen Gesetzbuchs noch mit deren Begründung im Einklange."

Schließlich könnte man noch an eine teilweise Konfusion der Forderung des A. gegen den Nachlaß denken (Arg. e contr. aus § 1976). Das ist aber nicht der Fall.

Vgl. hierüber Strohal, Das deutsche Erbrecht, 2. Band S. 87 Z. 5a:

„Während der Dauer der Erbengemeinschaft ist in Ansehung der zum Nachlaß gehörenden Rechtsverhältnisse eine Erlöschung durch Vereinigung von Recht und Verbindlichkeit oder von Recht und Belastung ausgeschlossen; denn die hierzu erforderlichen Voraussetzungen können sich, solange der Nachlaß ein gemeinschaftliches Vermögen der Miterben bildet, nicht verwirklichen, und zwar auch nicht in Ansehung des dem Erbteil eines Miterben entsprechenden Bruchteils."

(Falsch ist die gegenteilige Bemerkung des RG. 76 S. 58 Abs. 2.)

Hiernach muß sich A., da auch eine Konfusion seiner Forderung nicht eingetreten ist, gleichwohl bei Geltendmachung seiner Nachlaßforderung gegen B. anrechnen lassen, daß er selber in Höhe von 500 M. für diese Forderung haftet. Er kann also von B. nur Zahlung von 500 M. verlangen.

II. Wenn A. dagegen seine Klage gegen B. auf dessen Bürgschaftsverbindlichkeit stützt, so macht er keine Nachlaßverbindlichkeit geltend, es tritt gleichfalls keine Konfusion ein und B. als Bürge kann sich nach dem Tode des Hauptschuldners nicht darauf berufen, daß der Erbe für die Verbindlichkeit nur beschränkt haftet (§ 768 Abs. 1 S. 2 BGB.). Hiernach muß B. in diesem Falle die vollen 1000 M. zahlen und erwirbt nach § 774 BGB. mit der Befriedigung des A. die Forderung gegen den Nachlaß, für die aber A. bei beschränkter Erbenhaftung nur mit dem Nachlaßanteil, nicht mit dem eigenen Vermögen haftet. Man kann aus diesem Grunde auch nicht annehmen, daß etwa A. gegen Treu und

Glauben verstoßen würde, wenn er die Bezahlung auch des Teiles der Bürgschaftsschuld beansprucht, den er als Erbe des Hauptschuldners selbst schuldet, da er den Betrag von 500 M. bei der Erbteilung wieder einzahlen müßte. So auch RG. 76 S. 58/59:

„Dieser Auffassung kann jedoch nicht beigetreten werden; jene Grundsätze kommen hier nach Lage der Sache überhaupt nicht in Frage. Das Berufungsgericht verkennt nicht, daß die Beklagte als Bürgin in Anspruch genommen wird[1]). Wenn sie in dieser Eigenschaft die Kläger befriedigt, geht deren Forderung gegen den Hauptschuldner und nunmehr gegen dessen Nachlaß auf sie über (§ 774 BGB.). Sie hat daher dann eine Forderung gegen den Nachlaß; es haften ihr also allerdings ihre Miterben, darunter auch die Kläger, nach dem Verhältnis ihrer Erbteile, aber, wie die Revision mit Recht geltend macht, doch nur mit den Mitteln des Nachlasses, nicht mit ihrem eigenen Vermögen. Während sie selbst die ganze Darlehnsschuld an die Kläger aus ihrem eigenen Vermögen zahlen muß, müssen diese ihr den dritten Teil aus dem wiedergeben, was sie als Erben aus dem Nachlaß erhalten. Die Sache liegt rechtlich nicht anders, als wenn die Beklagte bei Lebzeiten des Hauptschuldners das Darlehn als Bürgin zurückgezahlt hätte. Dann konnte sie nach dem Tode des Hauptschuldners den dritten Teil von den Klägern auch nur als Erbin fordern. Nun steht tatsächlich fest, daß die Kläger infolge erheblicher Überschuldung des Nachlasses aus diesem als Erben nichts erhalten werden, daraus also auch nichts zahlen können. Dann kann es aber auch nicht gegen Treu und Glauben verstoßen, daß sie die ganze Darlehnsforderung gegen die Beklagte geltend machen. Unter diesen Umständen kann dahingestellt bleiben, ob der Auffassung des Berufungsgerichts wenigstens dann beizutreten sein würde, wenn feststünde, daß die Kläger auf ihre Erbteile etwas erhalten würden."

III. Die Entscheidung der Frage hängt hiernach davon ab, ob A. die Klage auf die Nachlaßforderung — d. h. die Darlehnsforderung — gestützt hat oder auf die Bürgschaftsschuld des B. Im ersten Falle kann A. nur 500 M. fordern, im zweiten Falle dagegen volle 1000 M., wenn der Nachlaß überschuldet ist. Ist letzteres nicht der Fall, so käme allerdings nach der vom Reichsgericht in II. angedeuteten Auffassung in

[1]) Es handelt sich in dieser Entscheidung um den gleichen Rechtsfall, nämlich um die Rechtsfrage, wie sich das Rechtsverhältnis zwischen zwei Gläubigern und einem Bürgen gestaltet, wenn beide Gläubiger den Hauptschuldner beerben. Die beiden Darlehnsgläubiger, welche zugleich Miterben des Hauptschuldners sind, belangten den Bürgen und zugleich dritten Miterben aus der Bürgschaft.

Frage, ob nicht die Geltendmachung der ganzen Forderung von 1000 M. insoweit gegen Treu und Glauben verstoßen würde, als A. den Betrag von 500 M. zum Nachlaß zurückzahlen müßte.

Fall 36 fiel im allgemeinen ausreichend aus. Während die Mehrheit allerdings darauf kam, daß es von entscheidender Bedeutung ist, worauf A. seine Klage stützt, kamen doch die meisten Kandidaten nicht auf die Anwendbarkeit der Vorschriften über die Gemeinschaft. Vielfach wurde eine Konfusion der Darlehnsforderung angenommen und demgemäß § 425 BGB. angewendet. Das ist aber aus den oben angeführten Gründen nicht richtig.

37.

G. hat gegen S. eine Darlehnsforderung von 100 M., für die sich B. unter Verzicht auf die Einrede der Vorausklage schriftlich verbürgt hat. G. verkauft und zediert die Forderung an Z. gegen Zahlung von 100 M. Nach der Zession erfährt G., daß S. bereits vor dem Verkauf der Forderung gestorben ist und daß er, G., sein alleiniger Erbe geworden ist.

Jetzt klagt Z. unter Darlegung des vorstehenden Sachverhalts gegen G. und B. als Gesamtschuldner auf Zahlung von 100 M.

1. Wie ist zu entscheiden?

2. Wie wäre zu entscheiden, wenn über den Nachlaß des S. Nachlaßverwaltung angeordnet wäre?

3. Wie endlich, wenn S. erst nach der Zession gestorben wäre?

I. Als G. seine Darlehnsforderung gegen S. an Z. verkaufte und abtrat, war S. bereits verstorben und G. sein alleiniger Erbe geworden. Damit war aber auch die Forderung des G. gegen S. durch Konfusion[1]) erloschen, weil Forderung und Schuld in einer Person vereinigt waren (Argum. e contr. aus § 1976).

Gleichwohl ist der Kaufvertrag zwischen G. und Z. bezüglich der Forderung nicht etwa nach § 306 BGB. nichtig, denn nach § 437 Abs. 1 BGB. haftet der Verkäufer einer Forderung für den rechtlichen Bestand derselben[2]). Der Verkäufer G. ist daher verpflichtet, dem Käufer Z. die Forderung zu verschaffen (§§ 433 Abs. 1 S. 2, 440 Abs. 1 BGB.). Diese Verschaffung hat aber nicht in der Weise zu erfolgen, daß sich etwa G. dem Z. gegenüber selbst verpflichtet, denn diese Schuldverbindlichkeit hätte einen ganz anderen rechtlichen Charakter als eine Nachlaßverbindlichkeit, die dem Z. sonst zustehen würde, wenn eine Konfusion nicht stattgefunden hätte, was auch von praktischer Bedeutung ist, wenn z. B. der Erbe G. überschuldet ist, nicht aber der Nachlaß des S. Die Verschaffung der Forderung ist aber auch nicht unmöglich, denn der Erbe G. kann durch Beantragung der Eröffnung der Nachlaßverwaltung oder des Nachlaßkonkurses die Konfusion wieder beseitigen. Daraus folgt, daß der Käufer Z. nicht ohne weiteres die Rechte aus §§ 440, 325 Abs. 1 BGB. hat. Er muß vielmehr zunächst entweder nach § 283 BGB. vorgehen, d. h. dem G. nach dessen rechtskräftiger Verurteilung zur Verschaffung der Forderung eine angemessene Frist mit der Bestimmung setzen, daß er die Annahme der Leistung nach Fristablauf ablehne. Oder Z. muß den Schuldner G. mit der Leistung in Verzug setzen. Erst wenn dies geschehen, kann der Käufer Z. die Rechte aus §§ 440, 325 Abs. 1 bzw. 326 BGB. ausüben[3]). Daß diese Voraussetzungen hier erfüllt seien, geht weder aus einer Erklärung, Schadensersatz zu verlangen, noch aus einer Erklärung, den Kaufpreis nach stattgehabtem Rücktritt nach § 346 BGB. fordern zu wollen, noch aus dem Klagantrag hervor.

Die Klage auf Zahlung von 100 M. muß daher zur Zeit abgewiesen werden, sofern nicht der Kläger in tatsächlicher Beziehung das bisherige Vorbringen ergänzt.

---

[1]) Konfusion ist die Vereinigung von Forderung und Schuld, dagegen Konsolidation die Vereinigung von Recht und Belastung.

[2]) Vgl. auch RG. 68 S. 293/4: „§ 437 Abs. 1 ist aufgenommen, um der sonst naheliegenden analogen Anwendung der Grundsätze über den Verkauf einer nicht existierenden Sache entgegenzutreten (§ 306)."

[3]) Vgl. auch Enneccerus I 2 § 330 II 2.

Auch die Bürgschaftsforderung des Z. gegen B. ist infolge der Konfusion der Hauptforderung erloschen, so daß also auch die Klage gegen B. abzuweisen ist.

II. Wie hat die Entscheidung zu lauten, wenn über den Nachlaß des S. Nachlaßverwaltung angeordnet wäre? Hierbei sind zwei Fälle zu unterscheiden:

1. Der Fall, daß die Nachlaßverwaltung vor der Zession angeordnet ist.

In diesem Falle gilt nach § 1976 BGB. die Konfusion nicht als erfolgt, Z. erwarb daher eine Forderung gegen G. als Erben. Ebenso lebte aber mit der Anordnung der Nachlaßverwaltung auch die Haftung des Bürgen wieder auf, weil das infolge der Konfusion zunächst anzunehmende Erlöschen von Rechtsverhältnissen nach rückwärts hin als nicht eingetreten zu gelten hat, und zwar auch dann, wenn der Erbe für die Nachlaßverbindlichkeiten bereits unbeschränkt haftet (§§ 1976, 2013 BGB.[1]).

Über die Frage, ob der Antrag auf Verurteilung als Gesamtschuldner zulässig ist, vgl. die Ausführungen zu III.

2. Der Fall, daß die Nachlaßverwaltung nach der Zession angewendet wurde.

Dann war die Abtretung zunächst nicht wirksam, wurde es aber mit dem Augenblick der Anordnung der Nachlaßverwaltung, da die Konfusion nach § 1976 BGB. mit rückwirkender Kraft in Fortfall kommt. Z. erwarb demnach ohne weiteres eine Nachlaßforderung. Auch die Bürgschaftsforderung lebte wieder auf.

Zu II 1 und 2 ist aber zu bemerken, daß für den Fall, daß die Nachlaßverwaltung noch jetzt während des Prozesses schwebt — was aus der Aufgabe entnommen werden kann —, die Klage gegen den Erben deshalb abgewiesen werden muß, weil diesem nach § 1984 BGB. die Passivlegitimation fehlt. Nur dann würde die Klage gegen den Erben bei bestehender Nachlaßverwaltung durchdringen, wenn dieser schon zur Zeit der Anordnung der Nachlaßverwaltung unbeschränkbar haftet (§§ 1994, 2005 BGB.), weil er in diesem Falle auch mit seinem eigenen Vermögen für die Nachlaßverbindlichkeiten haftet[2]).

[1]) So auch Strohal, Erbrecht II S. 79 Ziff. 2 a und Anm. 37: „Hiernach muß in dem Falle, daß eine Forderung, deren Erlöschung vorläufig anzunehmen war, durch Verbürgung sicher gestellt ist, auch in Ansehung der Haftung des Bürgen festgehalten werden. Soweit die Forderung nunmehr als nicht erloschen zu gelten hat, gilt dasselbe auch für die Verbindlichkeit des Bürgen."

[2]) An sich gilt § 1984 BGB. auch bei unbeschränkter Haftung des Erben, denn nach § 2013 Abs. 1 BGB. sind bei unbeschränkter Haftung des Erben §§ 1994,

Wohl aber würde die Klage gegen den Bürgen in jedem Falle durchdringen und der Bürge kann sich nach § 768 BGB. nicht etwa darauf berufen, daß der Hauptschuldner als Erbe etwa nur beschränkt hafte.

III. Wenn schließlich S. erst nach der Zession gestorben ist, so war Z. bereits Gläubiger des S. geworden, so daß eine Konfusion überhaupt nicht eingetreten war, weil Gläubiger und Schuldner sich nicht in einer Person vereinigten. Sofern daher keine Nachlaßverwaltung angeordnet war — oder wenn dies der Fall war, aber G. zugleich unbeschränkt als Erbe haftete — haften in diesem Falle G. als Erbe und B. als Bürge.

Sie haften aber nicht als „Gesamtschuldner", denn Hauptschuldner und Bürge verpflichten sich nicht zu derselben Leistung, sondern zu verschiedenen Leistungen. Auch teilt die Verpflichtung des Gesamtschuldners keineswegs alle Schicksale der Schuld des andern Gesamtschuldners im Gegensatz zur Verpflichtung des Bürgen (vgl. §§ 423, 425 BGB. einerseits und § 767 BGB. andrerseits).

So auch RG. 65 S. 139:

„Die Auffassung der Revision, daß der Selbstschuldnerbürge im Verhältnis zum Gläubiger lediglich Gesamtschuldner sei, ist nicht zutreffend. Der Bürge, der sich als Selbstschuldner oder Selbstzahler verbindlich macht, verzichtet auf die Einrede der Vorausklage (§ 773 Abs. 1 Nr. 1 BGB.), ist und bleibt aber gleichwohl Bürge; seine Haftung bleibt eine akzessorische und ist nicht nach den Grundsätzen der prinzipalen Gesamtschuld zu beurteilen.

Vgl. Oertmann a. a. O. (d. h. Recht der Schuldverhältnisse zu § 773 Bem. 2a; Planck a. a. O. (d. h. BGB.) zu § 773 Bem. 1a; Crome a. a. O. (d. h. System) Bd. 2 § 296 S. 882 ff."

Da hier der Bürge auf die Einrede der Vorausklage verzichtet hat, kann er ohne weiteres zugleich mit dem Hauptschuldner belangt werden; dies muß jedoch in der Weise erfolgen, daß der Antrag auf Verurteilung des G. als Hauptschuldner und des B. als Bürgen gestellt wird und daß dementsprechend auch der Tenor des Urteils zu fassen ist.

Der Kläger muß daher in unserem Rechtsfall den Antrag entsprechend berichtigen. Beharrt er auf dem ursprünglichen Antrag, so muß die Klage gegen G. und B. abgewiesen werden, denn die Gesamtschuld ist im Vergleich zur Bürgschaftshaftung nicht ein plus, sondern ein aliud. Daher kann die Verurteilung auch nicht in der Weise erfolgen, daß die Worte

---

2005 BGB. nur die §§ 1975 und 1977—1980 unanwendbar, während §§ 1984 bis 1988 BGB. anwendbar bleiben. Gleichwohl kann eine Klage in diesem Falle gegen den Erben persönlich erhoben werden, weil er auch persönlich haftet, wobei sich dann der Anspruch nicht gegen den Nachlaß richtet. Vgl. Staudinger V, § 1984 II A.

„Gesamtschuldner" im Antrag gestrichen und durch die Worte „als Hauptschuldner bzw. als Bürge" ersetzt werden. Und den einen oder andern herauszugreifen und die Klage gegen den andern abzuweisen, würde willkürlich sein.

Fall 37 wurde von 11 Kandidaten ausreichend und besser, von 16 Kandidaten nicht ausreichend gelöst. Die meisten Schwierigkeiten machte die erste Frage. Auf § 437 BGB. und dessen Folgen kamen nur wenige, weshalb die erste Frage meist falsch entschieden wurde. Daß für den zweiten Fall zwei Unterfälle denkbar sind, wurde zumeist nicht erkannt. Auch die Erörterung über die zweifelhafte Passivlegitimation im zweiten Unterfall war recht selten und zweifellos geboten. Schließlich wurde von der Mehrzahl der Kandidaten übersehen, daß Hauptschuldner und Bürge nicht als Gesamtschuldner haften.

38.

Am 1. Februar 1911, zur Zeit des Eintritts der Nacherbfolge, klagte der Nacherbe gegen X. auf Rückzahlung eines am 1. Januar 1911 fälligen Darlehns in Höhe von 30000 M., das der Erblasser hingegeben hatte.

Der Beklagte wendet ein, daß er dem Vorerben im April 1910 10000 M. von diesem Darlehn zurückgezahlt habe, wofür er, Beklagter, die Bewilligung erhalten habe, daß er den Rest des Darlehns in Höhe von 20000 M. erst am 1. Januar 1915, nicht schon am 1. Januar 1911, zurückzahlen brauche.

Der Kläger erwiderte darauf, das sei unwahr, aber auch unerheblich, da der Vorerbe solche Abrede nicht treffen könne.

Beklagter schiebt nun dem Kläger den Eid über die Wahrheit der Tatsachen zu.

Kläger weigert sich, den Eid anzunehmen ev. zurückzuschieben.

Es ist Endurteil zu erlassen.

Welchen Inhalts?

I. Die Kernfrage ist die, ob die Rechtshandlungen des Vorerben wirksam sind.

Beide Rechtshandlungen sind Verfügungen, und zwar

1. die Annahme der geschuldeten 10000 M. deshalb, weil hierdurch nach § 362 BGB. das Schuldverhältnis teilweise erlischt;

2. die Stundung der Restschuld von 20000 M., weil durch Hinausschieben des Fälligkeitstermines die Forderung in ihrem Bestande verändert wird.

Beide Verfügungen sind auch als entgeltliche Verfügungen des Vorerben anzusehen, die Annahme der Zahlung deshalb, weil sie den teilweisen Untergang der Forderung herbeiführte, die Stundung deshalb, weil sie als Äquivalent für die vorzeitige Zahlung erfolgte, denn es heißt in dem Fall, daß die vorzeitige Rückzahlung eines Teiles der Schuld deshalb erfolgte, weil der Kläger die Restzahlung auf einen späteren Fälligkeitstermin hinausschob.

Beide entgeltlichen Verfügungen des Vorerben sind daher nach § 2112 BGB. wirksam, weil § 2113 Abs. 2 BGB. nicht vorliegt.

II. Der Kläger verlangt nun als Nacherbe Zahlung von 30000 M. Darlehnsschuld vom Schuldner.

Der Beklagte bringt gegen die Klage vor:

a) bezüglich der bereits an den Vorerben gezahlten 10000 M. den rechtsvernichtenden Einwand der Zahlung,

b) bezüglich der restlichen 20000 M. die dilatorische Einrede der nachträglichen Stundung[1]).

---

[1]) Daß bei nachträglicher Stundung den Beklagten die Beweislast trifft, weil es sich um eine „Einrede" im prozessualen Sinne handelt, ist allgemeine Ansicht. Streitig dagegen ist die Beweislastfrage, wenn der Kaufpreis von vornherein gestundet wird. Das Reichsgericht steht auf dem Standpunkt, daß in diesem Falle bei Geltendmachung des Stundungseinwands durch den Beklagten den Kläger die Beweislast für das Gegenteil trifft. Das RG. 68 S. 306/7 begründet diese Ansicht folgendermaßen: „Wäre die angebliche Stundung erst nach Abschluß des Kaufvertrags vereinbart, so müßte allerdings, wer sich der Frist bedienen will, den Beweis übernehmen. Denn es würde sich dann um einen Einwand handeln, der in prozessualer Beziehung einer Einrede im eigentlichen Sinne gleichstünde. In dem hier zu entscheidenden Falle soll aber die Stundung gleichzeitig mit dem Abschluß des Kaufvertrages selbst und als ein Bestandteil dieses Kaufvertrages vereinbart worden sein. Hier liegt in dem Vorschützen der Stundung ein mit Begründung versehenes Leugnen des Klagegrundes.

Aus den Grundsätzen über das qualifizierte Geständnis, die in § 289 ZPO. aufgestellt sind, ergibt sich diese Lösung allerdings nicht; denn darüber, ob ein qualifiziertes Geständnis oder ein motiviertes Leugnen vorliegt, entscheiden die materiellen Regeln über die Beweislast. Aus diesen Regeln ist aber der oben aufgestellte Satz herzuleiten, wie sich aus folgendem ergibt. Der Anspruch auf Zahlung des Kaufpreises stützt sich auf einen Kaufvertrag, dessen Inhalt, was

Für beides trifft den Beklagten die Beweislast, da der Kläger beides bestreitet.

Der Beklagte hat nun auch durch Eideszuschiebung nach § 451 ZPO. den Beweis für das Gegenteil der vom Kläger behaupteten Tatsache angetreten. Diese Eideszuschiebung ist beachtlich, da sie von der beweispflichtigen Partei ausgeht und zulässig, da ihr Inhalt in Handlungen des Rechtsvorgängers des Klägers besteht, denn auch der Vorerbe ist als „Rechtsvorgänger" des Nacherben im Sinne des § 445 ZPO. anzusehen[1]). Allerdings wird nach materiellem Recht der Nacherbe allgemein als Rechtsnachfolger des Erben und nicht des Vorerben an-

---

die Fälligkeit angeht, durch das Gesetz, also durch § 271 BGB., ergänzt werden soll, weil nach dem Klagevortrag über Art und Weise der Zahlung nichts ausgemacht worden sein soll. Der § 271 Abs. 1 sagt ausdrücklich, es gelte als gesetzliche Regel die sofortige Fälligkeit, wenn die Parteien nichts anderes vereinbart haben. Der Beklagte bestreitet aber, daß der Kläger den Inhalt des Kaufvertrages vollständig angegeben habe, der Kaufvertrag habe eine ausdrückliche Hinausschiebung der Fälligkeit enthalten; hätte der Kläger den Inhalt richtig angegeben, so wäre sein Anspruch nicht gerechtfertigt. Der Beklagte hat also geleugnet, daß der Vertrag so und mit dem Inhalt abgeschlossen worden ist, wie ihn der Kläger angibt und zur Begründung seines Anspruchs angeben mußte, wenn er obsiegen will. Die gesetzliche Regel des § 271 Abs. 1 findet nur Anwendung, wenn die Parteien nichts anderes bestimmt haben. Daß nichts anderes bestimmt worden, behauptet der Kläger und muß er behaupten, um die Klage tatsächlich gehörig zu begründen. Für diese Behauptung muß der Kläger den Beweis führen, weil sie der Beklagte, wenn auch unter Begründung, leugnet, indem er einen anderen Vertragsinhalt angibt. Zuzugeben ist, daß der Kläger nicht schon in der Klage ausdrücklich zu sagen braucht, es sei nichts über die Zahlungszeit vereinbart, weil die Regel des § 271 Abs. 1 eingreift, wenn der Beklagte nicht widerspricht. Widerspricht aber der Beklagte, . . . so muß der Kläger behaupten und beweisen."

Die herrschende Meinung steht auf dem entgegengesetzten Standpunkt. So Staudinger (zu § 271), Oertmann (zu § 271), Düringer-Hachenberg, HGB., Bd. 2 S. 283 u. 299, Gaupp-Stein, ZPO. § 282, Rassow bei Gruchot 43 S. 783.

[1]) Über den weiten Begriff der „Rechtsnachfolger" der Zivilprozeßordnung führt das RG. in einer beachtlichen Entscheidung im 53. Bande S. 10 folgendes aus:

„Der Begriff der Rechtsnachfolge in § 445 und an anderen Stellen der Zivilprozeßordnung (vgl. §§ 265, 325, 385 Ziff. 4, 727) hat nicht den engeren Sinn, nach welchem nur der — durch allgemeinen oder Sonderrechtsnachfolge sich vollziehende — Übergang eines Rechts in der Gestalt und in dem Umfang, wie es in der Person des Rechtsvorgängers bestand, darunter fallen würde; auch die Neuschaffung eines bisher nicht bestehenden Rechts, wie die Bestellung einer Dienstbarkeit, eines Pfandrechts und dgl., gehört hierher. Es begründet auch keinen Unterschied, ob der Rechtsübergang oder die Rechtskonstituierung auf Rechtsgeschäft beruht, oder kraft Gesetzes erfolgt. Auch der Erwerber eines Pfändungspfandrechts, der Ersteher eines Grundstückes in der Zwangsversteigerung, der Ehemann als Nießbraucher des eingebrachten Gutes der Ehefrau ist Rechtsnachfolger im Sinne des § 445 ZPO. . . . Von diesem Inhalt des Begriffes der Rechtsnachfolge aus kann unbedenklich auch der Konkursverwalter als Rechtsnachfolger des Gemeinschuldners bezeichnet werden."

gesehen, weil nach § 2143 BGB. die infolge des Erbfalls durch Konfusion oder Konsolidation erloschenen Rechtsverhältnisse bei Eintritt des Falles der Nacherbfolge nicht nur im Verhältnis zwischen Vor- und Nacherben, sondern auch dritten Personen gegenüber als nicht erloschen gelten und bei gegenteiliger Ansicht die infolge des Erbschaftserwerbs durch den Vorerben erloschenen Rechtsverhältnisse auch nach dem Eintritt des Falles der Nacherbfolge als erloschen behandelt werden müßten. (So mit Recht Strohal, Erbrecht I S. 195/6 und Staudinger V § 2100 Ziff. 1.)

Der prozessuale Begriff der Rechtsnachfolge ist aber ein viel weiterer als der nach bürgerlichem Recht, da die Sicherheit des Rechtsverkehrs die Zulässigkeit der Eideszuschiebung in allen Fällen erforderlich machen muß, in welchem die Ableitung des Rechts von einem anderen stattfindet. (So mit Recht Gaupp-Stein, ZPO. I § 445 III.) Hierzu gehört auch die zeitliche Nachfolge in die Inhaberschaft eines Rechtes, wie es bei der Nacherbschaft der Fall ist. (So auch Gaupp-Stein a. a. O.)

Nach § 445 ZPO. mußte sich der Kläger über die Eideszuschiebung erklären. Dies tat er, indem er ihn verweigert, ohne ihn zurückzuschieben, was an sich zulässig wäre (§§ 448 Abs. 1, 452, 456 ZPO.). Nach § 464 Abs. 2 ZPO. hat die Verweigerung der Eidesleistung zur Folge, daß das Gegenteil der zu beschwörenden Tatsache als voll bewiesen gilt. Damit sind aber die beiden Behauptungen des Beklagten, nämlich die Zahlung der 10000 M. und die Stundung der 20000 M. an beziehungsweise seitens des hierzu berechtigten Vorerben voll bewiesen.

III. Das Ergebnis ist also die kostenpflichtige Abweisung der Klage. Eine Formulierung des Urteils ist wohl nicht erforderlich, da nur nach dem Inhalt des Urteils und nicht nach der Form gefragt ist. Formell würde allerdings das Urteil schlechthin zu lauten haben: „Der Kläger wird mit der Klage kostenpflichtig abgewiesen." Aus den Gründen müßte sich aber ergeben, daß die Abweisung in Höhe von 10000 M. eine definitive, in Höhe von 20000 M. dagegen nur eine Abweisung „zur Zeit" ist, so daß also die Einklagung der letzteren Summe bei Fälligkeit nicht gegen die Rechtskraft des ersten Urteils verstoßen würde[1])

---

[1]) Rechtskräftig entschieden wird zwar nur über die geltend gemachten Ansprüche, nicht auch über die Urteilselemente (A. A. Savigny). Gleichwohl sind in Fällen der vorliegenden Art die Urteilsgründe zur Entscheidung der Frage, in welchem Umfang eine rechtskräftige Entscheidung vorliegt, heranzuziehen, da dies aus dem Urteilstenor nicht ersichtlich ist. Vgl. auch RG. 52 S. 327:

„Daß nach § 322 die Entscheidungsgründe des Urteils der Rechtskraft nicht fähig sind, ist zweifellos; nicht minder, daß die Gründe zur Erläuterung und zum Verständnis des Urteils verwertet werden dürfen und müssen. Da die alten

Fall 38 wurde im allgemeinen ausreichend gelöst, obwohl die prozessuale Seite — wie immer in derartigen Fällen — vielfach gar zu dürftig behandelt wurde. Merkwürdigerweise bestanden vielfach Bedenken hinsichtlich der Frage nach der Entgeltlichkeit der Verfügungen des Vorerben. Auch wußten manche nicht, daß die Stundung eine Verfügung darstellt. Auf die Beweislastfrage wurde mitunter nicht eingegangen, obwohl sie für die Frage der Zulässigkeit der Eideszuschiebung von entscheidender Bedeutung ist. Über den Begriff des „Rechtsvorgängers" im S. des § 445 ZPO. fehlten gleichfalls Erörterungen, die hier um so mehr am Platze waren, als der Nacherbe materiellrechtlich Rechtsnachfolger des Erben ist. Schließlich fehlte zum Schluß fast stets ein Hinweis darauf, daß die Klagabweisung nur zum Teil definitiv, zum andern Teil aber nur eine solche „zur Zeit" ist.

Formeln der Prozeßpraxis ‚Abweisung zur Zeit', ‚Abweisung angebrachtermaßen' usw. außer Gebrauch sind, und alle Arten der Klagabweisung unter der einen Formel, ‚Die Klage' oder ‚Der Kläger wird abgewiesen' erscheinen, so kann die Bedeutung und Tragweite eines die Klage abweisenden Urteils aus der Formel überhaupt nicht, sondern nur aus den Gründen erkannt werden."

39.

Der Neffe des Erblassers A. hat als gesetzlicher Erbe die Erbschaft erhalten. Vom Nachlaßgericht ist ihm ein Erbschein erteilt worden. Hierauf wird am 20. November 1909 ein Testament aufgefunden, in dem D. als alleiniger Erbe eingesetzt ist. Der vom Nachlaßgericht erteilte Erbschein wird als unrichtig eingezogen am 5. Dezember 1909. Am 1. Januar 1910 erhebt der Erbe D. aus einem vom Erblasser erteilten Darlehn Klage gegen S., wird aber, da dieser eine vom Neffen des Erblassers am 25. November 1909 erteilte Quittung vorlegt, durch Urteil vom 23. Februar 1910 abgewiesen.

Am 1. März 1910 erfährt er, daß die Quittung von dem Neffen schenkweise erteilt sei.

Der Erbe D. fragt einen Rechtsanwalt, was er ihm in diesem Falle zu tun anrate.

Was kann D. machen?

I. Der Neffe des Erblassers A. konnte als „Erbscheinserbe" wirksam einem gutgläubigen Nachlaßschuldner gegenüber über die Darlehnsforderung verfügen, solange die Einziehung des Erbscheins — die ihn kraftlos macht (§ 2361 BGB.) — nicht erfolgt ist. In der Aufgabe heißt es nun, daß der Neffe vor Einziehung des Erbscheins dem Schuldner S. schenkungsweise eine Quittung erteilt habe. Dies hat aber nicht die rechtliche Bedeutung, daß dem Schuldner nur die Quittung, d. h. die Urkunde geschenkt ist, sondern daß der mit dieser Schenkung bezweckte Erfolg, nämlich das Erlöschen der Forderung, herbeigeführt werden sollte. Die Darlehnsschuld ist daher durch den Erlaßvertrag erloschen (§ 397 BGB.), da der schenkungsweise Erlaß nicht der Form des § 518 BGB. bedarf. So auch RG. 53 S. 296:

„Denn der Erlaß bringt nach § 397 das Schuldverhältnis zum Erlöschen, trägt also seine Vollziehung, mithin, wenn er auch schenkungsweise erfolgt, die Vollziehung der Schenkung in sich, und diese ersetzt nach § 518 Abs. 2 die für den Schenkungsvertrag erforderliche Form, so daß die Ungültigkeit des Rechtsgrundes nicht mehr geltend gemacht werden kann. Auch der schenkungshalber erfolgende Erlaß bedarf deshalb, wie bei der zweiten Beratung des Bürgerlichen Gesetzbuchs anerkannt wurde (vgl. Protokolle der Kommission für die zweite Lesung Bd. 2 S. 19), keiner Form."

Hiernach hat der Neffe vor der Einziehung des Erbscheins durch schenkweisen Erlaß über eine Darlehnsforderung des Erben verfügt.

Diese Verfügung ist aber nach § 2366 BGB. als „Befreiung von einem zur Erbschaft gehörenden Rechte" wirksam, sofern S. gutgläubig war, was allerdings nach der Aufgabe zweifelhaft sein kann, weil das Testament am 20. November 1909 gefunden wurde, während die Quittung erst am 25. November 1909 ausgestellt worden ist. Bei der Zweifelhaftigkeit der Frage sind daher beide Fälle zu erörtern.

a) Wird angenommen, daß S. im Zeitpunkt des Schulderlasses die Unrichtigkeit des Erbscheins gekannt hat — was D. behaupten und im Bestreitungsfalle beweisen muß —, so ist der Erlaßvertrag unwirksam, die alte Darlehnsforderung des Erben besteht fort und es ist dem D. zu raten, Berufung gegen das Urteil einzulegen. Die Berufungsfrist ist noch nicht abgelaufen, denn das am 23. Februar 1910 erlassene Urteil wurde erst nach dieser Zeit zugestellt, die Konsultation mit dem Anwalt fand aber schon am 1. März 1910 statt. Die Berufungsfrist läuft aber einen ganzen Monat von Zustellung des Urteils an (§ 516 Abs. 1 ZPO.).

b) Wenn dagegen dem S. die Kenntnis der Unrichtigkeit des Erbscheins — die Kenntnis der Einziehung derselben kann nicht in Frage kommen, weil der Erlaßvertrag vom 25. November datiert, während die Einziehung des Erbscheins erst am 5. Dezember erfolgte — nicht nachgewiesen wird, so war und blieb die alte Darlehnsschuld infolge des Erlaßvertrages getilgt. Nun besagt aber § 816 Abs. 1 BGB.:

„Trifft ein Nichtberechtigter über einen Gegenstand eine Verfügung, die dem Berechtigten gegenüber wirksam ist, so ist er dem Berechtigten zur Herausgabe des durch die Verfügung Erlangten verpflichtet. Erfolgt die Verfügung unentgeltlich, so trifft die gleiche Verpflichtung denjenigen, welcher auf Grund der Verfügung unmittelbar einen rechtlichen Vorteil erlangt."

Da diese Vorschrift von „Gegenständen" spricht, fallen auch Forderungen unter dieselbe. Hiernach muß S. das unentgeltlich Erlangte herausgeben, soweit er auf Grund der Verfügung unmittelbar einen rechtlichen Vorteil erlangt hat, was der Fall ist, da er von der Schuld unentgeltlich befreit wurde. Die Herausgabe bestünde nun an sich in der erneuten Eingehung einer Verpflichtung zur Zahlung, da ja die alte Darlehnsschuld untergegangen ist und § 816 BGB. nur obligatorische Wirkung hat. Mithin müßte der Erbe V. gegen S. auf Wiederherstellung der Schuldverbindlichkeit klagen. Das rechtskräftige Urteil würde nach § 894 ZPO. die Willenserklärung des S. ersetzen und die Darlehnsforderung damit wieder ins Leben treten, allerdings nur mit Wirkung ex nunc, nicht ex tunc, weil — wie bereits erwähnt — § 816 BGB. keine dingliche Wirkung hat.

Das wäre aber höchst unpraktisch. Aus dieser Erwägung läßt auch das Reichsgericht zu, daß bei fälligen Forderungen, statt zunächst auf Wiederherstellung der Forderung zu klagen, direkt auf Zahlung geklagt werde, indem es die Klage auf Herstellung für einen müßigen Umweg erklärt.

Vgl. RG. bei Gruchot 41 S. 1107.

Das Reichsgericht gibt keine nähere Begründung zu dieser Entscheidung, die allerdings nicht zu § 816 BGB., sondern bezüglich der konkursmäßigen Anfechtung der Aufgabe einer Forderung durch den Gemeinschuldner — die ja auch nur obligatorische Wirkung hat — ergangen ist. Es kann aber angenommen werden, daß das Reichsgericht bei dieser Entscheidung die gleichen Erwägungen geleitet haben wie bei der Entscheidung bezüglich der Wandelungserklärung des Verkäufers. In Band 58 S. 424/5 läßt das Reichsgericht zu, statt auf Zustimmung zum Abschluß des Wandelungsvertrages zu klagen, direkt die Rückzahlung des Kaufpreises zu verlangen.

Kann nun aber V. auch sofort gegen S. auf Zahlung klagen — sei es neben oder ohne Klage auf Wiederherstellung der Darlehnsforderung —, so ist dieser Anspruch doch nicht der gleiche wie der in der bereits anhängigen Klage verfolgte Darlehnsanspruch. Es würde also eine Klagänderung bedeuten, wenn D. Berufung einlegen und nun die dem Rechtsanwalt vorgetragenen Tatsachen geltend machen wollte. Da in der Berufungsinstanz eine Klagänderung nur mit Einwilligung des Gegners zulässig ist (§ 527 ZPO.) und vermutlich diese Einwilligung nicht erteilt werden dürfte, so wird der Anwalt dem D. raten, das Urteil erster Instanz ruhig rechtskräftig werden zu lassen und eine neue, auf § 816 BGB. gestützte Klage gegen S. zu erheben. Das erste Urteil würde aber keine Rechtskraft gegenüber der neuen Klage schaffen. Es würde zwar feststellen, daß die alte Darlehnsforderung durch Erlaß erloschen ist, aber die neue Klage würde sich darauf stützen, daß D. eine neue Forderung gegen S., sei es auf Grund der freiwilligen Erklärung des S., sei es auf Grund des Urteilsausspruchs, erworben haben oder erwerben werde.

Schließlich sei noch bemerkt, daß D. keinen Anspruch gegen den Neffen des Erblassers hat, da dieser ja nichts aus der Erbschaft erworben hatte, § 816 Abs. 1 Satz 1 BGB. also nicht Platz greift.

Unter 24 Kandidaten lieferten 17 ausreichende und bessere Arbeiten, 7 nicht ausreichende. Auf § 2366 BGB. kamen wohl alle, jedoch fehlte bei der Mehrzahl ein Eingehen auf die beiden Möglichkeiten, daß S. die Unrichtigkeit des Erbscheins gekannt hatte oder nicht, was der Hersteller der Arbeit zweifellos gewollt hat und doch auch von dem Anwalt bei der Konsultation erwogen werden muß. Allgemein fehlte es an einer Erörterung darüber, in welcher Weise die Herausgabe des „Erlangten" nach § 816 Abs. 1 S. 2 BGB. zu erfolgen hat. Auch hier zeigte sich wieder der alte Fehler, daß ein großer Teil der Kandidaten den Fall lediglich materiellrechtlich entschied, ohne auf die prozessuale Seite einzugehen, obwohl die Daten doch geradezu schreiend darauf hinweisen, daß eine prozessuale Erörterung stattzufinden hat, ob eine Berufungseinlegung empfehlenswert ist oder nicht. Hierbei mußte naturgemäß auch § 527 ZPO. erwähnt werden. Schließlich wurde beim Eingehen auf die eventuelle Berufungseinlegung sehr häufig übersehen, daß die Berufungsfrist erst von der Zustellung des Urteils erster Instanz ab zu laufen beginnt.

40.

Am 4. Juni 1912 nahm der Kaufmann Reich aus Versehen einen fremden Überzieher (dem Baumeister Beer gehörig) mit. In der Nacht zum 5. Juni starb Reich an einem Schlaganfall. Sein Neffe Adolf Reich hielt sich für den Erben und verkaufte am 12. Juni den Überzieher für 25 M. an einen Trödler. Bald darauf wurde ein Testament gefunden, in dem dem Neffen Reich nur ein Vermächtnis hinterlassen und die Stadt M. als Erbin eingesetzt ist.

Jetzt erfuhr Beer den Verbleib seines Überziehers. Er will wissen, welche Rechte ihm zustehen; am liebsten wäre es ihm, wenn er von dem Trödler Herausgabe des Überziehers erlangen könnte. Kommt es bei dieser Frage darauf an, ob dem Neffen ein Erbschein erteilt war?

I. Der Kaufmann Reich beging durch Wegnahme des dem Baumeister Beer gehörigen Mantels verbotene Eigenmacht, da er dem Beer den Besitz am Überzieher widerrechtlich entzog. Reich haftet also nach § 985 BGB. (Eigentumsanspruch), § 812 BGB. (condictio possessionis) und §§ 989, 992, 823 Abs. 1 und Abs. 2 (wegen § 858) BGB. sowie nach §§ 858, 861 BGB. auf Herausgabe des Überziehers. Der Mantel ist dem Beer „abhanden gekommen".

II. Mit dem Tode des Reich nahm dessen Neffe Adolf Reich den Mantel an sich, da er sich für den Erben des Reich hielt und verkaufte denselben für 25 M. an einen Trödler. Aus der Aufgabe geht hervor, daß sich dem Kaufvertrage die Veräußerung des Mantels anschloß, da der Trödler im Besitz des Mantels ist. Hat nun der Trödler Eigentum am Mantel erworben? Die Frage ist deshalb zu verneinen, weil der Mantel dem Eigentümer abhanden gekommen war (§ 935 BGB.), ohne daß es daher auf den guten oder schlechten Glauben des Trödlers ankommt.

Auch wenn Adolf Reich im Besitze eines Erbscheins gewesen wäre, würde an dieser Entscheidung nichts zu ändern sein. Die Vorschriften der §§ 2366, 67 BGB. gelten nur dann, wenn ein Nichterbe im Besitz des Erbscheins über Erbschaftsgegenstände verfügt, über welche an sich der wahre Erbe zu verfügen berechtigt ist, nicht aber dann, wenn der Nichterbe über dem Erben selbst nicht gehörige Erbschaftsgegenstände verfügt, in welchem Falle es bei der Anwendung der allgemeinen Vorschriften der §§ 932 ff. BGB. verbleibt. Daher hat der Eigentümer Beer gegen den Trödler den Eigentumsanspruch (§ 985 BGB.), nicht aber die Besitzentziehungsklage der §§ 858, 86 BGB., weil der Trödler weder Erbe des Kaufmanns Reich ist noch die Fehlerhaftigkeit des Besitzes seines Vorgängers bei dem Erwerb kannte, was unterstellt werden kann.

Da der Trödler zur Herausgabe des Mantels an Baumeister Beer verpflichtet ist, stehen ihm gegen den Verkäufer Adolf Reich die Rechte des Käufers wegen Rechtsmängel nach §§ 440, 320 ff. BGB. auf Schadenersatz oder Rücktritt vom Vertrage zu.

III. Stehen dem Beer noch andere Rechte zu?

Vorweg ist zu bemerken, daß ein Schadensersatzanspruch für ihn gegen die Stadtgemeinde oder Adolf Reich nicht in Frage kommt, soweit er den Mantel unbeschädigt vom Trödler zurückbekommt oder zurückerhalten kann. Wohl aber kann ihm dann ein Schaden erwachsen, wenn er den Mantel beschädigt oder überhaupt nicht zurückerhalten kann, weil etwa der Trödler unbekannt verzogen ist. Hier gilt folgendes. Da Reich fahrlässig fremdes Eigentum durch Wegnahme der Sache verletzte, ist er dem Eigentümer zum Schadensersatz verpflichtet (§§ 992, 823 BGB.). Dieser Ersatzanspruch geht als Schuld auf den Erben über, also auf die Stadt M. Da diese gegebenenfalls zur Herausgabe des Mantels außerstande ist, kann Beer nach § 251 Abs. 1 BGB. Schadensersatz in Geld verlangen. Bezüglich der Höhe des Schadens wird es darauf ankommen, ob der Mantel alt oder neu war und wie lange er mutmaßlich von Beer noch getragen worden wäre. Dasselbe wird zu gelten haben, wenn der Mantel nur beschädigt zurückgegeben werden kann, da hier gesagt werden kann, daß die Herstellung des Normalzustandes i. S. des § 251 Abs. 1 BGB. „zur Entschädigung des Gläubigers nicht genügend ist", wobei natürlich nur der durch die Verschlechterung des Mantels entstandene Minderwert des Schadens zu ersetzen ist. § 249 Satz 2 BGB. kann in diesem Falle dann angewendet werden, wenn der Gläubiger statt der Naturalrestitution, d. h. der Rückgabe des Mantels, wegen Beschädigung des Mantels Schadensersatz in vollem Umfange verlangen will.

Gegen Adolf Reich steht dem Baumeister Beer ein Schadensersatzanspruch nicht zu, weil ihn wohl kein Verschulden trifft. Auch ein Anspruch aus § 816 BGB. auf Auszahlung der vom Trödler für den Mantel gezahlten 25 M. kommt nicht in Frage, weil § 816 Abs. 1 S. 1 BGB. nicht Platz greift, denn die Verfügung des Nichtberechtigten ist dem Berechtigten gegenüber nicht wirksam, da der Mantel dem Beer abhanden kam (§ 935[1]). Auch ein Anspruch aus § 812 BGB. ist ausgeschlossen, denn Adolf Reich ist deshalb nicht bereichert, weil der Trödler gegen ihn Rechte aus §§ 440, 320 ff. BGB. auf Schadensersatz wegen des Rechtsmangels hat.

---

[1]) Neben §§ 2366, 2367 BGB. gelten auch die allgemeinen Vorschriften der §§ 932 ff. BGB. über die Verfügung des Nichtberechtigten, was besonders dann von praktischer Bedeutung ist, wenn der falsus heres nicht im Besitze eines Erbscheins ist. Allerdings wird die Verfügung meist aus dem Grunde unwirksam sein, weil der Erbschaftsgegenstand dem wahren Erben abhanden gekommen sein wird, denn nach § 857 BGB. geht der Besitz auf den Erben über. Es gilt daher § 935 BGB. (Vgl. auch Strohal, Erbrecht II S. 158 Anm. 13).

Fall 40 wurde im allgemeinen richtig gelöst. Jedoch begnügten sich die meisten Kandidaten mit der Feststellung, daß der Trödler den Mantel herausgeben müsse. Das ist angesichts des Wortlauts der Aufgabe zu wenig, denn es heißt von Beer: „Er will wissen, *welche Rechte* ihm zustehen." Der nachfolgende Satz deutet allerdings an, daß die Hauptentscheidung in der Lösung der Frage des letzten Satzes liegt. Gleichwohl bedurfte es der Erörterung, welche Rechte dem Beer, abgesehen von dem Eigentumsanspruch, zustehen. Im übrigen wurde allseits richtig erkannt, daß die Vorschriften über den Erwerb im guten Glauben an den Inhalt des Erbscheins nicht zur Anwendung kommen können.

Sachregister.

Abtretung einer Hypothek . . 154
Anerkenntnis 164
Anfechtung
nach § 119 BGB. . . . 114, 129
nach § 123 BGB. . 19, 99, 118, 127ff., 170
der Vollmachterteilung . . . 128f.
der Ehe . . . . 180f.
nach dem Anfechtungsgesetz 77
Arbeitsvertrag 50, 60, 68
Arzt 50f., 60, 68
Auflassung 14
Aufrechnung 171
Aufsichtspflicht . . . 26, 86ff., 92
Auftrag 9, 123
Auslobung 150

Beförderungsvertrag 54
Bereicherung, ungerechtfertigte . 26, 65, 68f., 76f., 109f., 114, 141, 144f., 171, 209
Herausgabe der B. an den Wucherer 104
Berufung 134
Besitz 46
übertragung . . . . . . 138f.
Besitzwille 150
Verbotene Eigenmacht . . . 208
Bestellung zu einer Verrichtung . 146
Beweislast
nach Annahme als Erfüllung 61
bei Stundung . . . . . . 198f.
bei Unmöglichkeit 64
bei Vertragsverletzung . . . 55f.
Bote 25, 114, 124, 126
Bürgschaft 187f., 194

Chikaneparagraph 164
Constitutum possessorium . . 8

Darlehen 168f., 186f., 192

Ehe
Eheanfechtungsklage . . . 180f.
Eheschließung 180

Eigentumserwerb
beim Kauf 8
an Geld 92
an Zeitungen 139
an Zubehör . . . . . . 134f.
Eingebrachtes Gut der Frau 168f., 174
und Klagrecht des Mannes . 168
Einrede des nicht erfüllten Vertrages 114
Einwendungen
bei Abtretung von Forderungen 31
aus § 986 Abs. 2 BGB. . . 135
Erbschein 204, 208
Erfüllung 24
Erfüllungsgeschäft
bei nichtigem Kausalgeschäft . 101f.
bei wucherlichem Kausalgeschäft . . . . 102f.
Erlaß 204
Erfüllungsperson 54
Exceptio doli 164

Finder . . . . 150f.
Finderlohn . . . . 150f.
Fragerecht des Richters . . . 171

Gefälligkeitsverhältnis . . . . 122f.
Gesamtschuldner . . . . 92, 175f.
unechte . . . . . . 175, 194f.
Geschäftsführung ohne Auftrag 14f., 68, 88, 151

Handlungsgehilfe 138
Hypothek . . . . 154ff.
Hypothekenklage . . . . . . 154f.

Kauf
Anfechtung 19, 99
Gefahrübergang . . . . . 14f.
Handelskauf 8
Nebenverpflichtungen . . . 8
Rechtsmängel 30, 141
Sachmängel 18
Schadensersatz . . . . . 18ff.

Kauf
Spezieskauf 8
Übergabe 24
Viehmängel 14
Wandelung 18, 30, 205
Kollusion 68
Kommissionsgeschäft 9
Konfusion 192
Konsolidation 192
Konvaleszenz . . . . . . 170 f.

Leihe 174

Miete
Anwendung der allgemeinen Vorschriften über Schadensersatz 38
Gültigkeit des Vertrages bei bereits erfolgter Vermietung? . . . . 46 f.
Nichteinräumung der Mietsache 38
Schadensersatz bei Tod des Gastes im Gasthof? . . . 39
Selbsthilfe des Vermieters . 42
Vermieterpfandrecht 42
und § 904 BGB. 38
Minderjährige . . . . 108 ff.
Miteigentum 159
Miterben . . . . 186 f.

Nacherben 198
Nachlaßverwaltung . . . . . 192 ff.
Nießbrauch . . . . 145 f.

Offerte 122

Pensionsvertrag 86
Pfandrecht . . . . 158 ff.
des Vermieters 42
Pfandverkauf . . . . 158 f.
Pfändung 164
Portier 24
Prozeßvergleich . . . . . . 168 ff.

Realakte 140, 150
Rechtskraft . . . . 200 f.
Rechtsvorgänger . . . . . . 199 f.
Rechtsnachfolge 199

Schadensersatz
Umfang desselben . . 46, 64, 88
Naturalrestitution 36, 209
wegen Nichterfüllung . . 31, 165
beim Kauf . . . . 18 f.
beim Werkvertrag. . . . 54 f.
bei unerlaubten Handlungen 55
Kulpakompensation 123
Einfluß nachträglicher Beseitigung des Schadens bei geleistetem Ersatz . . . . 64 f.
salva liquidatione 88
beim Rechtsverhältnis zwischen Eigentümer und Besitzer 103 f., 140 f.
bei Verletzung obligatorischer Ansprüche . . . 35, 134, 160
im Falle des § 951 BGB. . 146 f.
Schatzfinder 150
Schenkung . . . . 60 f., 204
Schmerzensgeld 55
Schuldabänderungsvertrag . . . 60
Schuldanerkenntnis 118
Schuldversprechen 111
Schutzgesetz 82
Selbsthilfe 43
Selbstverteidigung 18
Sparkassenguthaben 72
Stellvertretung . . . . . . 114, 126 ff.
Sukzession in ein Prozeßverhältnis 172
Stundung . . . . 198 f.

Tierhalter 19

Uneheliche Kinder . . . . . 180 ff.
Unmöglichkeit . . 8, 18, 50, 64, 93
Unvermögen 34
Unterhaltspflicht . . . 68, 88, 109
Unterlassung 87
Urteil 200

Verarbeitung . . . . 140 f.
Verbindung . . . . 144 f.
Verfügungen
des Nichtberechtigten 77, 103, 151 f., 168, 205 f.
des Vorerben . . . . . . 198 ff.
des falsus heres. . 204 ff., 208
des Ehemanns über eingebrachtes Gut der Frau . 168 f., 174
unentgeltliche 78
Vergleich . . . . 168 f.
Verletzung obligatorischer Rechte 35, 134, 160

Verlöbnis . . . . 164ff.
Verschulden, mitwirkendes . . 21
Verwahrung 64
Verzug 21, 25
Volljährigkeitserklärung . . . 98ff.
Vollmacht . . . . 126ff.
Vorerbe . . . . 198ff.
Vorkauf . . . . 33ff.
Vorsatz 79
Wandelung 18, 30, 205
Wegnahmerecht 144
Wiederverlobung 165
Wucher . . . . . . 100, 102f.

Zahlung 114
Zeitung 139
Zubehör . . . . 134f.

Gesetzesregister.

I. **Bürgerliches Gesetzbuch**

§ 3 . . . . 98f.
§ 94 144
§ 97 . . . . 134f.
§ 107 . . . . 108, 112
§ 108 . . . . 109ff.
§ 110 108
§ 116 60
§ 117 118
§ 119 . . . . 20, 114, 124, 129f.
§ 120 124
§ 122 129
§ 123 . . . 19, 99f., 118f., 127ff.
§ 132 . . . . 127f.
§ 133 150
§ 134 . . . . 98, 154
§ 138 . . . . 36f., 100ff., 104f.
§ 140 44
§ 142 . . . . 127, 181
§ 143 119
§ 145 122
§ 147 122
§ 149 122
§ 150 122
§ 157 165
§ 166 114
§ 167 . . . . 127ff.
§ 168 128
§§ 169ff. 78
§§ 170, 1 . . . . 126ff.
§ 185 . . . 24, 129, 154ff., 170ff.
§ 194 154
§ 226 164
§ 228 18
§ 229 42
§ 230 . . . . 43f.
§ 246 18
§ 249 . . 9, 10, 31, 36, 46, 54ff., 86f., 134, 160, 164, 174, 209

I. **Bürgerliches Gesetzbuch**

§ 251 . . . . 54, 209
§ 252 54
§ 253 . . . . 54f., 92
§ 254 . . . . 21, 123f.
§ 255 . . . . 64, 66
§ 271 199
§ 273 38
§ 275 . . . 10, 14, 25, 35, 38
§ 276 . . . 19, 20, 27, 34, 54, 57, 64, 88, 123, 174
§ 278 . . . 27, 54, 57, 64, 140
§ 279 9
§ 280 . . . . . . 10, 64, 160
§ 281 . . . . 26f.
§ 282 64
§ 283 . . . . 34, 192
§ 286 . . . . 21, 177
§ 288 103
§ 294 25
§ 300 25
§ 305 60
§ 306 . . . . 34, 192
§ 313 . . . . 33f.
§ 314 . . . . 134f.
§ 316 60
§ 320 . . . . . . 10, 114, 208f.
§ 322 114
§ 323 . . . 9, 10, 14, 19, 25, 39, 50f., 135
§ 324 51
§ 325 . . . . . . 9, 31, 73, 192
§ 326 192
§ 328 . . . . 72, 166
§ 346 . . . . 18, 192
§ 347 18
§ 350 18
§ 351 18
§ 362 . 24, 129f., 154, 168, 198

I. Bürgerliches Gesetzbuch

§ 363 61
§ 364 . . . . 30, 141
§ 365 . . 30, 31, 141
§ 366 60
§ 371 . . . 74
§ 373 72
§ 383 158
§ 387 93
§ 393 . . . . . . 94, 104
§ 397 204
§ 398 . . . . . . 72, 165
§ 401 154
§ 404 . . . . 31, 118 ff.
§ 405 . . . . 73, 118
§ 406 78
§ 409 . . . . 155 f.
§§ 412/3 78
§ 421 . . . . 92, 175 f.
§ 423 194
§ 425 . . . . . 189, 194
§ 426 . . . . 92 f., 175, 186
§ 433 192
§ 437 . . . . 30, 73, 192, 195
§ 440 31, 73 f., 135, 141, 192, 208
§ 443 100
§ 445 144
§ 446 . . . . 15, 24 f.
§ 447 . . . . 25, 27
§ 450 . . . . 14 f.
§ 459 . . . . . 18, 19, 30
§ 462 18
§ 463 . . . . 20, 21
§ 465 . . . . 21, 30
§ 467 18
§ 468 135
§§ 472/3 135
§ 477 20
§ 478 . . . . 30 f.
§ 480 20
§ 481 14
§ 487 18
§ 514 34
§ 516 111
§ 518 . . . 60 f., 110 f., 204
§ 538 47
§ 541 47
§ 542 38
§ 552 38
§ 557 . . . . 38 f.
§ 559 42
§ 560 42
§ 561 . . . . 42 f.

I. Bürgerliches Gesetzbuch

§ 563 39
§ 568 . . . . 38 f.
§ 580 42
§ 603 174
§ 604 160
§ 607 186
§ 622 50
§ 626 51
§ 627 . . . . 50 f.
§ 631 54
§ 632 54
§ 662 123
§ 667 . . . . . 10 f., 109, 151
§ 670 . . . . 10 f.
§ 677 68
§ 679 109
§ 681 151
§ 683 14
§ 687 151
§ 700 43
§ 749 186
§§ 750 ff. 186
§ 752 104
§ 755 186
§ 758 186
§ 760 109
§ 767 194
§ 768 . . . . 187, 194
§ 773 194
§ 774 . . . . 187 f.
§ 779 169
§ 780 . . . . 111, 164
§ 781 . . . . 118, 164
§ 782 111
§ 808 . . . . 72 f.
§ 812 . 64 f., 68 f., 88, 109, 111 f., 114, 144, 165, 171 f., 208 f.
§ 814 . . . . 110, 112
§ 816 . . 73 f., 76 ff., 103 f., 151, 205 f., 209
§ 817 . . . . 79, 101 f.
§ 818 . 9, 65 f., 73, 76, 78, 103, 141, 151
§ 819 65 f., 76, 78, 103, 145, 151
§ 820 65
§ 822 . . . . 76 ff., 145 ff.
§ 823 . 26, 35, 42, 46, 76 f., 79, 82 ff., 87, 92 f., 103 ff., 152, 175, 177, 208 f.
§ 826 . 35, 36, 79, 134, 160, 164
§ 829 92
§ 830 92

I. Bürgerliches Gesetzbuch
§ 831 . . . . . . 47, 54, 57, 87 ff., 140, 146 f.
§ 832 . . . . 26 f., 92
§ 833 19
§ 840 92
§§ 842, 3 . . . . 19, 46
§ 844 55
§ 847 . . . . . 42, 46, 55, 57
§ 851 . . . . 78, 150 ff.
§ 854 139
§ 855 139
§ 856 46
§ 857 209
§ 858 . . 46, **150**, 152, 158, 208
§ 859 46
§ 861 46
§ 867 208
§ 873 15
§ 892 . . . . 36, 77
§ 904 . . . . 38 f.
§ 925 15
§ 926 . . . . 134 ff.
§ 929 . . . . . 101, 135, 139
§ 930 8
§ 931 135
§ 932 . **77**, **103**, 135, 138 f., 208
§ 935 . 77, **118**, 139, 158, 160, 208 f.
§ 946 . . . . 144, 146
§ 947 159
§ 948 159
§ 949 . . . . 159 f.
§ 950 140
§ 951 . . . . . **141**, **144 ff.**, 159
§ 952 . . . . 72 ff.
§ 965 150
§ 969 78
§ 984 150
§ 985 . . . . 93, **114**, 140, 158
§ 986 . . . . 135 f.
§ 989 . . . **103 f.**, **174**, 177, 208
§ 990 140
§ 992 . **93**, **103 ff.**, 140, **174**, **177**, **208 f.**
§ 997 146
§§ 1137, 8 156
§ 1147 154
§ 1152 154
§ 1153 154
§ 1154 154
§ 1160 155
§ 1163 . . . . 154 f.
§ 1205 158

I. Bürgerliches Gesetzbuch
§ 1208 . . . . 158, 160
§ 1227 158
§ 1228 158
§ 1230 158
§ 1232 158
§§ 1234—1240 158
§ 1242 . . . . **78**, 158
§ 1244 . . . . **78**, 158
§ 1247 . . . . 158 ff.
§ 1253 . . . . 158 ff.
§ 1258 . . . . 159 f.
§§ 1273, 4 72
§§ 1279, 80 72
§ 1298 . . . . 164 ff.
§ 1300 . . . . 164 ff.
§ 1333 180
§ 1343 180
§ 1353 . . . . **174**, 180
§ 1354 . . . . **51**, 174
§ 1357 68
§ 1363 168
§ 1375 168
§ 1376 168
§ 1380 168
§ 1399 174
§ 1400 . . . . 168 f.
§ 1407 169
§ 1411 ff. **169**, 176
§ 1412 174
§ 1603 68
§§ 1606, 7 68
§ 1614 109
§§ 1626, 7 26
§ 1631 86
§ 1664 . . . . 86 f.
§ 1699 . . . . 181 f.
§ 1705 182
§ 1706 180
§§ 1719, 20 180
§ 1721 181
§ 1761 182
§ 1922 . . . . 103, **171**, 186
§ 1924 182
§ 1925 181
§ 1926 181
§ 1931 181
§ 1943 181
§ 1967 171
§ 1976 . . . . **187**, **192 f.**
§ 1977 . . . . **171**, 194
§§ 1984 ff. . . . . 193 f.
§ 1994 . . . . 193 f.

I. Bürgerliches Gesetzbuch
§ 2005 . . . . 193f.
§ 2013 193
§ 2042 186
§ 2058 . . . . 50, 186
§§ 2112, 3 198
§ 2143 200
§ 2339 181
§ 2342 182
§ 2344 182
§ 2361 204
§ 2366 . . . . 77, 204ff., 208f.
§ 2367 . . . . 77, 208f.

II. Handelsgesetzbuch
§ 56 . . . . 138, 141
§ 366 . . . . 138, 141
§ 406 9

III. Wechselordnung
Art. 82 68

IV. Reichshaftpflichtgesetz vom 7. Juni 1871 55

V. Gesetz über den Verkehr mit Kraftfahrzeugen 54

VI. Zivilprozeßordnung
§ 99 180
§ 160 170
§ 239 172
§ 253 . . . . 77, 88
§ 256 . . . . 88, 181
§ 263 172
§ 268 176
§ 287 54
§ 288 168
§ 289 198
§ 322 200
§ 445 . . . . 199ff.

I. Bürgerliches Gesetzbuch
§ 448 200
§ 451 189
§ 452 200
§ 456 200
§ 464 200
§ 516 204
§ 527 206
§ 628 . . . . 180ff.
§ 708 176
§ 739 . . . . 169, 176
§ 794 160
§ 894 . . . . 112, 205
§ 897 112

VII. Gesetz, betr. die Anfechtung von Rechtshandlungen eines Schuldners außerhalb des Konkursverfahrens
§§ 2, 3, 7 . . . . 77f.

VIII. Grundbuchordnung
§ 61 154

IX. Gesetz über die Angelegenheiten der freiwilligen Gerichtsbarkeit
§§ 7, 12, 32, 33 98
§§ 22, 56 99

X. Strafgesetzbuch
§§ 52, 54 . . . . 81ff.
§ 223 42
§ 240 152
§ 242 76
§ 246 93
§ 249 152
§ 263 152
§ 303 42
§ 367 Ziff. 3 . . . . *81ff.*

Demnächst erscheint:

Das Völkerrecht, systematisch dargestellt von Geh. Justizrat Dr. **F. v. Liszt**, ordentl. Professor der Rechte an der Universität Berlin. Elfte verbesserte Auflage. Preis etwa M. 16.—, gebunden etwa M. 18.—.

Allgemeine Staatslehre. Von Dr. **G. Jellinek**, Geh. Hofrat, Prof. an der Universität Heidelberg. Dritte Auflage, unter Verwertung des handschriftlichen Nachlasses durchgesehen und ergänzt von Dr. **W. Jellinek**, außerordentlicher Professor an der Universität Kiel. 1914.
Preis M. 18.— ; gebunden M. 20.40.

Das Handelsgesetzbuch ohne Seerecht. Von Kammergerichtsrat Dr. **A. Brand.** 1911. Preis M. 24.—; gebunden M. 27.—.

Lehrbuch des Bürgerlichen Rechtes mit Berücksichtigung des gesamten Reichsrechtes. Von Geh. Justizrat Dr. **B. Matthias**, ordentlicher Professor an der Universität Rostock. Sechste und siebente verbesserte und ergänzte Auflage. 1914.
Preis M. 20.—; gebunden M. 23.—.

Rechtsfälle und Rechtsfragen im Anschluß an das Lehrbuch des Bürgerlichen Rechts. Von Geh. Justizrat Dr. **B. Matthias**, ordentlicher Professor an der Universität Rostock.

I. Allgemeine Lehren. 1910. Preis M. 2.—

II. Das Recht der Schuldverhältnisse. 1. Abschnitt: Die allgemeinen Lehren. 1912. Preis M. 1.50.

Das Strafgesetzbuch für das Deutsche Reich. Mit Kommentar von Dr. jur. et phil. **Ernst Schwartz**, Altona. 1914.
Preis M. 25.—; gebunden M. 27.40.

Handbuch der Verfassung und Verwaltung in Preußen und dem Deutschen Reiche. Von Wirkl. Geh. Oberregierungsrat Graf **Hue de Grais**, Regierungspräsident a. D. Zweiundzwanzigste Auflage. 1914.
Preis gebunden M. 8.—; gebunden und durchschossen M. 9.50.

Lehrbuch des deutschen Konkursrechtes. Von Dr. **Friedrich Hellmann**, Professor an der Universität München.
Preis M. 15.—; gebunden M. 17.40.

Geb. Bücher z. Zt. mit einem Aufschlag von 10% für Einbandmehrkosten.

GPSR Compliance

The European Union's (EU) General Product Safety Regulation (GPSR) is a set of rules that requires consumer products to be safe and our obligations to ensure this.

If you have any concerns about our products, you can contact us on ProductSafety@springernature.com

In case Publisher is established outside the EU, the EU authorized representative is:

Springer Nature Customer Service Center GmbH
Europaplatz 3
69115 Heidelberg, Germany

Batch number: 10844675

Printed by Printforce, the Netherlands